Les Éditions du Boréal
4447, rue Saint-Denis
Montréal (Québec) H2J 2L2
www.editionsboreal.qc.ca

DANS L'INTIMITÉ
DU POUVOIR

Dominique Lebel

DANS L'INTIMITÉ DU POUVOIR

Journal politique 2012-2014

Boréal

© Les Éditions du Boréal 2016
Dépôt légal : 2e trimestre 2016
Bibliothèque et Archives nationales du Québec

Diffusion au Canada : Dimedia
Diffusion et distribution en Europe : Volumen

ISBN PAPIER 978-2-7646-2435-7

ISBN PDF 978-2-7646-3435-6

ISBN EPUB 978-2-7646-4335-5

Quand on est dans l'action, il n'y a pas d'immense déception.

FRANÇOIS MITTERRAND, *Mémoires interrompus*

La politique et la vie

Pendant presque deux ans, du 4 septembre 2012 à la défaite électorale du 7 avril 2014, j'ai vécu au même rythme que la première ministre du Québec, Pauline Marois. À ses côtés, j'ai connu les joies et les peines d'un gouvernement minoritaire déchiré entre sa volonté d'un jour réaliser l'indépendance du Québec et sa responsabilité quotidienne de gestion de l'État. Pendant presque deux ans, j'ai eu le privilège d'assister à toutes les réunions du Conseil des ministres, d'être un acteur et un témoin de toutes les rencontres stratégiques auxquelles a participé la première ministre, en plus de l'accompagner dans toutes les régions du Québec aussi bien qu'à Londres, Davos, Édimbourg et Mexico. Avec elle, j'ai vécu ses premiers moments comme première ministre, partagé le drame de Lac-Mégantic et les derniers jours de son gouvernement au terme d'une campagne électorale qui a marqué la fin de sa carrière politique.

Tout au long de mon parcours avec Pauline Marois, j'ai consigné des faits, des impressions, des dialogues dans de petits carnets noirs. Ces carnets me permettent aujourd'hui de livrer un témoignage qui, bien qu'imparfait, constitue un récit personnel, intime, unique de la réalité du pouvoir.

Ces notes ont été prises sur le vif, en avion, en voiture, dans des hôtels, comme au sein même des bureaux de la première ministre. La politique est faite de gens et d'événements. Les personnages principaux, ce sont donc tout autant les événements eux-mêmes que les joueurs clés du Conseil des ministres, le secrétaire général du gouvernement, quelques sous-ministres et directeurs de cabinet[1]. À cela s'ajoute, bien sûr, le cabinet de la première ministre, incarné par sa directrice Nicole Stafford. On notera aussi que si les dossiers économiques prennent une place importante dans ce journal, c'est tout simplement parce que mes fonctions m'ont amené à m'en préoccuper particulièrement. Finalement, si mes proches font aussi partie de ce récit, c'est que ma vie – et la leur – est devenue indissociable de la politique pendant ces longs mois.

Ces notes n'ont pas été prises dans le but d'être publiées. Je prends des notes depuis presque toujours. Je le faisais avant la politique et je le fais encore maintenant. Si je publie celles-ci aujourd'hui, c'est que j'ai le sentiment qu'elles donneront un nouvel éclairage, un point de vue inédit sur ce gouvernement Marois qui n'a laissé personne indifférent. Ces mois passés à courir après une majorité toujours fuyante ont été d'une intensité difficile à imaginer et se sont terminés pour plusieurs sur une impression d'inachevé.

Je tiens à remercier les Éditions du Boréal pour leur appui et leurs précieux conseils. Je souligne également l'amour et l'indéfectible soutien de ma femme, Valery. Je remercie Pauline Marois pour sa confiance en moi. Confiance qui ne s'est jamais démentie jusqu'à la dernière minute de la dernière heure de son passage à la tête de l'État du Québec.

---

1. Le lecteur trouvera en fin de volume (p. 427) la composition du Conseil des ministres présenté par Pauline Marois en septembre 2012, ainsi que les détails du remaniement du 4 décembre 2012.

2012

I

Du 4 septembre au 29 octobre

L'attentat / La mise en place du gouvernement /
Le choc du réel / La taxe santé / Difficultés
budgétaires / Première visite officielle en France

Mardi 4 septembre – Montréal

Jour de l'attentat politique contre la première ministre
du Québec, Pauline Marois. C'est la première femme à ce
poste. Elle est aussi la chef du Parti québécois, qui fait la
promotion de l'indépendance du Québec. Elle a été déclarée élue il y a quelques minutes à peine. *Pauline Marois,
première ministre du Québec, 4 septembre 2012,* lit-on en
lettres blanches sur le fond bleu de l'immense écran. Elle est
seule sur la scène du Métropolis. Elle s'est avancée dans la
lumière, fière, la tête haute. On lui a dit : *Il faut savourer
le moment. Vous avez tout votre temps.* La foule l'acclame.
Elle est seule. Porte sa main à son cœur. Prend la parole. Puis
c'est le chaos. On ne comprend pas ce qui se passe. La première ministre est poussée en coulisse dans un mouvement
incompréhensible. C'est la consternation dans la salle. On
demande d'abord aux gens de sortir, mais Pauline Marois
revient sur scène. Sa famille l'a rejointe à l'avant. Elle
reprend le fil et improvise une nouvelle fin à son discours,
le plus important, le plus attendu, le plus espéré, son dis-

cours de la victoire. On ne réalise pas ce qu'elle vient de vivre. On ne le réalisera jamais vraiment. Peu de temps après, j'arrive au Sheraton Montréal. Nous avons quitté le Métropolis et le taxi nous laisse, ma femme et moi, devant l'une des portes tournantes donnant sur le boulevard René-Lévesque. Nous entrons à l'hôtel. Il y a de la sécurité, mais nous nous frayons un chemin assez facilement vers les ascenseurs. Nous montons au dernier étage. La sécurité me reconnaît immédiatement. On m'ouvre la porte et nous pénétrons dans la suite de la première ministre. C'est Nicole Stafford qui m'a demandé de rejoindre « Pauline » à l'hôtel. *Elle est avec sa famille. J'aimerais que tu y sois. Je dois aller rencontrer les policiers. J'irai vous retrouver.* La suite paraît plus grande que cet après-midi. Nous étions quelques-uns avec elle pour mettre la dernière main au discours. L'atmosphère était fébrile, un peu tendue. Je ne savais rien des derniers chiffres. Je ne jouais pas de rôle majeur dans la campagne électorale, même si je suis dans l'entourage de la nouvelle première ministre depuis la fin des années 1990. Aux derniers moments de la campagne, j'ai toutefois passé trois jours dans cet hôtel à préparer les débats télévisés avec la chef et quelques conseillers. Je suis ce qu'on appelle un « outsider », même si cette nuit je me retrouve dans le cercle des intimes. La première ministre nous accueille, nous invite à nous installer. Le moment est surréaliste. Tout le monde semble assommé. Et elle est là, debout, allant du salon à la cuisine au salon. Elle nous offre de prendre un verre avec elle. Il y aurait au moins un mort dans l'attentat, peut-être davantage. Nous sommes dans la rumeur. Elle paraît en contrôle. C'est l'une de ses caractéristiques. Paraître en contrôle. Toujours, elle a voulu être en contrôle. D'elle-même, des événements. Une façon de s'imposer et un mécanisme de défense. Dans cette nuit du 4 au 5 septembre 2012, elle fait face. Oui, elle est première ministre du

Québec. Oui, elle est la première femme à occuper ce poste. Oui, on a tenté de l'assassiner et au moins une personne l'a payé de sa vie.

Mercredi 5 septembre – Montréal

Le gouvernement est minoritaire. La première ministre est en probation. Le Parti libéral est au pouvoir depuis 2003. Neuf ans. Un chef toujours aussi habile, mais usé. Résultat : Parti québécois, 54 députés ; Parti libéral, 50 ; Coalition avenir Québec, 19 ; Québec solidaire, 2. Tout cela semblait impensable, mais en politique l'impensable est souvent une hypothèse comme les autres. Je me rends au bureau de celle qui est encore la chef de l'opposition, au quinzième étage de la Place Ville Marie, locaux qu'elle et son équipe occuperont encore quelques jours. Nous sommes au lendemain de la demi-victoire, au lendemain de l'attentat, au premier jour de l'après. Personne ne m'a demandé de me rendre au bureau ce matin. J'ai cru que je devais y être. Il est déjà convenu que je jouerai un rôle dans la suite des choses, mais lequel ? L'atmosphère est lourde. On lit la peine sur les visages. L'incompréhension. Il y a cette victoire en demi-teinte et il y a cette violence, cet attentat. Un groupe de conseillers se retrouve dans la salle de réunion. Les journaux sont étalés sur la table. Il y a un silence assourdissant. La nouvelle première ministre doit s'adresser aux médias en début d'après-midi. C'est la tradition. Elle doit faire part de ses premières réactions à la suite des résultats. C'est convenu. Et c'est aujourd'hui que ça débute. Les gestes qu'il faut accomplir, les choses qu'il faut faire, les mots qu'il faut prononcer lorsqu'on devient premier ministre. À 14 h, elle fait une déclaration dans une salle du Sheraton. Répond à quelques questions. On quitte l'hôtel en rangs dispersés.

Jeudi 6 septembre – Montréal

Personne n'est certain de ce qui lui arrivera. Au bureau de la Place Ville Marie, les membres du personnel achèvent de faire leurs boîtes. Le Parti québécois a gagné les élections, mais il ne forme pas encore le gouvernement. Nous sommes dans l'entre-deux. Cela devrait durer quelques jours, quelques semaines tout au plus. Ceux qui ont travaillé au bureau de la chef de l'opposition espèrent migrer vers le futur cabinet de la première ministre. Certains souhaitent atterrir dans des cabinets de ministres. Je ne sais toujours pas quel rôle je jouerai dans le gouvernement. Tout le monde autour de moi croit savoir ce que je deviendrai. Comme le disait Jacques Parizeau, en politique ceux qui savent ne parlent pas et ceux qui parlent ne savent pas.

Vendredi 7 septembre – Danville

Je suis retourné à la campagne, à Danville, quelque part entre les Cantons-de-l'Est, le Centre-du-Québec et les Bois-Francs. J'y ai une maison de week-end depuis quelques années. Je pars pour un long jogging. Valery et les enfants ne viendront me rejoindre que ce soir. J'entame la lecture de *Limonov* d'Emmanuel Carrère. *Les conditions idéales n'existent pas.* Il fait en quelques paragraphes un récit débridé de la chute de Gorbatchev en 1991. *En URSS, c'était l'enfer, mais on était fiers. Lorsque la vérité fera son chemin, on tuera la fierté.* Un membre du comité de transition mis en place il y a quelques mois par Pauline Marois pour préparer un futur gouvernement du Parti québécois me joint sur mon téléphone mobile. Il me confirme ce que je sais déjà. Jean St-Gelais sera le secrétaire général du gouvernement. C'est la première nomination de tout nouveau gouvernement. Un secrétaire général tout neuf pour mettre en œuvre la vision de la nouvelle équipe. St-Gelais est un mandarin de l'État. Sous-ministre aux Finances, secrétaire général sous Bernard Landry, premier président de l'Agence du revenu, PDG de l'Autorité des marchés financiers, c'est un gros calibre. Nous nous connaissons déjà. Compétent et affable, il aime être au centre du jeu. Mon interlocuteur m'informe que le comité de transition s'est réuni hier à Québec en présence de la première ministre. On y a revu la composition des équipes sous-ministérielles. Lorsque les ministres seront nommés, les choses se mettront donc rapidement en place. C'est le rôle d'un comité de transition : s'assurer que le changement de gouvernement est rondement mené. Mon nom a été mentionné lorsqu'il a été question d'un poste névralgique dans la haute fonction publique. Nicole Stafford aurait refusé net. *Si je veux pouvoir partir un jour, j'ai besoin de relève. Dominique, j'en ai besoin ailleurs.* Comment voit-elle les choses exactement ? Comment voit-elle mon rôle ? Le sien ? Je comprends de la conversation que les rôles et responsabilités des ministres ont été déterminés, mais sans noms dans les cases pour l'instant. La première ministre a besoin de temps.

Samedi 8 septembre – Danville

Nicole Stafford m'appelle. Je suis toujours à la campagne. Nicole, c'est l'alter ego de Pauline Marois. Elles travaillent ensemble depuis toujours. Je l'ai connue en 1998 alors que je venais de terminer une campagne comme directeur des communications de Jean Doré, qui tentait un retour à la mairie de Montréal. On m'avait recommandé à Nicole. Elle m'avait invité à faire partie du cabinet de Pauline Marois, qui allait devenir ministre de la Santé dans le gouvernement de Lucien Bouchard. Finalement, c'est auprès de Gilles Baril, ministre délégué de madame Marois, que j'avais atterri. Près de quinze ans plus tard, voilà Nicole de nouveau aux commandes, alors qu'elle cherche à structurer l'équipe autour de la nouvelle première ministre. Nous discutons du plan des prochains jours. Les bureaux du premier ministre Charest à Québec seront vides vendredi, mais les bureaux de Montréal sont déjà disponibles.

Dimanche 9 septembre – Danville et Richmond

J'essaie de penser à autre chose. Longue promenade dans le rang avec le chien. Je ne sais toujours pas ce qui m'attend. Je ne suis pas le seul dans cette situation. Que ce soit par superstition ou non, les politiques dévoilent rarement leur jeu à l'avance. Les ministres ne savent pas encore qu'ils le seront. Ils peuvent espérer, croire savoir, mais cela ne sera confirmé qu'au moment choisi par la première ministre. Même chose pour les conseillers. Ce que je sais, c'est que j'aurai la proximité. Et la proximité, c'est l'oxygène du conseiller. Durant le week-end précédant l'élection, j'ai eu quelques discussions avec Nicole au téléphone. Elle sait que je suis prêt à me joindre au cabinet et elle souhaite que je fasse équipe avec elle. J'ai un lien particulier avec Pauline Marois. Nous avons travaillé ensemble à la Santé. Depuis, je me suis éloigné de la politique et j'ai fait carrière pendant presque une décennie comme dirigeant chez Cossette, une grande agence de communication. La politique constitue toujours un saut dans l'inconnu. Visite de l'exposition agricole de Richmond avec les enfants. Tirs de tracteurs, manèges et salutations aux vaches sont au programme.

Lundi 10 septembre – Montréal

On emménage au bureau de la première ministre à Montréal, au coin des rues Sherbrooke et McGill College. Mon bureau est à côté de celui de Nicole. J'ai une petite fenêtre donnant sur le mont Royal. C'est un tourbillon toute la journée. En après-midi, la première ministre assiste aux funérailles de Denis Blanchette, décédé dans l'attentat du Métropolis. Souper chez Jean-François Lisée en soirée. C'est le brouhaha dans sa maison d'Outremont. Il a commandé des mets chinois. Nous sommes quelques-uns autour de la table. Il veut discuter de la suite. Lisée a conseillé Jacques Parizeau, puis Lucien Bouchard. Nous ne sommes pas des proches, même si nous nous sommes croisés à plusieurs reprises. Nous avons d'ailleurs lunché ensemble au cours de l'été. Il n'était pas encore décidé à propos de sa candidature. Le comté de Rosemont laissé vacant par Louise Beaudoin, et qu'il vient de remporter, le tentait. Lisée, c'est ce qu'on appelle une tête bien faite. Il a des idées. Beaucoup d'idées. Notre statut de minoritaire l'obsède. Il veut être bien certain qu'on en tire toutes les conséquences. Comment nous assurer de l'initiative politique ? Stephen Harper vient d'être réélu à Ottawa. Le Bloc québécois a été décimé au printemps 2011. La date des prochaines élections fédérales est connue grâce à la nouvelle loi sur les élections à date fixe : octobre 2015. On connaît donc l'échéancier. Pour Lisée, la présence de Harper constitue une occasion et une menace pour les souverainistes. Il faut forcer le jeu. Pousser le fédéral à commettre une erreur. Il se demande comment on peut survivre comme gouvernement minoritaire. Il suggère de faire un gouvernement de coalition. Se ravise. Revient à la charge. Pourquoi ne pas faire entrer Françoise David au gouvernement ? François Legault à l'Économie ? Lisée passe d'un dossier à l'autre. Il parle de la langue, de la laïcité.

Il faut faire des gestes qui forceront le fédéral à réagir, puis mobiliser les Québécois autour de cela. Il parle du 150ᵉ anniversaire de la Confédération en 2017. Il craint que le fédéral en profite pour faire adhérer le Québec à la Constitution dans l'indifférence. Il est le seul élu autour de la table. C'est le conseiller qui ne s'est pas encore mué en député.

Mardi 11 septembre – Québec

Mon premier retour au parlement depuis 2001. Nous sommes encore installés dans les bureaux de l'opposition. C'est la première fois que j'y mets les pieds. Lorsque j'ai quitté Québec au printemps 2001 après la démission de Lucien Bouchard, le Parti québécois était toujours au pouvoir. Le bureau du chef de l'opposition est classique, grand, solennel, intemporel. Les députés du Parti québécois ont leurs bureaux alignés à l'étage. Ils ne sont pas au parlement. Chacun est dans son comté. Des gens font des boîtes. C'est une atmosphère de fin des classes. On prépare les prochaines étapes. Sylvain Tanguay, directeur général du Parti, est sur place. Harold Lebel, un vétéran, responsable des relations avec les députés, aussi. La première ministre est avec nous. Je me perds dans les corridors du parlement et me fais sermonner par un membre de la sécurité. Le soir, je loge dans la suite du Hilton réservée au comité de transition. Vue imprenable sur le parlement, la citadelle, la vieille ville, les lumières qui s'étendent au loin. Je sens que quelque chose de nouveau débute pour moi. Une aventure qui, peu à peu, fera de moi quelqu'un d'autre. J'ai du mal à m'endormir.

Mercredi 12 septembre – Québec

Plusieurs rencontres. Briefing rapide concernant la commission Charbonneau[1]. Conclusion : il n'y a rien à faire, rien à dire. Laissons-les travailler. Nicole Stafford me demande d'établir la liste des possibles directeurs de cabinet. Je me mets à la tâche. Je repense aux discussions de l'autre soir chez Jean-François Lisée. Je me demande comment Nicole aurait réagi si elle avait été présente. Pour elle, la victoire, même courte, est une victoire. C'est son tempérament. Ne pas trop regarder en arrière. Profiter de chaque centimètre gagné. Minoritaires ou pas, nous sommes au gouvernement. Il faut foncer. Démontrer à tous qu'on peut gouverner, qu'on peut faire mieux que les autres. Donner aux Québécois le goût qu'on soit majoritaires la prochaine fois. Puis, pourquoi pas, celui de se doter d'un pays.

Jeudi 13 septembre – Québec

Le ministre des Finances sortant, Raymond Bachand, fait le point pour une dernière fois sur la situation économique et budgétaire du Québec pour l'année en cours. Des dépassements de l'ordre de 800 millions de dollars ont été constatés au titre des dépenses de programmes. La croissance de l'économie pour 2012 est plus modérée que le rythme escompté au dernier budget. Rencontre en soirée au Château Laurier avec l'ensemble des candidats du Parti québécois aux élections du 4 septembre. Les gagnants comme les perdants. La pression a baissé. Pas vraiment de tension ou

---

1. Commission d'enquête sur l'octroi et la gestion des contrats publics dans l'industrie de la construction, créée à l'automne 2011.

de reproches malgré la demi-victoire. Personne n'a encore la tête à faire un véritable bilan. Quelques candidats défaits font allusion à l'attentat du Métropolis. La première ministre baisse les yeux. Je revois des gens que je n'ai pas vus depuis longtemps. On me demande mon rôle. Je ne le connais pas encore. Je rentre à l'hôtel.

Vendredi 14 septembre – Québec

Rencontre avec Stéphane Gobeil pour préparer le discours d'assermentation des ministres. Madame nous dit ce qu'elle souhaite. Stéphane a déjà une idée en tête, mais il a besoin de matériel pour commencer la trame du discours, même s'il n'a pas les noms des ministres pour le moment. Il y aurait 16 ministères, mais 22 ministres. L'ancien gouvernement en avait 25, précise la première ministre. Stéphane a travaillé pendant des années auprès de Gilles Duceppe, à Ottawa, et s'est joint au cabinet de madame Marois quelques mois avant les élections. Rédacteur aguerri, il maîtrise l'art de la rhétorique politique. Je fais des appels pour le recrutement des directeurs de cabinet. Je tente d'en convaincre quelques-uns qui sont dans la fonction publique. Décision difficile. Cela signifie bien souvent qu'on sera stigmatisé pour le restant de ses jours dans la machine gouvernementale.

Samedi 15 septembre – Danville

Recherche de directeurs de cabinet. Je ne peux pas leur dire avec quel ministre ils travailleront ni, dans plusieurs cas, pour quel ministère. Pitch de vente assez complexe. Certains acceptent d'emblée. D'autres me demandent quelques heures ou une journée de réflexion. C'est une décision lourde de conséquences. Et c'est encore plus vrai avec un gouvernement minoritaire. Il y a des personnes comme Alain Lupien que je n'ai pas besoin de contacter. Si Diane De Courcy accède au Conseil des ministres, c'est un secret de polichinelle qu'il sera son directeur de cabinet. Alain et Diane, c'est un peu comme Nicole et Madame. Je fume la pipe sur le balcon avant de la maison. L'odeur du tabac ramène des souvenirs enfouis. Un vol de bernaches s'approche, passe au-dessus de la maison, puis file vers le lac. L'été est déjà terminé.

Dimanche 16 septembre – Danville

La recherche de directeurs de cabinet se poursuit. L'équipe commence à se former. Nicole aussi en a convaincu quelques-uns. Long jogging. Je sens bien que débutera demain une course folle.

Lundi 17 septembre – Québec

Première journée dans les bureaux de l'édifice Honoré-Mercier, jouxtant le parlement, lieu de travail des premiers ministres depuis Bernard Landry. Tout est vide. Même les meubles ont l'air de ne plus savoir à quoi ils doivent servir. Seuls les gardes de sécurité et les réceptionnistes rappellent la continuité de l'État. Je n'ai pas de bureau pour l'instant. Je prends place dans une salle de réunion tout près du bureau de la première ministre. Il n'y a qu'un seul bureau de directeur de cabinet dans la suite du chef du gouvernement. Nous occupons l'étage au complet, tout en haut de l'édifice. Un long couloir avec des bureaux de chaque côté.

À l'extrémité est, c'est la suite de la première ministre. Son bureau, une salle de travail privée qui sert aussi de salle à manger, des bureaux pour des adjoints, le bureau du directeur de cabinet, une petite cuisine et une salle de rencontre où je m'installe pour le moment. Puis il y a un espace en forme de rotonde avec quatre minuscules bureaux qui se font face de chaque côté. Il y a ensuite quatre ou cinq bureaux pour des adjoints et pour la sécurité. C'est ce qui constitue la suite de la première ministre. L'étage est séparé en deux parties égales par un immense escalier ouvert qui traverse l'édifice de bas en haut. De l'étage supérieur où l'on se trouve, on peut donc voir jusqu'au rez-de-chaussée tout en bas. Majestueux. De l'autre côté du grand escalier, vers l'ouest, il y a les bureaux des conseillers politiques et une grande salle de conférences tout au fond. À notre étage, une passerelle mène vers l'hôtel du Parlement. C'est là, dans un long couloir, que les journalistes attendront pour tenter d'obtenir des commentaires de la première ministre lorsque l'Assemblée nationale siégera. La suite du secrétaire général est juste au-dessous de nos bureaux. La salle du Conseil des ministres aussi. Jean St-Gelais passe la journée à faire la navette entre les deux étages. En après-midi : assermentation des 54 députés du Parti québécois. Atmosphère de réunion de famille. Travail avec Stéphane Gobeil sur les notes de la première ministre pour le premier Conseil des ministres, qui se tiendra jeudi. Avant de quitter l'étage en milieu de soirée, alors que les lieux sont redevenus presque vides, je réalise que la première ministre travaille toujours à son bureau. Je la sens fébrile, nerveuse peut-être. Je soupe avec Sylvain Gaudreault, député de Jonquière. Nous nous connaissons depuis vingt ans. Nous étions tous les deux à l'exécutif national des jeunes du Parti québécois. Sylvain était responsable du contenu et moi, des communications. Nous marchons longuement ensemble. Il a besoin de parler.

Il est élu depuis 2007. Il m'explique pourquoi il n'espère rien de la nomination des ministres. Selon lui, il y a trop d'élus du Saguenay. Bédard, Cloutier et lui : tous les trois ministres, ce n'est pas possible. Je rentre à l'hôtel.

Mardi 18 septembre – Québec

Encore à la recherche de directeurs de cabinet. Je prends quelques minutes pour aller visiter la salle du Conseil. Ce sera la première fois. Je demande qu'on m'ouvre les portes de la suite menant à la salle. Je m'y retrouve seul. Je fais le tour de la grande table. Je prends le temps de respirer l'odeur des lieux. J'entrouvre les rideaux des fenêtres donnant sur le parlement. Je m'attarde à l'endroit où la première ministre prendra place. Vertige. En début de soirée, on s'installe au Château Laurier. La première ministre et Nicole sont dans une suite. Jean St-Gelais et moi, dans une autre. Du personnel de soutien nous accompagne. Ce soir, dans cet hôtel situé à quelques centaines de mètres du parlement, la première ministre formera son gouvernement. J'ai commencé à appeler des députés. Je les invite à venir rencontrer la première ministre. Uniquement ceux qui deviendront ministre, whip ou président du caucus seront appelés. Il n'y a pas de mystère. Chacun sait ce que représente cet appel ce jour-là. Chacun est dans l'attente. L'appel. Souvent l'aboutissement de toute une vie d'action politique. Parfois un rêve de jeunesse ou encore le couronnement d'une carrière. Sans l'ombre d'un doute, un immense privilège. Je les appelle selon l'ordre dans lequel la première ministre veut les rencontrer. La plupart sont déjà à Québec. Il y en a que je n'ai jamais vus. C'est le cas d'Élaine Zakaïb et d'Élizabeth Larouche, par exemple. D'autres que je connais sans les avoir vraiment côtoyés, comme François

Gendron, Maka Kotto, Alexandre Cloutier et Daniel Breton. Lorsque j'appelle Sylvain Gaudreault, ça ne peut être que très émotif. La plupart des échanges ne durent que quelques secondes. C'est à se demander s'ils ne sont pas déjà assis dans leur auto ! Je fais la navette entre les deux suites. La scène se répète pendant plusieurs heures. Madame reçoit les futurs ministres les uns après les autres, leur annonce leurs responsabilités, puis leur signifie ses attentes. Nicole passe ensuite quelques minutes seule avec chacun afin de recueillir les confessions de dernière minute. Pour les futurs ministres, c'est le moment ou jamais de faire connaître les éléments de leur vie personnelle susceptibles d'embarrasser le gouvernement. Quant à St-Gelais et moi, nous tuons le temps avec le prochain député en attente… Pour la première ministre, c'est un moment à la fois très satisfaisant et très difficile. Elle a pleinement conscience du sentiment qui habitera ceux et celles qui ce soir ne sont pas choisis. Et il y a le doute. Est-ce que je fais les bons choix ? Elle revoit René Lévesque lui donnant ses premières responsabilités ministérielles. Puis Pierre Marc Johnson, Jacques Parizeau, Lucien Bouchard et Bernard Landry qui lui confieront tour à tour des postes exigeants. L'exercice se termine passé minuit. Sans trop de mal.

Mercredi 19 septembre – Québec

Un gros cahier de briefing au nom de la première ministre atterrit sur mon bureau. St-Gelais a l'air content de son coup. Les fonctionnaires ont préparé des notes totalement alignées sur les priorités de la nouvelle première ministre. Ces notes concernent une quinzaine de dossiers. Sans surprise, la situation budgétaire y trouve une place de choix. Les chiffres sont alarmants. Il y est tout de même suggéré de maintenir l'objectif du déficit budgétaire de 1,5 milliard de dollars fixé par l'ancien gouvernement pour 2012-2013, malgré les dépassements de 800 millions. St-Gelais croit que c'est possible. Mais le Conseil du trésor devra jouer du couperet dans les ministères pour y parvenir. L'autre solution serait d'accumuler un déficit plus important que ce que les libéraux avaient prévu. Politiquement, ce serait extrêmement difficile. Cela donnerait raison à tous les détracteurs du Parti québécois. L'économie québécoise n'a pas encore repris son souffle à la suite de la crise de 2008-2009, et cela explique que nous soyons encore en déficit. Mais l'objectif de la première ministre est clairement de revenir à l'équilibre dès que possible. C'est son credo et elle entend y être fidèle. Elle croit que c'est ce qui sert au mieux l'intérêt du Québec. Les fonctionnaires ont répertorié les initiatives pouvant être annoncées à court terme : fermeture de la centrale nucléaire de Gentilly ; fin de l'amiante ; mesures relatives à la crise étudiante du printemps ; accélération du déploiement des places en garderie. D'autres sujets sont traités : l'abolition de la taxe santé ; le Plan Nord ; les tarifs d'électricité ; les négociations entre le Canada et l'Europe ; le registre des armes à feu. La date limite pour la présentation de projets de loi à adopter avant Noël est le 15 novembre ; il faudra donc statuer rapidement sur les lois qu'on souhaite traiter en priorité. Première rencontre avec les directeurs de cabinet à 13 h. Le compte y est presque. C'est à ce moment qu'ils apprennent avec quel ministre ils travailleront. Surprise et stupeur ! Certains n'ont jamais rencontré le ministre en question, alors que d'autres n'ont qu'une idée très vague des responsabilités qui incombent à leur ministère. Assermentation des ministres au Salon rouge du parlement. Le discours de la première ministre semble apprécié. Les ministres sont heureux d'être ministres. Compte final : 23 ministres. Et 11 adjoints parlementaires héritent de responsabilités. La grande majorité des ministres le sont pour la première fois. Six ont moins de quarante-cinq ans : Alexandre Cloutier, Véronique Hivon, Martine Ouellet, Stéphane Bédard, Pascal Bérubé et Sylvain Gaudreault. Les choses sont maintenant calées. Je suis nommé directeur de cabinet adjoint de la première ministre.

Jeudi 20 septembre – Québec et Montréal

Premier Conseil des ministres. C'est un moment chargé d'émotion. Il y a quelques jours, nous avions déterminé les places à table avec St-Gelais. Madame souhaitait Stéphane Bédard et Nicolas Marceau à ses côtés. Je suis assis à une table en retrait du grand cercle que forment les ministres. Même chose pour St-Gelais, Nicole Stafford et le greffier, Pierre Reid. Je suis juste derrière Stéphane Bergeron, ministre de la Sécurité publique, Sylvain Gaudreault, aux Affaires municipales et aux Transports, et Bertrand St-Arnaud à la Justice. La première ministre a minutieusement préparé sa première intervention. Elle annonce la couleur dès le départ. *La campagne électorale est terminée. Le gouvernement est celui de tous les Québécois. Sur la question de l'intégrité, ce sera tolérance zéro. Je veux que vous soyez au-dessus de tout soupçon.* Elle décrit comment elle souhaite voir le Conseil des ministres fonctionner. Elle suggère aux ministres de travailler de près avec l'administration pour être rapidement efficaces. Il faut établir dès le départ un climat de confiance. *L'appareil gouvernemental est prêt à nous aider. À nous de lui donner les bons messages et de ne pas être méfiants ou arrogants.* Plusieurs nominations dans des postes de sous-ministres. C'est le fruit d'un travail intense durant les derniers jours. L'idée est de faire des ajustements dès le départ pour refléter nos priorités. En matière économique, on reconfirme cependant Luc Monty aux Finances tandis qu'Yves Ouellet ira au Conseil du trésor. Les Ressources naturelles, les Relations internationales, l'Éducation et le nouveau ministère de l'Enseignement supérieur, Recherche, Science, Technologie, dirigé par l'ancien journaliste Pierre Duchesne, héritent de nouveaux sous-ministres. Même chose pour la Justice, la Culture, le Travail, l'Emploi et la Solidarité sociale. Gilbert Charland, un ancien conseiller de Lucien Bouchard devenu haut fonctionnaire, est nommé secrétaire général associé aux Institutions démocratiques et à la Participation citoyenne, la nouvelle entité mise en place pour Bernard Drainville. Dès la fin de la rencontre du nouveau Conseil : point de presse de la première ministre. L'événement se déroule au pied du grand escalier, au rez-de-chaussée de l'édifice Honoré-Mercier. Stéphane Gobeil a préparé une déclaration pour la première ministre. C'est un exercice périlleux. Les choses ne sont pas tout à fait en place. Madame n'a pas encore fait le tour de tous les dossiers, mais elle veut marquer le coup et donner l'image d'un gouvernement en action. Elle est prête à foncer. *Le gouvernement va gérer de façon responsable la pression sur les dépenses publiques. On va respecter les cibles pour 2012-2013.* Elle parle d'intégrité, annonce l'annulation de la hausse des droits de scolarité, s'engage à créer de nouvelles places en garderie et confirme la fermeture de la centrale nucléaire de Gentilly. La première ministre répond aux questions pendant de longues minutes. Nicole et moi sommes debout derrière la horde de journalistes, en marge du point de presse, et écoutons notre patronne avec attention. Je me rends en vitesse à Montréal pour participer en soirée au bal de la Croix-Rouge et y rejoindre ma femme, Valery. La première ministre file dans son comté de Charlevoix pour participer à l'inauguration de l'hôtel La Ferme.

Vendredi 21 septembre – Montréal, Québec et Danville

Montréal-Québec tôt le matin. Conseil des ministres télé-phonique pour abroger la loi 78 sur les manifestations, comme promis pendant la crise étudiante du printemps. Yves-François Blanchet devient ministre responsable des régions Mauricie et Centre-du-Québec. Lors de la compo-sition du Conseil, on avait cru que Blanchet, qui est whip et non ministre, ne pouvait occuper une responsabilité régio-nale. Vérifications faites, c'est possible et on procède donc. Petit baume pour lui. Lorsque Madame a composé son équipe ministérielle, Blanchet a violemment réagi. Il s'at-tendait à obtenir un poste de ministre, et celui de whip ne lui convenait pas. Harold Lebel, éternel responsable des relations avec les députés au sein du Parti québécois, a été appelé en renfort en pleine nuit pour le calmer. Être whip permet tout de même de participer aux réunions du Conseil des ministres. Blanchet a les défauts de ses qualités. C'est un homme entier, tout d'un bloc, qui ne s'embarrasse pas tou-jours de nuances. Mais son caractère et sa force de volonté en font un politicien redoutable. D'autres secousses ont ébranlé le Château Laurier durant cette soirée. Une députée a refusé net le poste qui lui était offert, alors qu'un autre a fait savoir que s'il n'accédait pas au Conseil, cela constitue-rait un affront à la nation tout entière ! On a manœuvré le mieux possible et, au final, Madame a composé à peu près l'équipe qu'elle avait en tête. Briefing de la première ministre : Trésor, Finances, Infrastructures. Le sous-ministre aux Finances, Luc Monty, donne le ton. Il renforce l'idée que l'équilibre budgétaire sera difficile à atteindre. Ce que regardent les agences de notation : équilibre budgétaire et réduction du poids de la dette relativement au PIB. Madame reste impassible. Elle écoute les explications de Monty sans trop commenter. Elle n'a aucune intention de brader les finances publiques, bien au contraire. Elle veut diriger un gouvernement responsable sur ce plan. Mais, prudente, elle veut s'assurer qu'on fait les bons gestes, qu'on n'impose pas aux Québécois des sacrifices plus que nécessaire. Lunch au Savini, dans la Grande-Allée, dans un salon privé : la première ministre, St-Gelais, Nicole Stafford et moi. Que veut-on accomplir d'ici Noël ? On discute assez longuement de la situation budgétaire. On jongle avec dif-férents scénarios. Normalement, le prochain budget ne devrait être présenté qu'en mars. Il sera peut-être nécessaire de bouger avant. Si c'est le cas, il faut donner des indications aux Finances très très rapidement. Est-ce que la population comprendra pourquoi nous devons agir si vite ? La première ministre a encore un peu de temps avant de décider. Cependant, les hypothèses de croissance mises en avant dans le dernier budget ne se matérialisant pas et la situation risque de se détériorer rapidement. Le Parti québécois aura-t-il les moyens de respecter ses engagements électoraux ? Pourra-t-il abolir la taxe santé tel que promis ? On survole différents dossiers. Quelle sera notre stratégie sur la langue ? S'il y a un dossier sur lequel notre demi-victoire a un impact, c'est bien celui-là. Comment bouger sur les questions identitaires en situation de gouvernement minoritaire ? Puis il faut amorcer le travail pour réaliser rapidement un sommet qui mettra derrière nous la crise étudiante. Madame y accorde beaucoup d'importance. La première ministre se dit satisfaite de son premier Conseil des ministres. *J'aime ça, je suis très contente,* nous dit-elle. On sourit. Je prends la route pour la campagne.

Samedi 22 septembre – Danville

Je m'active encore dans les questions de directions de cabinet. Les choses ne sont pas attachées pour Bernard Drainville. Ni pour Nicole Léger et Gaétan Lelièvre aux Régions. Je fais des appels. Certains que j'approche deviennent finalement conseillers politiques, comme Christophe Fortier-Guay auprès de Jean-François Lisée. *Le Devoir* du samedi présente la semaine de manière favorable. Robert Dutrisac : *Il y avait une part de marketing politique dans les annonces simultanées de jeudi. On voulait montrer, dès les premières heures du gouvernement péquiste, que Pauline Marois est une femme de décision, qu'elle n'avait pas peur de trancher. En ce sens, l'opération est réussie.* Je marche dans les champs derrière la maison avec ma fille aînée, Simone. Bernard Drainville m'appelle. On discute un bon moment. Je prends une photo de Simone et la lui envoie. Je le sens sourire au bout du fil. *Moi aussi j'ai de jeunes enfants.*

Lundi 24 septembre – Montréal

Il faut maintenant structurer le cabinet de la première ministre. On finalise les listes à remettre aux différents cabinets pour les aider dans la formation de leurs équipes. Shirley Bishop, qui prend la direction des communications, est à la chasse aux attachés de presse afin de combler les derniers postes auprès des ministres. Stéphane Dolbec est responsable des affaires parlementaires et de la période de questions ; Martin Caillé est chargé de l'administration du cabinet et des nominations ; Marc-André Beaulieu est le conseiller diplomatique aux Affaires extérieures ; Patrick Lahaie est aux Relations avec les autochtones et les groupes de la société civile ; Stéphane Gobeil est à la rédaction des discours ; Marie Barrette demeure attachée de presse de Pauline Marois. Nicole est à la tête du dispositif autour de Madame. Elle est incontournable. De par son rôle bien sûr, mais aussi à cause de sa personnalité. C'est une femme entière, totalement dévouée. Très peu de femmes dans l'histoire politique du Québec ont occupé cette fonction. Elle a l'énergie, la résilience, l'entêtement. Mais elle est aussi capable de finesse, en mesure d'apprécier les joutes intellectuelles et de se construire un jugement original sur les situations et les gens. Elle peut être dure, puis se rattraper par un bon mot dans la minute qui suit. C'est une femme attachante, complexe, qui se trouve souvent là où on ne l'attend pas. Avec Madame, elle fait bloc. Bien qu'elles aient des personnalités et des tempéraments fort différents, ces deux femmes de la même génération ont un niveau de confiance et de respect l'une envers l'autre qui transcende tout. Ensemble, elles ont dû combattre dans les tranchées pour survivre.

Mardi 25 septembre – Québec

J'arrive à Québec à 10 h. On prépare le caucus des députés qui se tiendra demain. Les députés sont affectés par les critiques dans les médias. Comme toujours, on passe par-dessus les articles et reportages favorables pour ne retenir que ceux qui ne font pas notre affaire. En fin de semaine, un article du *Soleil* titrait : « Pauline Marois annoncera sous peu une hausse d'impôts rétroactive pour les riches ». Disons que l'expression « impôts rétroactifs » n'est pas facile à avaler. Cet élément est apparu lors de la période de questions qui a suivi le point de presse de Madame après le premier Conseil des ministres. Le nouveau gouvernement est aussi accusé d'improviser et d'être dogmatique dans ses décisions. C'est le retour du boomerang après le feu d'artifice d'annonces de la semaine dernière. Briefing : Ressources naturelles. Martine Ouellet est avec son directeur de cabinet et son sous-ministre. La situation à Bécancour à la suite de l'annonce sur Gentilly nous préoccupe. La fermeture de la centrale nucléaire nous apparaissait évidente, mais visiblement les gens de la région ne l'avaient pas vue venir. La ministre croit que le gouvernement Charest savait qu'il fallait fermer la centrale, mais qu'il a laissé traîner les choses par peur des impacts électoraux dans la région. On se retrouve sur la défensive. On prend probablement la bonne décision, mais pour l'instant on paie un prix politique important. Alors qu'il était dans l'opposition, le Parti québécois a critiqué avec véhémence le Plan Nord, pièce maîtresse de la stratégie économique du Parti libéral du Québec. La première ministre tient à ce que nous ayons un discours cohérent sur le Nord et que nous proposions notre propre vision et notre propre plan de développement. La ministre s'engage à y travailler. Il y a aussi la question des redevances minières dont le Parti québécois a fait ses choux gras durant la campagne électorale. Selon le Parti, les entreprises minières ne paient pas un juste prix pour l'exploitation des ressources. La première ministre s'attend à ce que les Ressources naturelles et les Finances travaillent ensemble pour proposer des solutions.

Mercredi 26 septembre – Québec

Conseil des ministres. La première ministre présente les différents comités ministériels chargés de travailler aux dossiers avant leur présentation au Conseil. C'est un élément fondamental du fonctionnement du gouvernement. Les dossiers doivent passer par des comités de ministres avant d'atterrir sur la table du Conseil. Aussi, Madame invite chacun des ministres à se préparer à une rencontre avec elle pour statuer sur les priorités. Les ministres doivent tenir compte du programme électoral du Parti, des missions particulières que la première ministre peut leur avoir confiées lors de leur nomination et, aussi, d'éléments qui leur sembleraient importants à la suite de leurs premiers contacts avec les hauts fonctionnaires de leur ministère. Tout cela doit être terminé avant le discours inaugural qui marquera le début de la session parlementaire, à la fin octobre. Jean St-Gelais, de son côté, fera la même chose avec les sous-ministres. Le rôle du secrétaire général du gouvernement est de s'assurer que l'appareil administratif de l'État interprète correctement les orientations du gouvernement élu. Chacun des sous-ministres relève de lui ; il a donc un rôle clé dans la mise en œuvre des engagements du nouveau gouvernement. Déjà, la situation budgétaire préoccupe les ministres et au premier chef le ministre des Finances et le président du Conseil du trésor. La première ministre relève les critiques parues dans les médias au cours des derniers jours. *Il ne faut pas être tétanisé. On veut accomplir des choses pour le Québec et on va le faire. Notre statut de minoritaire ne doit pas nous empêcher d'agir.* Nominations : Hubert Bolduc devient secrétaire général associé à la communication gouvernementale. Un poste névralgique. Il a été attaché de presse de Bernard Landry avant de faire un brillant passage aux communications chez Cascades. André Lavallée, un ex de l'administration de Jean Doré, va à la Métropole épauler Jean-François Lisée. Nicolas Girard, ancien député du Parti québécois, devient PDG de l'Agence métropolitaine de transport. On tient pour acquis que la nomination de Girard sera décriée par l'opposition. Caucus de tous les élus du Parti québécois après le Conseil. Ça dure tout l'après-midi. Les députés vont tour à tour au micro. Le climat est respectueux, mais on sent de l'inquiétude. Je réalise que le discours vert et écologiste est très présent. Et j'admire la patience de la première ministre qui écoute pendant des heures les points de vue des uns et des autres. Souper d'équipe du cabinet de la première ministre au Louis-Hébert.

Jeudi 27 septembre – Québec

Première rencontre entre Léo Bureau-Blouin et la première ministre depuis l'élection. L'ancien leader étudiant élu dans la région de Laval est adjoint parlementaire responsable de la jeunesse. On parle de son rôle dans le Sommet sur l'enseignement supérieur à venir. Madame lui demande de réfléchir et de rédiger un projet de mandat pour préciser ses responsabilités. À l'heure du lunch, la première ministre fait une allocution au congrès de la Fédération québécoise des municipalités qui se tient juste de l'autre côté de la rue. En fin d'après-midi, St-Gelais fait rapport à la première ministre sur l'ampleur des problèmes financiers auxquels nous faisons face. Chaque ministre devra contribuer. Le Conseil du trésor est déjà sur le pied de guerre. La question de l'abolition de la taxe santé nous poursuit. Il s'agit d'un engagement phare du Parti à la dernière élection. L'abolition de cette taxe devait être compensée par une hausse de revenus en provenance des plus riches. Mais voilà que les choses se compliquent. C'est par une augmentation de la taxation sur les gains en capital et les dividendes que devait se financer l'abolition de la taxe santé, ce qui soulève un tollé, notamment dans les milieux d'affaires. C'est devenu un enjeu « national ». On en parle sur toutes les tribunes. Tout cela annonce un automne difficile. Même s'il n'y a pas de crise financière comme telle au Québec, puisque le gouvernement n'a pas de difficulté à payer les intérêts sur sa dette, la faiblesse du niveau de croissance inquiète de plus en plus. Je soupe avec Pierre Duchesne, sa directrice de cabinet Esther Gaudreault et Nicole Stafford. Le ministre de l'Enseignement supérieur cherche la bonne formule pour le Sommet. Je tente de repousser les échéances, même si le Parti québécois avait promis que ce serait l'un de ses premiers gestes. Si le Sommet se tenait en novembre ou décembre, il ne nous resterait que deux ou trois mois pour tout préparer. Duchesne s'inquiète aussi de l'état de ses troupes. Son ministère n'existe pas encore. Avant l'élection, tout était intégré au ministère de l'Éducation. C'est donc difficile pour lui d'organiser les choses. En outre, il semble étouffé sous les pressions budgétaires. Il ne voit pas comment réussir le Sommet sans investissements nouveaux.

Vendredi 28 septembre – Montréal

Discussion avec les troupes spéciales de la Sûreté du Québec concernant la première ministre. Il y a toujours une bonne présence policière autour d'elle. Les événements du Métropolis sont encore récents. Nicole et moi planifions les prochains briefings. La première ministre doit avoir fait le tour des dossiers dans les deux prochaines semaines. Certains ministres s'interrogent sur les intentions de Madame concernant la création d'un comité des priorités. La question demeure sans réponse. Les ambiguïtés sont parfois utiles en politique. Madame. Je ne sais plus comment je m'adressais à elle lorsque je travaillais à ses côtés il y a une dizaine d'années. Ce devait être Madame. Je ne sais plus. Ça vient naturellement aujourd'hui. Ce qui ne le serait pas, ce serait de dire Pauline. Pauline, c'est peut-être pour Nicole, mais ce n'est pas pour moi. Je ne veux pas. Je ne peux pas. Alors, je dis Madame. Lorsque je suis avec des gens de l'extérieur, je dirai aussi madame la première ministre. Parfois, je dis aussi madame Marois. C'est une question de circonstances. Un jugement que j'exerce instinctivement. Dans l'intimité, seul avec elle, il m'arrive de dire : *Vous, Pauline*. Mais c'est rare et parfois je le regrette aussitôt. Départ pour un week-end à New York avec Valery. Sans les enfants.

Samedi 29 septembre – New York

On marche à travers New York toute la journée. Visite de galeries d'art. Nous allons voir une exposition de Marc Séguin avec notre copain Marc-André. Le temps est léger, mais les New-Yorkais ont l'air pressés, comme toujours. Je publie sur mon fil Twitter : *High Line vue de l'Americano Hotel NYC*. L'Americano est un hôtel étroit d'une dizaine d'étages au style moderne. Les chambres sont minuscules, dépouillées. La terrasse sur le toit offre une vue imprenable sur la High Line et sur les édifices de Midtown Manhattan. Valery porte ses lunettes de soleil. Elle ne les quitte jamais en voyage. On soupe chez ABC Kitchen avec des amis. Rappel de notre vie d'avant. Mardi, ce sera notre treizième anniversaire de mariage.

Lundi 1er octobre – Montréal

Retour aux affaires. Daniel Paillé, chef du Bloc québécois, vient rencontrer la première ministre. Ils se connaissent depuis longtemps. La relation est polie, mais sans plus. Ils n'ont pas d'atomes crochus. Ils discutent en termes généraux de collaboration. Comment jouer le Bloc dans les relations entre Québec et Ottawa alors que ce parti a été pratiquement rayé de la carte en mai 2011 ? Madame me demande d'assurer la relation avec le Bloc. À midi, rencontre avec Daniel Breton. On fait le tour des priorités à l'Environnement. La première ministre souhaite trouver le bon équilibre entre développement économique et respect de l'environnement. Elle est préoccupée par l'image que donnera son gouvernement. Elle s'inquiète de l'impression que pourrait laisser le lancement de nombreuses études environnementales de façon simultanée. Elle cherche l'équilibre, toujours l'équilibre. Diane De Courcy en après-midi. Elle a hérité des portefeuilles on ne peut plus délicat de la Langue et de l'Immigration. Madame a confiance en elle. Tout le monde veut bouger rapidement dans ce dossier. On envisage une déclaration ministérielle forte cet automne et le dépôt d'un projet de loi sur la langue début 2013. Jean-François Lisée et son équipe viennent au cabinet en fin de journée pour une discussion sur les Relations internationales et la Métropole. Lisée arrive en retard à la rencontre, ce qui irrite Madame, toujours à l'heure à ses rendez-vous. On parle de la situation dans les délégations du Québec à l'étranger. Lisée souligne qu'il ne faut pas sous-estimer le travail qui a été fait à l'international par Jean Charest sur le Plan Nord. Souper tard en soirée avec la première ministre et Nicole au Petit Extra, rue Ontario. On remet les choses en ordre dans nos têtes. Madame revient du concert-bénéfice en hommage aux victimes de l'attentat du Métropolis. Montréal-Québec en auto avec le chauffeur de Nicole durant la nuit. Je ne suis pas capable de dormir.

Mardi 2 octobre – Québec

Rencontre avec Réjean Hébert et Véronique Hivon, ministre

déléguée. Hébert souhaite créer une Caisse autonomie pour les personnes âgées. C'était dans le programme du Parti. Madame le soutient, mais elle est prudente quant aux coûts. Et St-Gelais est sceptique quant à la faisabilité. On discute des difficultés budgétaires que pose l'entente avec les médecins spécialistes signée par l'ancien gouvernement. St-Gelais, Nicole et moi prenons le repas avec la première ministre dans la salle à manger adjacente à son bureau. Nous avons de moins en moins de temps pour sortir à l'heure du lunch. Madame s'inquiète à haute voix du moral de Véronique Hivon. *Véronique est déçue. Elle se voyait ministre à part entière.* La première ministre passe les commandes : le rebranding du Plan Nord, il faut y voir ; Bécancour, il faut coordonner l'action du gouvernement et être présent sur le terrain ; les autochtones, elle souhaite parler à Ghislain Picard ; le Sommet pour l'enseignement supérieur, assurez-vous que ça va dans le bon sens ; les communications du gouvernement, il faut resserrer les choses. Après le lunch, Agnès Maltais présente ses priorités pour le Travail et la Solidarité sociale. Des tensions en vue avec les syndicats. La ministre émet des réserves sur les exigences du Trésor dans ses dossiers. Rencontre avec Bernard Drainville. Ses priorités immédiates : élections à date fixe ; réforme du financement politique ; vote sur les campus. On termine la journée par un autre échange avec la première ministre sur la situation des finances publiques. Au gouvernement, les préoccupations des gens des Finances deviennent rapidement celles de tous. Leurs priorités sont toujours au centre de notre travail. Ce qui les obsède finit par tous nous obséder. Tout le débat autour de la taxe santé pollue notre univers. À l'évidence, notre promesse n'apparaît pas réaliste aujourd'hui. On peut toujours abolir cette taxe, mais il faut trouver une façon de compenser. On pense à d'autres scénarios.

Mercredi 3 octobre – Québec

Conseil des ministres. Je ne sais pas si je m'habituerai à ces rendez-vous du mercredi. La fermeture de Gentilly est encore au programme. Point d'information sur l'Accord de libre-échange Canada-Europe qui est en négociation. Débat sur la taxe santé. Diane De Courcy fait une présentation sur la langue et sur les étapes à franchir avant de déposer un projet de loi. À la fin de son laïus, s'adressant à la première ministre, elle ajoute : *C'est un work-in-progress.* Tout le monde éclate de rire. La rentrée parlementaire aura lieu à la fin du mois. Une trame pour le discours inaugural est en préparation au Conseil exécutif, le ministère de la première ministre que dirige Jean St-Gelais. Stéphane Gobeil pourra en poursuivre la rédaction au cabinet. Le secrétaire général a toujours des documents sur tout. On le voit arpenter les couloirs de l'édifice Honoré-Mercier une liasse de papiers sous le bras. Chaque matin, de nouvelles notes, de nouveaux documents confidentiels, des fiches toujours plus complètes. *Tu as lu celui-ci ? Ce serait mieux de lire celui-là. Il est plus à jour.* Chaque document est numéroté, daté. Il vérifie sans cesse s'il a bien la dernière version en main. C'est comme si ces papiers avaient une vie propre. On doit les harnacher pour qu'ils tiennent compte de nos priorités, les interroger pour qu'ils nous révèlent leurs secrets. On peut les ignorer un temps, mais c'est avec eux que nous devons composer si nous voulons donner un sens et insuffler un élan à l'action du gouvernement. Plusieurs ministres prévoient des missions à l'étranger. Madame rappelle que les missions doivent être autorisées par son bureau. Après le Conseil, on rencontre Nicolas Marceau et son équipe des Finances. Je suggère carrément de retirer notre proposition sur la taxe santé. Ça jette un petit froid dans la pièce. Entre deux rencontres, Madame s'entretient au téléphone avec le grand chef Ghislain Picard. Patrick Lahaie est à ses côtés. Patrick se préoccupe beaucoup des questions autochtones au sein du cabinet. Il était déjà en contact avec les chefs lorsque le Parti était dans l'opposition. Rencontre avec Sylvain Gaudreault et la première ministre pour un briefing. Échangeur Turcot à Montréal. Il y a des milliards à y investir. La question est de savoir si on a le bon plan de match. Tout le monde est prêt à aller de l'avant, même si le Trésor rechigne un peu. De toute façon, il faut le faire. L'ancien gouvernement a probablement trop tardé à prendre une décision. En soirée, nous soupons à l'appartement de fonction de la première ministre dans l'édifice Price. Nous sommes huit en comptant la première ministre. Quelques conseillers de l'extérieur du cabinet se sont joints à nous pour livrer leur impression de notre premier mois au gouvernement. Pour beaucoup, c'est leur première visite. La vue sur la ville est imprenable. L'édifice de style Art déco construit à la fin des années 1920 et appartenant à la Caisse de dépôt et placement est majestueux. Seul gratte-ciel à l'intérieur des murs du Vieux-Québec et l'un des plus vieux au Canada, il surplombe la vieille ville et le fleuve. La vue porte loin vers l'île d'Orléans et jusqu'au mont Sainte-Anne. La résidence officielle du premier ministre du Québec y est installée depuis 2001. L'appartement de fonction occupe les seizième et dix-septième étages, alors que le quatorzième est réservé aux réceptions officielles. La vue de la terrasse est saisissante. Le Château Frontenac, la citadelle, le parlement. Un mois… On a l'impression d'être là depuis un an.

Jeudi 4 octobre – Québec

Nicolas Chibaeff, nouveau consul de France à Québec, vient saluer la première ministre. 9 h 30 : Pierre Duchesne fait état de ses priorités. Il est accompagné de sa directrice de cabinet, Esther Gaudreault. Je connais Esther depuis des années. J'ai été surpris qu'elle reprenne du service. C'est probablement l'un des membres les plus expérimentés de notre équipe de directeurs de cabinet, avec François Ferland qui se retrouve chez Jean-François Lisée et France Amyot chez Réjean Hébert. Briefing sur l'Éducation avec Marie Malavoy. Je suis préoccupé par Bécancour. On envisage un Fonds de développement spécial pour la diversification de la région. Élaine Zakaïb devrait y être demain pour en évaluer la pertinence. Quel sera le message ? Comment endiguer cette grogne qui s'étend maintenant à la région de Trois-Rivières ? Yves-François Blanchet, qui est responsable de la région, est inquiet et il tire toutes les sonnettes d'alarme. Le genre de dossier où nous avons l'air de faire tout de travers. François Gendron vient présenter ses priorités à l'Agriculture. Son directeur de cabinet, Éric Gamache, est un ancien conseiller de confiance de Madame. On revoit Stéphane Bédard et Yves Ouellet pour parler des investissements en infrastructures. La question de Pétrolia préoccupe la première ministre. Pétrolia fait partie du petit nombre d'entreprises québécoises qui ont des ambitions d'exploitation du pétrole au Québec. L'entreprise est présente à l'île d'Anticosti et en Gaspésie. Bien qu'elle possède des droits sur plusieurs sites, elle a besoin du gouvernement pour obtenir des autorisations. C'est une question très sensible. Il y a des inquiétudes légitimes dans la population. On l'a vu dans le dossier des gaz de schiste. En laissant les entreprises à elles-mêmes, sans l'encadrement nécessaire, le gouvernement libéral n'a suscité que craintes et mécontentement. La première ministre est convaincue que, si on souhaite que les choses se fassent dans l'ordre, il faut s'en occuper. Sa position est simple : autorisons l'exploration sous la surveillance du gouvernement et, si c'est concluant, on procédera par la suite à toutes les évaluations nécessaires qui nous permettront de statuer si, oui ou non, il est possible de procéder à l'exploitation dans le respect de l'environnement et des communautés locales. Je suivrai ce dossier pour elle en collaboration avec St-Gelais.

Vendredi 5 octobre – Montréal

Madame passe la matinée en préparatifs pour le Sommet de la Francophonie qui se tiendra à Kinshasa, puis se rend à TVA enregistrer une entrevue dans le cadre de l'émission Larocque-Lapierre. En début d'après-midi, elle enregistre une autre entrevue, cette fois avec Pierre Bruneau. Cette série d'interviews souligne le premier mois du gouvernement. Rencontre avec Maka Kotto, ministre de la Culture, sur ses priorités. Madame le rassure. Elle veut maintenir et peut-être même augmenter le budget pour les infrastructures culturelles. Elle en parlera à Stéphane Bédard. Kotto cherche ses marques comme ministre. Tel un comédien qui n'est pas encore vraiment entré dans son personnage. Nicole Léger, responsable de la Famille, vient présenter ses priorités avant que la première ministre se rende aux studios de Radio-Canada pour sa dernière entrevue de la journée : Pascale Nadeau. La journaliste lui demande si elle compte mettre la Ville de Montréal sous tutelle à la suite des révélations de la commission Charbonneau relatives à l'administration du maire Gérald Tremblay. Madame tempère. *Ce n'est pas quelque chose qu'on envisage en ce moment.* Ensuite, Pascale Nadeau avance que la première ministre gouverne comme si elle était à la tête d'un gouvernement majoritaire. *Plusieurs vous le reprochent,* souligne-t-elle. Madame défend toujours l'abolition de la taxe santé, mais laisse entrevoir des assouplissements.

Samedi 6 octobre – Old Orchard Beach et Goose Rocks

Week-end au Maine avec Valery et les enfants. Deux de mes sœurs voyagent avec nous. Nous sommes installés dans un hôtel du bord de mer. Ce sont mes moments préférés. La température est un peu fraîche. Le soleil est là. Nous marchons sur la plage vêtus de gros chandails. C'est émouvant de voir mes trois filles s'amuser avec leurs tantes. Ça me rappelle mon enfance, alors que nous allions chaque été à la mer en famille. Le moment est bien choisi, je relis *Mes premiers ministres* de Claude Morin. Je garde un excellent souvenir de ma première lecture il y a plus de vingt ans. Morin relate son expérience auprès de cinq premiers ministres québécois : Jean Lesage, Daniel Johnson, Jean-Jacques Bertrand, Robert Bourassa et René Lévesque. On pénètre avec lui dans les coulisses du pouvoir à Québec. Les amitiés et les rivalités entre collègues. Les processus changeants de prise de décision. Les discussions de couloir, les colères et les moments de vulnérabilité. La rédaction des discours qui permet d'imposer sa vision des choses par petites touches successives. La valse des projets de loi, règlements et décrets qui font la réalité du pouvoir en l'inscrivant dans la durée. Puis l'intimité des premiers ministres et les relations avec leurs ministres et conseillers. Ce sont des personnalités qui font la politique. Morin le rend bien. On a tendance à voir les gouvernements comme un tout, un bloc homogène. Pourtant, chacun a ses intérêts et sa façon de voir les choses, même dans le cas de ceux qui évoluent sous une même bannière politique. La réalité du pouvoir oblige à se rajuster constamment, à voir comment on pourra atteindre les objectifs fixés d'une autre façon que celle qu'on avait imaginée. Par la force des choses, les gouvernements improvisent donc toujours plus que ce que les

observateurs de la politique croient. Et au cœur de tout, il y
a la place du Québec. L'idée que l'on se fait de ce que le
Québec est et doit chercher à devenir. C'est au centre des
préoccupations de tous les premiers ministres du Québec.
Chacun a cette responsabilité historique de poursuivre la
construction d'une société juste, riche, fière, libre. Souper
au Tides Beach à Goose Rocks. Bel endroit. Je m'attarde
quelques instants devant une photo de Bush père accrochée
près de l'entrée. Instant volé d'un président en vacances.

Dimanche 7 octobre – Old Orchard Beach et Kennebunkport

Long jogging dans les rues longeant la mer pendant que les
enfants sont encore au lit. Tout le monde a apporté de la
lecture. Même les enfants lisent sur la plage, des couvertures
sur les genoux. Petite virée à Kennebunkport où on trouve
le moyen de manger des lobster rolls. Mes pensées passent
d'une chose à l'autre. Revoilà la taxe santé. Je sais que je ne
devrais pas penser à cela aujourd'hui. Mais c'est ainsi. Ça
me paraît un cas d'espèce. Nous sommes piégés. Enfermés
dans une logique qui, jour après jour, nous éloigne d'une
solution honorable. D'un côté, Madame fait ce qu'il faut.
Elle tient le fort. De l'autre, il y a la réalité que nous connaissons tous : le gouvernement ne pourra pas remplir sa promesse intégralement. Est-ce si compliqué de le dire ? La
réalité, c'est qu'il est extrêmement difficile en politique de
reconnaître ses torts sans se faire lyncher sur la place
publique. C'est là le paradoxe : on dénonce l'arrogance du
pouvoir qui a réponse à tout, et on fustige le premier qui
semble prêt à se remettre en question. Parfois, on sent bien
qu'on a eu tort, mais ce serait un tort plus grand encore de
le reconnaître publiquement. En attendant, sur la taxe santé,

on cherche encore la sortie de secours. Ce n'est jamais souhaitable d'offrir à la première ministre une seule option.

Mardi 9 octobre – Montréal et Québec

Entrevue de la première ministre avec Paul Arcand. Je pars de Montréal très tôt pour être à Québec au début de la matinée. Nouvelle rencontre avec le ministre des Finances. On revoit les grands équilibres. La machine est en place pour livrer un budget cet automne. Encore la taxe santé : je commence à trouver qu'on tourne en rond. Les Finances n'apportent pas vraiment de solutions. Je sens de l'impatience du côté de la première ministre. *L'objectif simple était d'abolir et de transférer le coût aux mieux nantis,* rappelle Madame. Visiblement, ce ne sera pas ça. *Nous avons été trop précis sur cette promesse durant la campagne. Il aurait fallu demeurer sur les principes. La taxe santé est une mauvaise taxe, c'est un fait qui demeure.* La première ministre souhaite rencontrer Martine Ouellet pour faire le point sur le nouveau Plan Nord. On donne l'impression de bloquer les choses. Les libéraux prévoyaient mettre sur pied une société du Plan Nord. Quel est notre plan de match ? St-Gelais souligne qu'on a un os en matière de communications. Madame est prête à présider un comité sur le développement du Nord. *Êtes-vous capable d'organiser ça ?* demande-t-elle. Ce n'est visiblement pas le plan de la ministre. Madame pousse. *Nous devons avoir une position claire avant le discours inaugural.* La première ministre veut également une nouvelle loi sur les mines. *Martine, est-ce que les choses avancent dans ce sens-là ?* Rencontre avec St-Arnaud, le ministre de la Justice. Il insiste sur la question de l'aide juridique. Il a sa vision et ses projets qu'il veut mener à terme. C'est un ministre consciencieux, intelligent, raisonnable. Il dirige son ministère sans calcul personnel. Je rappelle plusieurs personnes entre les rencontres. Je fais la navette entre mon bureau et la salle de réunion. Je suis maintenant installé dans un tout petit espace qui donne sur la rotonde. J'ai préféré la proximité au confort. Mon minuscule bureau a deux portes. L'une donne sur le couloir menant au bureau de la première ministre et l'autre, directement dans sa principale salle de rencontre. En compagnie de Stéphane Gobeil, on jongle avec des idées pour le discours inaugural. Ce sera un discours sur la responsabilité. Nous sommes un gouvernement qui prend des décisions responsables, un gouvernement intègre, moderne, à l'écoute. Discussion téléphonique avec Michel Leblanc de la Chambre de commerce de Montréal. Il offre à la première ministre une tribune devant la Chambre. *Les gens d'affaires veulent la voir à Montréal. Ils veulent l'entendre.* On convient d'une date. Rencontre avec Alexandre Cloutier, sa directrice de cabinet et Yves Castonguay, secrétaire aux Affaires intergouvernementales canadiennes. Je découvre, au hasard de la discussion, que Castonguay a une résidence tout près de ma maison de campagne. Ça me permet de m'y retrouver en esprit quelques secondes. Souper chez Madame à l'édifice Price.

Mercredi 10 octobre – Québec

La première ministre réunit quelques ministres pour préparer le terrain au repositionnement sur la taxe santé. Malavoy, Léger, Hébert, Bédard, Drainville et Marceau sont conviés. L'idée est de soutenir Marceau. Lorsque je m'assois dans la salle du Conseil, je me dis que la lourdeur de la responsabilité qui pèse sur la première ministre est difficile à imaginer. Je le constate chaque jour. La première ministre écoute, consulte et décide. À la fin, tout repose sur elle.

Après une longue discussion, le Conseil des ministres adopte la nouvelle mouture de la taxe santé présentée par Nicolas Marceau. Nomination de Mario Laprise au poste de directeur général de la Sûreté du Québec. À la sortie du Conseil, on organise une conférence téléphonique avec les députés afin de leur présenter la position sur la taxe santé : abolition pour les plus pauvres, plus de progressivité pour la partie restante. Augmentation pour les revenus annuels supérieurs à 130 000 dollars. Madame part pour sa première mission à l'étranger. C'est Nicole Stafford qui accompagne la première ministre ainsi que le ministre des Relations internationales à Kinshasa pour le Sommet de la Francophonie, puis à Paris pour une visite officielle. Nicole, qui a été déléguée générale du Québec à Bruxelles, demeure attachée à ces questions. Marie Barrette et Marc-André Beaulieu, conseiller spécial chargé des affaires extérieures, sont également de la délégation. Je garderai la maison au Québec. Après le départ de la première ministre, St-Gelais et moi enchaînons les rencontres avec des chefs d'entreprise qui recherchent l'appui du gouvernement. Nicolas Marceau présente aux médias la position du gouvernement sur la taxe santé. En soirée, je soupe de nouveau dans un salon du Louis-Hébert avec le ministre Duchesne, sa directrice de cabinet, Esther Gaudreault, et Hubert Bolduc, grand responsable de la communication gouvernementale. Nous discutons de la stratégie autour du Sommet sur l'enseignement supérieur. Duchesne sait bien que l'exercice ne pourra satisfaire tout le monde. Il aimerait que les milieux économiques soutiennent la position du gouvernement à l'issue du Sommet. Il émet des craintes à propos de la réaction des recteurs. *Ils sont dans une position idéologique face aux étudiants.* Le Devoir met en ligne un article en soirée : « Le PQ fait marche arrière sur la taxe santé ». L'opposition se déchaîne : *En réaction, le député libéral et ex-ministre des*

Finances Raymond Bachand et le chef de la CAQ, François Legault, ont tous deux dénoncé l'élection du PQ sous « de fausses représentations ». « *Pendant la campagne électorale, ils en ont fait un de leurs engagements majeurs, et aujourd'hui les électeurs québécois sont trahis* », *a déclaré monsieur Bachand après l'annonce des péquistes.*

Jeudi 11 octobre – Québec

Mauvaise entrevue de Marie Malavoy publiée dans *Le Soleil* ce matin. Le titre, « Moins d'anglais, plus d'histoire », souligne une opposition qui n'a pas lieu d'être. Petit-déjeuner très tôt avec Christian Picard, directeur de cabinet de Breton à l'Environnement. Je connais Christian depuis vingt ans. Je ne regrette pas de l'avoir convaincu de reprendre du service. Je passe le reste de la journée au téléphone.

Vendredi 12 octobre – Québec et Danville

Rencontre sur les nominations avec St-Gelais et Martin Caillé. On se réunit régulièrement avec Madeleine Paulin qui est responsable du Secrétariat aux emplois supérieurs. Le processus est bien établi. Le Secrétariat nous présente les postes à combler et nous soumet des hypothèses de nominations en provenance de la fonction publique, des cabinets ministériels ou autres. On échange sur les noms potentiels. L'équipe de madame Paulin pilote le processus menant à un accord des ministres concernés, puis ultimement du Conseil des ministres. C'est une affaire de plusieurs semaines. Lorsque la situation nous paraît sensible ou s'il s'agit de postes de grande importance, on discute avec la première ministre tôt dans le processus pour connaître sa position. On répète cela pratiquement toutes les semaines. Plusieurs centaines de nominations par an doivent faire l'objet d'une décision du Conseil des ministres. C'est l'un des attributs du pouvoir. Quelques rencontres avec des membres de l'équipe. Stéphane Dolbec présente son plan de match pour les périodes de questions. Son équipe est chargée de préparer la première ministre, mais aussi de coordonner les messages avec les cabinets de ministres. C'est une équipe expérimentée, dévouée, allumée. On échange autour du ton, du style que devrait adopter Madame, à notre avis, lors des périodes de questions. C'est un nouveau rôle pour elle. L'attitude du chef du gouvernement a toujours un impact important sur le climat à l'Assemblée nationale. Avec Gobeil, on revoit notre trame générale : la responsabilité en matière de finances publiques ; la transparence et l'ouverture ; l'intégrité. Nous sommes particulièrement sensibles à l'attitude que doit avoir l'ensemble du gouvernement face à la commission Charbonneau. Les gens doivent sentir que le gouvernement veut aller jusqu'au bout, faire toute la lumière, apporter des changements réels. Plusieurs projets de loi en ce sens sont en préparation. Ça devrait être un message important de la rentrée parlementaire. J'apprends par personne interposée que mon ami Pierre-Luc Paquette a une tumeur à l'intestin. Il est mal en point. Ça fait beaucoup trop longtemps que je ne l'ai pas vu. Je roule en direction de Danville.

Samedi 13 octobre – Danville et Tingwick

Chasse aux bernaches à l'orée du jour. Nous sommes avec un guide dans un rang de Tingwick, à une dizaine de kilomètres tout au plus de ma maison de campagne. Il nous a donné rendez-vous au beau milieu de la nuit dans la cour de la station d'essence du village. Nous nous glissons dans nos caches avant même que le soleil se lève. La récolte sera bonne. De retour à la maison, nous apprêtons les oiseaux. Les enfants sont impressionnées. *Le Devoir* rapporte que la première ministre a rencontré le premier ministre du Canada à Kinshasa. « *J'ai abordé la question de la gouvernance souverainiste au sens où nous allons défendre les intérêts du Québec et je vais souhaiter que les champs de compétence du Québec soient respectés, a dit madame Marois. D'ailleurs, ça va dans le sens de toutes les déclarations qu'a faites monsieur Harper jusqu'à maintenant. Et nous avons convenu ensemble que lui étant fédéraliste et moi souverainiste, il était possible cependant, pour les intérêts des Québécois, d'arriver à des ententes sur le respect de nos compétences.* »

Dimanche 14 octobre – Danville

Discussion avec Yves-François Blanchet sur la situation à Bécancour et en Mauricie. Il prend son mandat régional très au sérieux. Blanchet doit aussi composer avec la rivalité naturelle entre les régions de Drummondville et de Trois-Rivières. Député issu de la région de Drummond, il provoque bien des suspicions en Mauricie. Même le député du Parti québécois de Saint-Maurice, Luc Trudel, trouve parfois bien encombrante la présence de Blanchet. Qu'à cela ne tienne, Blanchet est bien décidé à faire mentir ses détracteurs. Communiqué officiel émanant de notre bureau : *Le Québec se réjouit de la réussite du XIVe Sommet de la Francophonie à Kinshasa*. Prochaine étape : Paris.

Lundi 15 octobre – Montréal

Les premières images en provenance de Paris sont spectaculaires. Au cabinet, cela nous rend extrêmement fiers. On se rassemble dans un bureau pour regarder la télévision. Les relations entre le Québec et la France sont au cœur de la stratégie du Québec à l'étranger depuis les années 1960. Un passage à Paris est toujours délicat. Pour un chef indépendantiste, un succès modéré est un échec. Il faut triompher. Et vue de Montréal aujourd'hui, Madame triomphe, #fierté. Le nom de Pierre Bibeau, ex-organisateur du Parti libéral du Québec, est prononcé à la commission Charbonneau. On nous demande de réagir. Je crois qu'il ne faut pas. Laissons la commission faire son travail. Un ex-ministre, maintenant conseiller auprès d'entreprises, vient me présenter une société qui souhaite s'implanter près de Valleyfield. Immense projet. Nos fonctionnaires de l'Industrie sont déjà bien au fait.

Mardi 16 octobre – Montréal

Je me dis qu'au fond, lorsque Madame est à l'étranger, c'est un peu comme des vacances pour nous qui restons à domicile. Même si le téléphone n'arrête jamais de sonner, on se sent plus léger. Lu dans *La Presse* ce matin : « *La politique étrangère actuelle du Canada ne correspond ni à nos valeurs ni à nos intérêts* », a lancé Pauline Marois. *Elle a donné l'exemple des orientations canadiennes en matière de lutte contre les changements climatiques.* « *Depuis quelques années, les Québécois ne se reconnaissent plus guère dans la politique étrangère canadienne, qui tourne le dos à sa tradition d'ouverture, de médiation et de multilatéralisme* », a-t-elle plaidé. J'ai une longue discussion au sujet de Québec. Quel est notre stratégie pour la capitale nationale ? Le gouvernement est un joueur important à Québec, comment faire en sorte que tous les ministres soient conscients des besoins de la capitale ? Rencontre durant l'après-midi sur les suites du Plan Nord avec la ministre Ouellet. St-Gelais est avec moi. Pour elle, l'ancien gouvernement avait tout faux. Nous discutons des infrastructures : routes, ports, prolongement de voies ferrées. Ce sont des questions névralgiques pour le Nord. *Le contenu va changer, c'est certain,* martèle la ministre, qui milite pour des infrastructures payées en bonne partie par le privé, mais gérées par l'État.

Mercredi 17 octobre – Québec

Dans *La Presse : La première ministre Pauline Marois a voulu garantir à des représentants de grandes sociétés françaises, hier, que son gouvernement poursuivra le Plan Nord, mais en lui apportant des modifications. Ils avaient, de son propre aveu, « plusieurs questions » quant à ses intentions.* Le téléphone n'arrête pas de sonner. Ça semble s'accentuer chaque jour. Je discute avec un représentant d'un groupe voulant ramener le baseball professionnel à Montréal. Je vais m'assurer que le gouvernement demeure neutre pour ne pas tuer le projet dans l'œuf. On peut trouver l'idée intéressante sans s'engager à financer quoi que ce soit, mais sans jurer non plus qu'on n'y mettra jamais d'argent. Ça me semble raisonnable. Je m'empresse d'appeler le directeur de cabinet aux Finances pour l'informer de ma discussion. Il semble du même avis. Les amateurs de baseball sont une puissante confrérie ! Rencontre à nos bureaux concernant la minière Osisko qui souhaite procéder à du dynamitage de grande envergure à sa mine de Malartic, en Abitibi. Cette immense mine est située en plein cœur de la municipalité de 3 500 habitants. Il y aurait des risques pour les travailleurs et la population environnante. Fausse alerte, l'entreprise pourra finalement procéder sans que la population soit évacuée. Daniel Breton et Réjean Hébert suivent la question de très près. Même chose pour le ministre responsable de la région, François Gendron, toujours prompt à se battre pour son coin de pays.

Jeudi 18 octobre – Québec

La première ministre revient au bureau après son voyage en Europe. J'ai avec moi l'article publié un peu plus tôt cette semaine dans *Le Soleil* par Jean-Marc Salvet. *Il faut dire ce qui est : le président français, François Hollande, a fait plaisir à Pauline Marois sans trop en faire, aujourd'hui. Il n'a pas employé comme tels les mots « non-ingérence, non-indifférence ». Mais il a tout de même trouvé le moyen de reprendre la formule à son compte. Il a assuré à la première ministre du Québec, Pauline Marois, que la France revenait à la « continuité » dans les relations franco-québécoises. Il a ainsi, en quelque sorte, effacé la rupture provoquée par son prédécesseur, Nicolas Sarkozy.* Madame souligne que c'est surtout Lisée qui a fermé le dossier avec le président Hollande. *Jean-François a été impeccable là-dessus,* me dit-elle. Elle s'informe de l'évolution de certains dossiers durant son absence. Elle répète : *Il faut mieux préparer nos affaires.* Conseil des ministres : la première ministre revient sur son déplacement en Europe. Discussion avec Pierre Châteauvert, directeur de cabinet d'Agnès Maltais, concernant les travaux suspendus au Musée national des beaux-arts à Québec. Je joue la ligne dure. Il faut trouver une solution sans travestir le concept de l'architecte. Pierre est partant. Véronique Hivon démissionne de son poste de ministre à cause d'une grossesse la contraignant au repos. Elle reste députée.

Vendredi 19 octobre – Québec et Danville

Rencontre sur les nominations. Nombreux rappels téléphoniques. Nicole et moi faisons le point sur les derniers jours. Je vois Patrick Lahaie et Luc Ferland, député d'Ungava, à propos du Plan Nord. Les gens ne comprennent pas trop comment on va atterrir.

Samedi 20 octobre – Danville

Je termine la lecture de *Why Nations Fail*, faite à la suggestion de Nicolas Marceau. Un angle nouveau sur l'évolution des sociétés depuis cinq cents ans. Ce serait la peur des bouleversements apportés par l'innovation qui rendrait les politiciens plus conservateurs.

Lundi 22 octobre – Montréal

Rencontre-bilan de la campagne électorale organisée par Nicole Stafford. Nous sommes une dizaine autour de la table dans la grande salle de réunion du bureau de Montréal. Les messages du Parti québécois n'ont pas passé lors de la campagne. Trop d'engagements, manque de concentration sur quelques idées fortes. À la fin, il ne restait que la souveraineté et les questions d'identité pour nous définir. La souveraineté continue d'effrayer beaucoup de Québécois et la valse-hésitation autour des référendums d'initiative populaire qui s'est invitée dans la campagne a profité aux libéraux. L'intégrité, qui devait être un thème important du Parti québécois, lui a glissé sous les pieds dès l'arrivée de Jacques Duchesneau dans la campagne aux côtés de François Legault. Bref, les gens qui ont voulu mettre fin à la corruption ont voté CAQ et ceux qui ont voulu enlever le pouvoir aux libéraux se sont partagés entre le Parti québécois et la CAQ. Le discours d'ouverture que la première ministre prononcera pour inaugurer la nouvelle législature est une occasion de clarifier ses intentions. Il faut marquer l'idée d'un changement à Québec. Sur l'intégrité, nous pouvons reprendre l'initiative avec des mesures fortes d'ici Noël. Minoritaire, le gouvernement doit être prêt en tout temps pour une élection anticipée. Les oppositions jouent d'ailleurs là-dessus en laissant entendre que nous sommes un gouvernement en sursis, fragile, susceptible de tomber à tout moment. Cela renforce l'idée dans la population que nous sommes incapables de régler les problèmes. On se dit qu'il faudrait présenter certains enjeux de façon que les électeurs comprennent bien que nous devons être majoritaires pour répondre pleinement à leurs attentes. Le Parti s'engage à pousser ses analyses des comtés susceptibles de basculer en sa faveur et de lui assurer la victoire. Visiblement, la stratégie n'a pas fonctionné la dernière fois.

Mardi 23 octobre – Montréal et Québec

7 h 30 : vol Montréal-Québec en Challenger avec la première ministre et Nicole. Petit-déjeuner dans la salle à manger du bureau de la première ministre avec Pierre Duchesne et sa directrice de cabinet. Pour le Sommet sur l'enseignement supérieur, ils ont décidé de débuter par des sessions de travail dans quelques régions. Ils nous exposent leur plan. Duchesne s'inquiète des pressions budgétaires et

craint pour la réussite du Sommet. Madame souligne que de façon générale elle est en faveur de l'indexation de tous les services. On comprend qu'elle souhaite que le Sommet aille en ce sens à propos des frais de scolarité. La mairesse de Bécancour vient rencontrer la première ministre. Revue de l'ordre du jour du Conseil des ministres. Rencontre avec Amir Khadir et Françoise David. Ça se passe dans la salle adjacente à mon bureau. David félicite la première ministre pour Kinshasa et Paris. Khadir tente de se présenter comme un allié en soulignant à quel point CJAD est odieux à l'égard de la première ministre. *Nous vous appuierons lorsque ce sera possible,* affirme David d'emblée. Depuis des années, Québec solidaire se nourrit de ces critiques à l'égard du Parti québécois et devient bien souvent un allié objectif du Parti libéral. *Nous sommes votre conscience de gauche. Nous souhaitons que vous gouverniez le plus longtemps possible,* lance Françoise David. On aimerait les croire. Selon eux, les libéraux et la CAQ en font des gorges chaudes, mais ils ne voudront pas une élection trop rapide. Les coporte-parole disent nous appuyer sur les questions de lutte contre la corruption, mais émettent des doutes sur notre volonté de diminuer les plafonds pour le financement des partis politiques. Ils craignent pour les petits partis comme le leur. Ils nous demandent au passage de changer les règles les concernant et de hausser le budget auquel ils ont droit à l'Assemblée nationale. On vérifiera auprès de Stéphane Bédard. Khadir enchaîne avec un plaidoyer pour un changement de notre régime parlementaire et pour l'adoption de la proportionnelle. La rencontre se termine sur une mise en garde : *Attention aux 10 %, la communauté d'affaires qui vous critique tout le temps. Appuyez-vous sur les gens, sur les 90 %.* St-Gelais et moi avons une rencontre avec les dirigeants de Pétrolia, sans la première ministre. Le fondateur, André Proulx, souhaite ardemment que son entreprise demeure entre les mains d'intérêts québécois. Il sort de sa poche une petite fiole. Il soutient que c'est du pétrole québécois. Plus nous avançons dans ce dossier, plus nous sommes convaincus que le gouvernement devra intervenir. Comment concilier les craintes légitimes de la population, le respect de l'environnement et des communautés ainsi que la volonté du gouvernement d'en avoir le cœur net sur la présence ou non de pétrole en qualité et en quantité significatives sur notre territoire ? Rencontre avec les Finances. Quelle ligne de force donner au prochain budget ? Budget de redressement ? Budget de retour à l'équilibre budgétaire ? Je me dis qu'à un moment il faudra dépêcher Stéphane Gobeil aux Finances pour nous assurer du ton donné au discours. On s'entend sur la nécessité de bouger rapidement. Cela nous apparaît comme la seule façon de reprendre le contrôle. Luc Monty, qui était déjà sous-ministre aux Finances dans l'ancien gouvernement, sait très bien que la partie sera difficile. C'est la course contre la montre aux Finances pour livrer le budget le plus cohérent possible. Rencontre de préparation pour le discours inaugural avec la première ministre, puis on termine la journée en revoyant la stratégie et les thèmes du caucus de Drummondville.

Mercredi 24 octobre – Québec et Drummondville

Je réalise à quel point ma vie bat au rythme des réunions du Conseil des ministres le mercredi. Elles ont l'effet d'un métronome dans l'organisation de notre travail. C'est un peu le partage des eaux : il y a ce qui doit être fait en prévision du Conseil du mercredi et ce qui doit l'être à la suite du précédent. Les rencontres ont lieu les unes après les autres dans la salle de réunion de la première ministre. Avant de nous rendre à Drummondville en soirée, elle reçoit Réjean Hébert, Stéphane Bédard et leurs sous-ministres sur les questions de financement des projets de la santé. Nous arrivons au Best Western tard dans la soirée.

Jeudi 25 octobre – Drummondville

Avant de commencer sa journée, Madame a rendez-vous dans un gym de Drummondville à 5 h 45. Caucus des députés du Parti en prévision de la rentrée parlementaire. Avec un sens du timing qui ne se dément pas, Crop publie un sondage. *Le Soleil* titre : « Pas de vraie lune de miel pour le PQ ». Le taux d'insatisfaction à l'égard du gouvernement est de 55 %. C'est déjà élevé. Les intentions de vote sont cependant de 34 % pour le Parti québécois contre 29 % pour le Parti libéral. Le 4 septembre, le Parti a récolté 32 %. Nous sommes plus d'une centaine à Drummondville en comptant le personnel des cabinets convoqués. La présence policière est très importante. Nous sommes à quelques jours de la rentrée parlementaire et le caucus vise à structurer correctement notre première session. Il y a des inquiétudes dans les troupes. Les attaques de l'opposition, relayées par les médias, sont dures. Les ministres qui déposeront des projets de loi cet automne exposent leur plan à leurs collègues. Le leader du gouvernement donne ses directives. L'équipe du whip veut s'assurer que les députés comprennent ce que l'on attend d'eux dans leur rôle de parlementaire. On profite d'une pause du caucus pour revoir le discours d'ouverture avec Madame. La première ministre fait quelques appels : Marcel Groleau de l'UPA, Jacques Létourneau de la CSN.

Vendredi 26 octobre – Drummondville et Danville

À l'issue du caucus, un article de La Presse canadienne relate : *Pauline Marois n'entend pas se laisser intimider par le fait qu'elle dirige un gouvernement minoritaire. Elle prévoit donc respecter ses engagements électoraux, même les plus contestés, et les transformer le plus tôt possible en projets de loi. « Nous sommes des gens de parole », a-t-elle ajouté, tout en concédant qu'elle avait peut-être « accéléré le rythme un peu trop » en début de mandat avec la multiplication d'annonces controversées. Depuis, « on a ajusté nos flûtes », a-t-elle assuré.* La première ministre se dirige vers Saint-Irénée dans Charlevoix alors que je pars pour Danville en me demandant si nous avons réussi à recadrer le message. Le risque est que s'installe l'impression d'un gouvernement qui tire dans toutes les directions. La première ministre a peut-être paru affaiblie aujourd'hui. Je ne sais pas. Difficile de souffler le chaud et le froid. Elle joue la transparence. C'est un pari. Nous voulons donner le sentiment d'un gouvernement qui sait où il va, mais nous voulons aussi paraître à l'écoute et en phase avec les volontés de la population. La synthèse est difficile. Sur la taxe santé, Marceau a déjà concédé que le gouvernement allait mettre de l'eau dans son vin. Cela ne semble pas nous servir pour le moment. Je rappelle quelques personnes. Bell, qui tente d'acquérir Astral Media, a subi un revers devant le CRTC. Tout le monde se retrouve assis entre deux chaises. Je comprends que Bell reviendra à la charge. Autant les gens d'Astral que ceux de Bell veulent nous parler.

Lundi 29 octobre – Montréal

Je rencontre Guy Crevier, éditeur de *La Presse*, à ses bureaux. Lorsque je dirigeais Cossette, on se parlait assez fréquemment. Nous étions l'agence publicitaire de *La Presse*. J'ai beaucoup d'estime pour lui. C'est moi qui ai sollicité la rencontre afin de maintenir le lien. Je réalise rapidement qu'il n'a pas suivi mon parcours récent. Je lui apprends donc que je travaille auprès de la première ministre. Il se lance dans une charge à fond de train contre le gouvernement. *Très mauvais début de mandat; rupture avec les milieux économiques; mesures budgétaires rétroactives; faiblesse du ministre des Finances.* Je sors de cette rencontre ébranlé.

II

Du 30 octobre
au 27 décembre

Le discours inaugural / Les lois sur l'intégrité /
Le budget Marceau / Discussion sur le pétrole
avec l'Alberta / Démission de Daniel Breton

Mardi 30 octobre – Québec

Ce matin, je fais la route avec Nicole et son chauffeur de Montréal à Québec. Nous avons tous les deux les yeux rivés sur nos iPads. C'est jour de rentrée parlementaire à l'Assemblée nationale. Les choses se mettent en place. Désormais, lorsque l'Assemblée siégera, la première ministre recevra le mardi un groupe que l'on appelle les officiers. Cette rencontre vise à préparer le caucus des députés et à revoir la stratégie parlementaire. Le groupe des officiers est composé de six personnes : Stéphane Bédard, leader ; Bertrand St-Arnaud, leader adjoint ; Mathieu Traversy et Dave Turcotte, tous deux whips adjoints ; Yves-François Blanchet, whip ; Marjolain Dufour, président du caucus. À ce cercle restreint s'ajoutent les conseillers Simon Lajoie, directeur de cabinet du leader, et Harold Lebel, directeur de cabinet du whip. Simon et Harold sont tous les deux faits sur le même modèle. Deux colosses de six pieds. Deux apparatchiks expérimentés qui ont la confiance de la première ministre. Deux bêtes politiques qui se retrouvent toujours au confluent des confidences des uns et des autres. Le caucus se tient dans la salle des anciens premiers ministres, située entre l'édifice Honoré-Mercier et l'Assemblée nationale. Ces rencontres permettent à la première ministre et au leader du gouvernement de donner une direction à l'action gouvernementale et aux députés de faire état de leurs préoccupations. C'est un moment d'échanges important qui permet d'ajuster le discours gouvernemental au jour le jour. Beaucoup de fébrilité au caucus. La première ministre se lève et se prépare à prendre la parole. Salve d'applaudissements. Elle donne ses consignes pour le début de la session. Stéphane Bédard fait la même chose. S'ensuit une longue période de questions et commentaires par les députés. Les élus sont dispersés autour de l'immense table de forme ovale. La première ministre et son leader sont au milieu. Il y a une deuxième rangée de députés assis sur des chaises devant elle. Il n'y a pas de place pour tous autour de la table. Derrière la première ministre, le long du mur, se trouvent les conseillers Stéphane Dolbec, Marie Barrette, Patrick Lahaie et Marc-André Beaulieu. Nicole et moi sommes installés directement derrière la première ministre. Daniel Breton prend la parole : *J'ai demandé à ma mère d'enregistrer la première journée en Chambre.* Rire général. Cela traduit tout de même très bien l'état d'esprit. Les échanges donnent lieu à des moments très touchants. L'Assemblée siège à 14 h. On procède à l'élection du président de l'Assemblée nationale. C'est une formalité. Il est déjà entendu que Jacques Chagnon, député libéral de Westmount, sera reconduit. Le président ayant un devoir de neutralité, le gouvernement minoritaire n'a aucun avantage à sacrifier un député qui ne serait ainsi plus en mesure de l'appuyer advenant un vote serré. Juste avant l'entrée en Chambre, Jean-François Lisée et Sylvain Gaudreault veulent voir la première ministre de toute urgence. La question : que fait-on des allégations à l'égard du maire de Montréal ? La première ministre tente de calmer le jeu. Quelques minutes plus tard, Jean-François Lisée déclare que le maire Tremblay devra réfléchir à son avenir et que le *statu quo* est devenu intolérable. Gaudreault ajoute que le maire est difficile à suivre et que l'on ne sait plus ce qu'il savait et ce qu'il ne savait pas à propos de la corruption. Rencontre en fin de journée avec Bernard Drainville concernant le projet d'élections à date fixe. Nicole Stafford n'est pas très chaude à l'idée et elle le fait sentir. Drainville défend son projet avec ferveur. En compagnie de Stéphane Dolbec, la première ministre passe deux bonnes heures à réviser les cahiers qui l'accompagneront aux périodes de questions à l'Assemblée. Souper dans un restaurant de la Grande-Allée avec la première ministre et une dizaine de collaborateurs.

Mercredi 31 octobre – Québec

La première ministre commence la réunion du Conseil des ministres alors qu'il y a des retardataires. Elle manifeste ouvertement son exaspération. À un moment, en réponse à un questionnement d'un ministre, elle dit : *Dominique est là, il pourra prendre le relais.* C'est la première fois qu'elle m'interpelle directement lors d'un Conseil. C'est aujourd'hui que la première ministre livre le discours d'ouverture de la nouvelle législature. Moment solennel. Elle veut bien faire. *Nous devons chercher, en toute occasion, les voies de passage qui nous permettront d'avancer, de bâtir un Québec plus intègre, plus prospère, plus solidaire et plus fier de son identité. Nous partageons cette responsabilité collectivement et nous serons jugés selon notre capacité à nous entendre pour obtenir des résultats. Les Québécois comptent sur nous tous : agissons de façon responsable.* [...] *L'action gouvernementale va se déployer selon quatre priorités claires : briser la corruption ; mettre de l'ordre dans nos finances et accélérer la croissance économique pour tous ; rétablir la solidarité ; promouvoir notre identité et défendre nos intérêts.* Rencontre avec Daniel Breton en fin de journée. Nous passons en revue plusieurs sujets. Breton souhaite bien comprendre les attentes de la première ministre. C'est un peu la quadrature du cercle. Appuyer le développement économique tout en protégeant l'environnement. Ce n'est pas une position facile pour un ministre de l'Environnement et encore moins pour un ministre comme Breton, lui-même issu des mouvements environnementalistes. Les dossiers chauds s'accumulent sur sa table de travail : position du Québec sur l'uranium ; sur le gaz de schiste ; sur les hydrocarbures aux îles de la Madeleine ; sur le projet de cimenterie à Port-Daniel ; sur Anticosti ; sur l'inversement de l'oléoduc d'Enbridge. Stratégie énergétique : Breton milite pour une vaste consultation publique qui ferait le tour des régions. Sur cette question, il est d'accord avec Martine Ouellet. Entrevues avec Pierre Bruneau et Patrice Roy à la suite du discours d'ouverture. En réponse à une question, la première ministre réclame des explications de Gérald Tremblay concernant les révélations entendues à la commission Charbonneau. Souper au Café du Monde avec quelques conseillers.

Jeudi 1er novembre – Québec

Titre de *La Presse* : « L'opposition déçue du discours inaugural de Marois ». La première ministre fait quelques entrevues radio avant son arrivée au bureau. Les ministres sont sur le qui-vive pour la première période de questions à l'Assemblée nationale. Depuis plusieurs semaines, les conseillers politiques s'activent dans les cabinets pour s'assurer de prévoir tous les pièges possibles. On verra bientôt le niveau réel de préparation des ministres. Ils feront face à une opposition officielle aguerrie dirigée par Jean-Marc Fournier, qui a pris la relève à la suite du départ de Jean Charest. En marge du caucus, Harold Lebel me confie qu'il a vu Martine Ouellet la veille. *Ça ne va pas avec son directeur de cabinet ni avec son sous-ministre. Elle est malheureuse.* Je ne suis pas surpris. Entre le caucus qui se termine à 13 h 30 et l'entrée en chambre à 14 h, c'est la préparation de la période de questions pour les ministres. Le leader du gouvernement mène le bal et teste les réflexes des ministres. La première ministre, parlementaire expérimentée, ajoute son mot. Les députés se déplacent vers le Salon bleu. La première question à la nouvelle première ministre concernera son plan de réduction de la dette du Québec. Fin d'après-midi : première rencontre du groupe interministériel sur les grands projets qui a été formé à l'initiative de la première ministre. Les dossiers sont préparés par l'équipe de Jean St-Gelais au Conseil exécutif. Une vingtaine de personnes autour de la table. Plusieurs ministres, sous-ministres et conseillers. Thierry Vandal d'Hydro-Québec et Jacques Daoust d'Investissement Québec sont présents. On revoit des dizaines de dossiers dans une rencontre qui s'éternise. Madame Marois a insisté pour créer ce groupe afin de mieux coordonner l'action du gouvernement et contribuer à accélérer l'investissement privé au Québec. À la sortie de la rencontre, tous les participants ont bien compris le message de la première ministre. Elle veut des résultats.

Vendredi 2 novembre – Montréal

Rencontre avec des représentants de la Sûreté du Québec concernant la sécurité de la première ministre. Le niveau de menace demeure élevé. Discussion sur la composition de la table d'honneur de la première ministre à la Chambre de commerce de Montréal dans les prochains jours. Échange au cabinet concernant Pétrolia. Des équipes de monteurs de ligne d'Hydro-Québec sont déployées dans le nord-est des États-Unis pour apporter leur soutien à la suite de l'ouragan Sandy.

Samedi 3 novembre – Danville

Poème de ma fille Marguerite, huit ans, sur un post-it. *Je vais faire des mitaines de laine dans la neige. As-tu de la laine ? Oui, c'est de la laine. Je viens faire avec toi des mitaines de laine dans la neige.* Je revois la semaine qui vient de s'écouler et je ne peux m'empêcher de penser à la controverse concernant le coquelicot. La première ministre a été vivement critiquée pour avoir épinglé une fleur de lys au centre du coquelicot qu'elle a porté au Salon bleu afin de souligner le jour du Souvenir. Il me semble que cela en dit long sur notre sens de la mesure.

Lundi 5 novembre – Montréal

Nous mettons la dernière main au budget. Je discute longuement avec Jean-François Gibeault aux Finances. Depuis quelques semaines, lui et moi discutons pratiquement tous les jours du budget. Il était le conseiller économique de madame Marois lorsqu'elle était chef de l'opposition. Après la victoire, il a tout naturellement pris la direction du cabinet de Nicolas Marceau. Comme il est têtu, intelligent, travailleur, il faut parfois calmer ses ardeurs si on ne souhaite pas être retenu au téléphone toute la journée... Une haute fonctionnaire qu'on s'apprête à déplacer m'appelle. *Je ne suis pas prête pour la retraite.* Elle aimerait obtenir un poste qui n'aura pas trop l'air d'une rétrogradation. J'en parlerai à Jean St-Gelais. Le ministère des Finances confirme par communiqué que le gouvernement présentera un budget le 20 novembre à l'Assemblée nationale. Les dés sont jetés. Notre directrice des communications, Shirley Bishop, m'informe que Gérald Tremblay démissionnera à 19 h ce soir. Il est 18 h 15.

Mardi 6 novembre – Québec

Montréal-Québec en auto avec Nicole. Stéphane Bédard dépose le premier projet de loi du nouveau gouvernement, la Loi sur l'intégrité en matière de contrats publics. Dépôt par Bernard Drainville du projet de loi 2 limitant les contributions annuelles aux partis politiques à 100 dollars et du projet de loi 3 instituant les élections à date fixe. Rencontre avec les Finances à propos du budget. Trois volets dans le discours : la remise en ordre des finances ; la présentation de nos engagements budgétaires ; nos mesures pour l'investissement. Il y aura nécessairement des actions afin de sortir de l'impasse budgétaire. On tente d'amoindrir le choc. Nous revoyons les notes que la première ministre utilisera pour s'adresser aux militants du Parti québécois à Sherbrooke samedi. Martine Ouellet passe me voir au cabinet et insiste pour qu'on annonce une étude du Bureau d'audiences publiques sur l'environnement à propos du gaz de schiste et une autre relative au pétrole à l'île d'Anticosti. Sur

Pétrolia, elle souhaite qu'on permette tout de même quelques forages exploratoires parallèlement à l'étude environnementale. Elle croit que ça va désamorcer l'opposition au projet. Martine est une battante qui défend ses idées jusqu'à l'extrême limite. Elle ne lâche jamais. Il y a quelque chose d'à la fois exaspérant et attachant chez elle. En début de soirée, nous sommes quelques-uns dans le bureau de la première ministre alors que Madame répète le discours qu'elle prononcera à la Chambre de commerce de Montréal.

Mercredi 7 novembre – Québec et Montréal

Conseil des ministres. André Boisclair devient délégué général du Québec à New York. C'est tout le réseau des délégations qui a besoin d'être renforcé. Ce n'est pas seulement le cas à New York, mais aussi à Londres et à Bruxelles. Paris ne nous préoccupe pas pour l'instant. Ou bien ça nous préoccupe trop pour que nous bougions rapidement… Je ne sais pas. Paris demeure le vaisseau amiral des délégations et Michel Robitaille, un fonctionnaire de carrière, fait le travail pour l'instant. Nouvelle rencontre sur le budget. Cette fois-ci, St-Gelais et moi nous rendons au ministère des Finances rue Saint-Louis, juste à côté du Château Frontenac. Le ministère est installé dans l'ancien palais de justice. Le bureau du ministre aux boiseries foncées est une splendeur. Les agents de sécurité ont déjà mis en place les mesures particulières propres à la préparation du budget. De retour au cabinet, j'ai une rencontre avec la première ministre en tête à tête dans son bureau. J'en ressors avec le mandat de convaincre Martine Ouellet de créer un secrétariat pour le développement du Nord. Ce ne sera pas une mince affaire. Martine a en horreur tout ce qui peut rappeler de près ou de loin le Plan Nord. 23 h : vol en Challenger vers Montréal. Ce soir, la première ministre a participé, avec de nombreux ministres et députés de tous les partis, au traditionnel repas de la Tribune de la presse. Chaque année, les chefs de partis y prononcent des discours où ils doivent pratiquer l'auto-dérision. Cela fait partie des passages obligés. Je demande à la première ministre comment son discours a été accueilli. *Mal,* dit-elle. *Je n'ai pas été bonne. Les gens n'ont pas réagi.* On passe à un autre sujet.

Jeudi 8 novembre – Montréal

Briefing en vue du Sommet sur l'enseignement supérieur. Souper en soirée au Club Mont-Royal, rue Sherbrooke. Nous avons réuni une vingtaine de leaders de la communauté d'affaires de Montréal pour une discussion à bâtons rompus sur les grands enjeux. La première ministre excelle dans ce genre de rencontres. Bien que la quasi-totalité des leaders en présence ne partagent pas ses idéaux politiques, la magie opère. Tous les sujets y passent pendant ce long échange de plus de deux heures. Les discussions sont franches, directes. Michael Sabia se démarque par son ton juste, ses analyses précises. Cet ancien secrétaire du Conseil privé à Ottawa s'y connaît. *Le gouvernement doit avoir un grand message. Un. Une intention fondamentale : croissance, investissement, mondialisation de l'économie québécoise ? Quel est le brand de votre gouvernement sur le plan économique ?* C'est à cette question que le gouvernement doit répondre, estime Sabia. C'est Félix-Antoine Joli-Cœur, nouveau venu dans notre cabinet, qui a organisé la rencontre. Du bon travail.

Vendredi 9 novembre – Montréal et Sherbrooke

Petit-déjeuner très tôt au 357C, rue de la Commune. Je précède Madame de quelques minutes. Cette fois-ci, on a invité de jeunes leaders de la communauté d'affaires à un échange informel. Rencontre énergisante pour la première ministre. Je discute avec Marc Drouin, directeur de cabinet de Maka Kotto à la Culture, et Pierre Châteauvert, du cabinet d'Agnès Maltais, au sujet des dépassements de coûts appréhendés au Musée national des beaux-arts à Québec. Certains veulent revoir le concept de l'architecte néerlandais Rem Koolhaas. Il y a certainement d'autres solutions. Je déplore depuis longtemps qu'on ne fasse pas suffisamment de concours internationaux pour la conception de nos édifices phares. Alors que le musée de Québec l'a fait, on ne va pas le laisser tomber. Ce dossier traîne. Je me dis qu'il y a certainement des gens qui patinent quelque part à l'inverse de nous. À midi, la première ministre prononce une allocution attendue à la Chambre de commerce de Montréal. Madame a passé la matinée à revoir ses notes. La première dépêche de La Presse canadienne paraît en milieu d'après-midi : « Le discours économique de Marois bien accueilli ». Soupir de soulagement. *Pauline Marois a livré vendredi une allocution jugée « rassurante » par des membres de la communauté montréalaise des affaires, qui s'était montrée plutôt tiède à l'annonce de son élection au poste de première ministre. […]* *« Il faut amorcer notre transition vers les énergies propres, mais pour la période de transition et pour assurer notre demande résiduelle, le Québec ne doit pas hésiter à exploiter son propre potentiel pétrolier », a déclaré la première ministre devant un parterre d'environ 900 personnes.* On a le sentiment du devoir accompli. Il faut dire que beaucoup de temps a été mis sur ce discours et qu'à peu près tous les joueurs clés du cabinet y ont contribué. Jusqu'à la dernière minute, avec Stéphane Gobeil, nous avons fait des ajustements. La journée se termine par une rencontre avec le Conseil exécutif national du Parti québécois dans un hôtel de Sherbrooke. La première ministre présente le plan que le gouvernement veut suivre d'ici Noël. Tard en soirée, nous sommes quelques-uns avec elle dans l'immense salle vide du Centre des congrès à ajuster les télésouffleurs pour une répétition du discours qu'elle prononcera à l'ouverture demain matin.

Samedi 10 novembre – Sherbrooke

Conseil des présidents du Parti québécois. Cette instance réunie l'ensemble des présidents des 125 circonscriptions du Québec. Il y a un long huis clos sur l'analyse de la dernière campagne électorale. Pour moi, ces rencontres sont toujours de bonnes occasions pour échanger avec les journalistes en coulisses. Celle-ci ne fait pas exception. Je passe une bonne partie de la journée avec eux. La première ministre n'est pas une intime des journalistes. Elle passe peu de temps en leur compagnie et très rarement de façon spontanée. Elle n'a pas véritablement développé de lien privilégié avec l'un ou l'autre. Malgré ses années d'expérience, elle n'a pas trouvé sa manière d'être avec eux. Je ne suis pas certain qu'elle les craint. Elle veut plutôt se protéger contre elle-même. Encore la peur de l'erreur, de la faute. Les journalistes le sentent. Cette distance qu'elle garde toujours avec eux explique peut-être en partie le type de couverture qu'ils font d'elle. Comment transmettre une impression de proximité s'ils ne parviennent pas eux-mêmes à percer la façade ? Devant les militants, la chef du Parti québécois lance un message aux partis d'opposition à dix jours du budget. *J'ai envie de leur dire : ne pensons pas à la prochaine élection, mais pensons plutôt à la prochaine génération.* Madame trace un bilan de son début de mandat. *Il y a eu plus d'action dans les deux derniers mois que dans le dernier mandat du gouvernement libéral à Québec.* Elle réitère l'engagement de bouger rapidement pour renforcer la loi 101. Montrer qu'on avance, toujours.

Dimanche 11 novembre – Danville

Je lis *Nous* de Jean-François Lisée, alors qu'au gouvernement on s'apprête à déposer une nouvelle charte de la langue française.

Lundi 12 novembre – Montréal

Rencontre au bureau de Montréal avec la présidente de Rio Tinto Alcan, Jacynthe Côté. Entre elle et la première ministre, le courant passe immédiatement. Respect mutuel. Deux femmes qui ont lutté pour faire leur place dans des domaines dominés par des hommes. Côté est une ancienne directrice d'usine. Elle a gravi tous les échelons. Une femme droite, déterminée, solide, fière. Rio Tinto a des milliers d'employés au Québec. On fait le tour des enjeux de l'industrie de l'aluminium. La situation en Chine, les difficultés économiques en Europe. Les perspectives de prix à moyen terme. On parle des relations de travail au Québec et de la situation à l'usine d'Alma. Puis c'est au tour d'une autre femme, Sophie Brochu, de venir rencontrer la première ministre. Elle préside Gaz Métro. *Nous voulons être un partenaire pour la politique énergétique que vous préparez.* Énergique, Brochu est un véritable verbomoteur. *Le gaz naturel peut améliorer le bilan environnemental du Québec à meilleur coût.* On parle de l'approvisionnement en gaz sur la Côte-Nord. *S'il n'y a pas de gaz naturel sur la Côte-Nord, il n'y aura pas de grands projets de transformation.* Actuellement, les usines de cette région sont alimentées avec du pétrole lourd. Cette région serait la dernière zone industrielle québécoise non desservie par le gaz naturel. Gaz Métro demande l'appui du gouvernement pour y lancer un projet d'investissement majeur. Madame rencontre le consul général de Chine en après-midi.

Mardi 13 novembre – Québec

Déjà la routine : préparation de la période de questions, rencontre des officiers, caucus, période de questions. Nous sommes une bonne dizaine de conseillers à suivre les périodes de questions sur les écrans situés dans l'antichambre. Ce sont souvent des moments de franche camaraderie. Controverse autour du sous-ministre responsable de la Métropole, André Lavallée, à cause de son passé auprès de Gérald Tremblay. Le feu couve depuis la semaine dernière, alors que l'ex-ministre libérale Lise Thériault l'a attaqué lors de la période de questions. Jean-François Lisée monte au front et défend avec vigueur l'intégrité de son sous-ministre. Manœuvre risquée, mais courageuse. Je ne suis pas certain que beaucoup de ministres feraient la même chose. Rencontre avec Nicolas Marceau à propos du budget. Le dépôt approche et le ministre a encore des éléments à vérifier auprès de la première ministre. Marceau est un intellectuel en politique. Professeur d'université apprécié, il a le profil du parfait ministre des Finances. Comme bon nombre de ses prédécesseurs, il a cependant tendance à demeurer en retrait de son administration. Il est vrai qu'à Québec il est bien difficile de s'imposer à une équipe comme celle des Finances. Combien de ministres ont réellement donné le ton à ce ministère dans les cinquante dernières années ? Ministre depuis moins de deux mois, Marceau a le talent pour faire sa place et il a l'appui de la première ministre. Souper à l'édifice Price. Sylvain Tanguay, du Parti, se joint à nous.

Mercredi 14 novembre – Québec

En arrivant à l'édifice Honoré-Mercier par la rue des Parlementaires les jours de Conseil des ministres, on voit toujours des journalistes faire le guet à l'extérieur. Ils sont là par petits groupes, parfois très tôt le matin. Chaque fois c'est la même chose : je descends du taxi, salue les membres de la presse et m'engouffre dans l'édifice. Les ministres ont bien du mal à entrer sans faire de commentaire. L'art de se taire est pourtant l'arme suprême en politique. Nikolas Ducharme devient secrétaire adjoint à la Jeunesse. Juliette Champagne prend la tête du protocole. Poste plus névralgique qu'il n'y paraît dans tout gouvernement. On nomme un journaliste, Louis-Gilles Francoeur, au Bureau d'audiences publiques sur l'environnement. L'ancien député Michel Létourneau s'occupera des autochtones. Chaque nomination est un pari. En marge du Conseil, Martine Ouellet me prend à part. Elle estime que sa machine administrative bloque. Elle a peur de ne pas pouvoir réaliser ses engagements. Elle dit manquer de marge de manœuvre. Elle veut changer de sous-ministre et de directeur de cabinet. Grosse commande. Je vois déjà la tête de la première ministre. Le nombre d'appels est très élevé aujourd'hui. Je ne sais pas ce qu'il y a dans l'air. Premier comité des régions présidé par Nicole Léger juste après le Conseil des ministres. Sur le discours inaugural, on gagne notre premier vote de confiance à l'Assemblée nationale : pour, 47 ; contre, 44. Les deux députés de Québec solidaire se sont abstenus. On prend les victoires qu'on a, même celles qui n'en sont pas vraiment. La soirée se termine par un souper avec des députés. Madame sait d'expérience l'importance qu'il faut accorder aux points de vue des députés. Chaque semaine, elle s'informe auprès des officiers du climat au caucus. Elle ne refuse jamais un entretien souhaité par un député. Lorsque l'occasion se présente, elle rappelle à ses conseillers politiques l'importance d'être à l'écoute des élus. Ce soir, un groupe est reçu à l'édifice Price pour la première fois depuis l'élection. Chacun y va de son analyse de la situation politique dans une atmosphère plutôt décontractée malgré l'imposante salle à manger du quatorzième étage.

Jeudi 15 novembre – Québec et Montréal

La première ministre arrive tôt au bureau. Elle est bien souvent l'une des premières. C'est silencieux à l'étage. Elle en profite pour regarder sa correspondance, lire ses dossiers, apposer sa signature sur des montagnes de documents. Même tôt le matin, elle a généralement déjà parcouru sa revue de presse avant d'arriver. Ces matins font partie des rares moments où elle peut se retrouver seule. À l'Assemblée nationale, Jean-Marc Fournier ouvre la période de questions en s'indignant d'une intervention politique qu'aurait faite Daniel Breton auprès du Bureau d'audiences publiques sur l'environnement. Fournier parle d'intimidation et de graves manquements au statut indépendant de l'organisme et demande la démission du ministre. La première ministre défend son ministre et nie toute intervention inappropriée. Lunch de travail avec Nicolas Marceau et Jean St-Gelais sur le budget. Il ne reste que quelques jours avant la présenta-

tion. La première ministre veut soupeser toutes les décisions. Louise Chabot de la CSQ est reçue par la première
ministre. Rencontre avec Élizabeth Larouche et son équipe
sur les affaires autochtones.

Vendredi 16 novembre – Montréal

Gaudreault et Ouellet annoncent s'être entendus avec Diamants Stornoway pour le parachèvement des travaux sur la
route menant aux monts Otish, dans le nord du Québec.
C'est un sujet dont on a parlé cent fois dans nos rencontres.
Le gouvernement précédent avait perdu le contrôle des
coûts dans ce dossier. C'est un moment symbolique, l'illus-
tration d'une nouvelle façon de faire pour le Nord. *Le gouvernement du Québec s'engage donc à finaliser les travaux de
construction de la route régionale sur un tronçon de 143 kilomètres, alors que Stornoway prendra en charge la réalisation
d'un chemin minier sur un tronçon de 97 kilomètres. Cette
décision entraînera une réduction de 124 millions de dollars
de la contribution du gouvernement du Québec pour la réalisation de ce projet routier.* La première ministre s'entretient
avec Mark Carney, gouverneur de la Banque du Canada.
Jean St-Gelais a côtoyé Carney du temps où il dirigeait
l'Autorité des marchés financiers, et c'est lui qui a provoqué
cette rencontre pour discuter de la situation économique
globale. Durant l'après-midi, la première ministre voit des
chefs syndicaux. Il y aura Jacques Létourneau et Michel
Forget de la CSN, puis Michel Arsenault et Louis Bolduc
de la FTQ. Dépôt d'un rapport sur la gestion des infrastructures au Québec commandé par Stéphane Bédard.
Le rapport démontre une gestion chaotique des dépenses
de l'ancien gouvernement. Bédard promet de corriger la
situation.

Samedi 17 novembre – Montréal

Le traditionnel party d'huîtres de la première ministre à l'île Bizard. Ministres, députés et directeurs de cabinet s'y retrouvent. On se rappelle certaines années où il y avait un peu moins de monde. Ainsi va la vie politique.

Dimanche 18 novembre – Danville

Ma tâche est remplie d'inattendus et d'improvisation. Prévoir, c'est la chose la plus importante en politique, mais prévoir est une chose impossible en politique. Je n'en prends pas encore toute la mesure, je crois.

Lundi 19 novembre – Montréal

Chaque fois que je reviens au bureau de Montréal, j'ai le sentiment d'appartenir à un gouvernement en exil. Ce bureau est vide, froid, franchement inhospitalier. On s'y perd dans des couloirs aux allures de labyrinthe. Ameublement défraîchi, murs mornes, éclairage blafard, rien n'est agréable dans ce lieu. La première ministre rencontre les chefs cris, dont le grand chef Matthew Coon Come. L'idée est de relancer la collaboration de nation à nation. Rencontre de cabinet au milieu de l'après-midi. On fait le tour des dossiers en cours. On passe beaucoup de temps sur le budget. Nicole nous fait bien rire lorsqu'elle résume ainsi sa pensée : *Le budget, peu importe ce qu'on y trouvera, il est génial. Tout est parfait dans le budget.* Message clair. On convoque les directeurs de cabinet pour que tout le monde soit bien aligné. La journée à Montréal se termine par une réunion restreinte sur les stratégies électorales. Tout le monde convient qu'on a beaucoup de difficulté à faire passer nos messages. J'aperçois Monique Jérôme-Forget quittant le bureau de Madame.

Mardi 20 novembre – Québec

C'est le jour du dépôt du budget, le premier de Nicolas Marceau. Beaucoup de fébrilité au parlement. Même si on croit avoir tout fait pour arriver à un budget qui se tient, bien difficile de prévoir comment il sera reçu. Le budget, c'est la pièce maîtresse de tout gouvernement. Le budget contrôle tout, mais pratiquement personne ne le regarde en détail. Les ministres et les députés portent attention à la partie les concernant, mais très peu prennent le temps de bien saisir l'ensemble. C'est la même chose dans la société. Le monde de la santé va s'intéresser au volet santé, celui de l'éducation à l'éducation. Les journalistes procèdent de la même façon. Il y a donc très peu de gens qui ont une véritable compréhension de la vision du gouvernement. Pauline Marois s'intéresse aux détails et passe beaucoup d'heures à scruter chaque aspect du budget et à en questionner le raisonnement. Ce n'est pas pour rien qu'au cours des dernières semaines le suivi du budget était devenu une affaire quotidienne. Le budget, ce n'est pas que des chiffres, c'est avant tout le reflet des priorités du gouvernement. Nous sommes à la réception au Salon rouge suivant la lecture du budget. Valery est à Québec pour l'occasion. Comme à son habitude lorsqu'elle porte une robe moulante, ma femme glisse sa main dans la poche de mon veston pour y déposer son rouge à lèvres. *Hé*, dit-elle, *il y en a déjà un !* Mais oui, la première ministre cherche parfois elle aussi des endroits pratiques où glisser son rouge à lèvres.

Mercredi 21 novembre – Québec

Lendemain de budget. Ça tient la route. Le ministre des Finances respire mieux. Il faut dire qu'il a été mis à rude épreuve cet automne. *Ce budget vise d'abord et avant tout à redresser nos finances publiques en équilibrant le budget et en réduisant le poids de notre dette,* a déclaré Nicolas Marceau dans son discours. La journée débute par un briefing de la première ministre sur les projets de pipelines en provenance de l'Ouest. Elle doit rencontrer son homologue de l'Alberta, Alison Redford, à Halifax demain. Lisée sort un lapin de son chapeau. Pour contrer la baisse du budget aux Relations internationales, il propose de vendre la résidence du délégué du Québec à Londres acquise dans les années 1960. Je n'en crois pas mes oreilles. La première ministre ne sait pas trop comment réagir. Vendre un actif pour régler un problème de financement de programmes à court terme, quelle mauvaise idée. Et pourtant, c'est bien difficile d'être plus talentueux que Jean-François Lisée. Une intelligence vive, une capacité de synthèse exceptionnelle, un talent rare pour l'écriture et la scénarisation politique. Mais il a un esprit frondeur qui l'amène parfois à faire des bêtises. Il y a un côté « pas sérieux » chez Lisée, comme disait Henri Guillemin de Chateaubriand. Durant la journée, on avance avec Marc-André Beaulieu sur nos objectifs pour la rencontre spéciale du Conseil de la fédération qui débute demain. Beaulieu est coriace et d'une intégrité irréprochable dans la défense du rang du Québec au sein du Canada et dans le monde. Un tête-à-tête est convenu avec la première ministre de l'Alberta. Madame tient à ouvrir un dialogue constructif avec cette province, malgré les divergences de vues majeures entres les gouvernements. Comité sur les grands projets présidé par la première ministre. Une bonne vingtaine de personnes autour de la table. Exploration du pétrole, avenir de l'industrie de l'aluminium, projets d'investissements privés, infrastructures : tout y passe. Note à moi-même : comment se fait-il que les fonctionnaires traitent de dossiers aussi importants avec autant de légèreté ? Je comprends l'impatience de la première ministre. St-Gelais semble tout aussi contrarié à la sortie de la rencontre. Les choses n'avancent pas comme on le souhaite. Souper de travail à l'édifice Price. Nous sommes une quinzaine autour de la table.

Jeudi 22 novembre – Québec et Halifax

Départ pour Halifax après la période de questions et l'enregistrement vidéo des vœux de Noël de la première ministre. Vol en Challenger avec Marie Barrette et Marc-André Beaulieu. Briefing à l'arrivée avec Yves Castonguay, du Secrétariat aux affaires intergouvernementales, et Alexandre Cloutier. La rencontre avec Alison Redford est prévue pour le début de la soirée. C'est le premier contact entre les deux femmes. Redford comprend bien le français et le parle un peu. Elles entrent facilement en relation. L'image est forte : deux femmes ; deux provinces aux vues diamétralement opposées sur plusieurs enjeux ; deux visions du Canada concernant la nécessité d'une politique canadienne de l'énergie ; deux sensibilités fort différentes sur les questions environnementales. L'entretien dure une vingtaine de minutes. Elles conviennent de mettre sur pied un comité Québec-Alberta sur la question de l'acheminement du pétrole vers l'Est. C'est audacieux et risqué pour madame Marois. Mais elle est prête à jouer le jeu. Le Québec ne risque rien à ouvrir le dialogue, à analyser franchement les enjeux. Redford insiste pour que la question soit étudiée au-delà d'Enbridge. *Je ne représente pas une entreprise. Il y a d'autres projets de pipelines que celui-là. Il faut regarder la question plus largement.* Nous le savons bien, mais pour nous le sujet est plus complexe. C'est une chose d'accepter le renversement du flux d'un oléoduc existant, comme le demande Enbridge, mais donner son accord à un nouvel oléoduc qui traverserait entièrement le Québec, c'est une tout autre affaire. Madame interroge Redford sur le projet fédéral de commission des valeurs mobilières pancanadienne. Le Québec et l'Alberta sont des alliés historiques en cette matière. Redford a une réponse qui nous laisse perplexes : *Nous sommes avec vous sur cet enjeu, à moins que la nouvelle commission canadienne soit installée à Calgary.* À leur sortie, les deux premières ministres sourient. Elles font une déclaration commune dans le hall de l'hôtel. Redford demande à madame Marois de répéter sa position en anglais pour les journalistes du Canada anglais. La première ministre s'exécute. Je crois qu'elles sont toutes deux fières de leur coup : montrer qu'elles sont en mesure de se parler et peut-être même de collaborer. En soirée, les premiers ministres assistent à une conférence-échange avec un économiste américain sur la situation économique mondiale. Madame prend la parole. *Je vais vous poser une question en français. Je suis la première ministre du Québec, le seul État français en Amérique…* Belle entrée en matière dans une conférence des premiers ministres des provinces du Canada. Nous n'avions pas prévu cela. Madame a joué à l'instinct et c'est très réussi. Pas de meilleure façon d'illustrer la différence québécoise. Nous sommes prêts à aller dormir.

Vendredi 23 novembre – Halifax, Montréal et Danville

Titre du *Devoir* : « Marois entrouvre la porte au pétrole albertain ». Jogging au petit matin dans les rues d'Halifax. C'est la première fois que je visite cette ville. Le jour n'est pas encore complètement levé. La conférence d'Halifax s'intitule : « Forum économique international du Conseil de la fédération ». On passe la matinée dans les couloirs pendant que les premiers ministres discutent à huis clos. Il est palpable que la rencontre privée Marois-Redford a déstabilisé les autres premiers ministres. Un front commun Québec-Alberta, aucune autre province au Canada n'a le goût de vivre ça… Si la rencontre avec Redford a été chaleureuse, les relations avec Kathy Dunderdale de Terre-Neuve sont tout autres. Il y a plusieurs litiges entre les deux provinces, et visiblement la première ministre Dunderdale n'a pas le goût d'ouvrir son jeu. Ce sera pour une autre fois. Madame sort à plusieurs reprises pour discuter de certains aspects du communiqué de presse commun que ses collègues et elle sont à préparer. Elle est fatiguée. L'anglais demeure un défi pour elle et ces journées à discuter de points de détail l'assomment. Elle a participé comme ministre à des dizaines de rencontres interprovinciales au cours de sa carrière. Elle sait pertinemment que, à la fin, c'est le Québec contre les autres. C'est comme ça. C'est toujours comme ça. Les autres premiers ministres veulent exercer de la pression sur le fédéral pour que ce dernier fasse des réinvestissements afin de relancer l'économie. Nous sommes bien d'accord, mais pas à n'importe quelles conditions et pas pour qu'on vienne s'ingérer dans les compétences du Québec. À la fin, la première ministre réussira à arrondir les coins du communiqué commun, puis le Québec produira en parallèle son propre texte. Bonne élève, Madame participe à la conférence de presse finale avec les drapeaux des provinces et territoires bien alignés derrière elle. Alors que la moitié des autres premiers ministres se sont éclipsés, la première ministre du Québec est là, présente, jusqu'à la fin. Pratiquement toutes les questions de la conférence de presse seront pour elle. C'est aussi ça, le Canada. Dans l'avion du retour, nous échangeons sur la journée. Nous avons fait beaucoup plus de vagues que nous l'escomptions. Encore une fois, le Québec s'est retrouvé au centre du jeu. Évidemment, la rencontre avec Alison Redford y a été pour beaucoup. On pouvait s'en convaincre rien qu'à voir David Alward, premier ministre du Nouveau-Brunswick, tout faire pour se rapprocher de madame Marois et lui parler de l'importance de l'oléoduc transcanadien pour sa province.

Samedi 24 novembre – Danville et Sherbrooke

Sondage Léger : le Parti québécois est à 33 %, le Parti libéral à 31 % et la CAQ glisse à 22 %. L'insatisfaction à l'égard du gouvernement se maintient à 56 %. Seulement 12 % des répondants croient que le gouvernement pourra atteindre l'équilibre budgétaire qu'annonçait le budget… Les électeurs péquistes se disent satisfaits du budget Marceau alors que les autres répondent défavorablement. Et l'appui à la souveraineté est à 39 %. Belle journée d'automne. Nous sommes invités à manger chez des amis à Sherbrooke. J'ai de la difficulté à être vraiment là.

Lundi 26 novembre – Montréal

J'ai une longue discussion avec St-Gelais sur l'importance de proposer une loi pour protéger les entreprises québécoises cotées en Bourse contre les offres d'achat non sollicitées. Les arguments défavorables sont bien connus. C'est difficile d'aller de l'avant si nous sommes les seuls à le faire au Canada. Il y a aussi un risque d'affecter la valeur des entreprises québécoises puisque ces dernières deviendraient plus difficiles à vendre. Cependant, il y a beaucoup d'avantages, et beaucoup d'États américains ont déjà de telles lois. Pour participer de plain-pied à l'économie mondiale, le Québec a besoin de protéger puis d'appuyer ses entreprises dans leur conquête de la planète. Pour réussir cela, elles ont besoin de talents, de vision et de capital… mais elles ont aussi besoin de temps. Devenir un leader mondial dans un domaine, avoir la possibilité d'être un consolidateur global dans un secteur, c'est long, et nos entreprises sont trop souvent rachetées avant d'être en position de dominer mondialement. On rétorquera que l'économie québécoise est basée sur les PME et c'est bien vrai. Mais pour qu'une économie ait du souffle, pour qu'elle soit solide, attirante pour l'investissement, elle a besoin de réussites, de champions, de symboles. Le Québec a besoin de prouver au monde et de se prouver à lui-même qu'il est capable de créer de véritables leaders mondiaux pour attirer les talents et le capital vers lui. C'est aussi cela, la mondialisation. On dira que le Québec a de formidables richesses naturelles sur lesquelles s'appuyer. Mais il nous faut plus que cela. Nous ne pouvons pas être simplement à la merci des cours mondiaux des matières premières. Il nous faut performer sur plusieurs fronts. L'aéronautique au Québec, ce n'est pas une ressource naturelle. La recherche pharmaceutique non plus. Ni les jeux vidéo. Ni les technologies de l'information. Mais nous existons dans ces domaines car, par le passé, nous avons fait preuve de vision. Nous avons su prioriser et appuyer des industries prometteuses qui nous permettraient d'exister dans le monde et de construire une réelle masse critique. Le gouvernement a donc un rôle à jouer. Ce rôle est multiple, rempli d'embûches, mais il doit être pris très au sérieux. Rencontre avec la première ministre concernant la reconstruction de l'échangeur Turcot. C'est maintenant un projet de 4 milliards de dollars. Un monstre. On veut refaire un échangeur, et finalement on réorganise toute une partie de la ville. Et puis il y a le pont Champlain. Il est en état de décomposition avancée. Le fédéral ne bouge pas. Comme si le pont allait se reconstruire lui-même. Nous rencontrons au bureau de Montréal une autre société pétrolière québécoise. Jean-Yves Lavoie, chef de la direction de Junex, est accompagné de son président, ex-PDG d'Hydro-Québec, André Caillé. La première ministre écoute attentivement Caillé. *Pour exploiter du pétrole au Québec, il faut être partenaire avec le gouvernement. La majorité des bénéfices doivent aller au gouvernement. Le gouvernement doit reprendre le contrôle des réserves. Au moins 50 % des redevances doivent revenir à l'État. De plus, il devrait y avoir un veto du gouvernement sur toute vente d'entreprise à des intérêts étrangers.* Nous sommes bien d'accord. Stéphane Gobeil et Stéphane Dolbec remettent à la première ministre une note qu'ils ont préparée concernant la stratégie souverainiste. Ils y présentent des avenues possibles à brève échéance en tenant compte du contexte de gouvernement minoritaire. Discussion téléphonique avec le directeur de cabinet du maire de Québec, Régis Labeaume. Louis Côté était mon collègue chez Cossette. Les relations entre le maire de Québec et le gouvernement ne sont ni bonnes ni mauvaises.

Mardi 27 novembre – Québec

Lorsque les députés siègent à l'Assemblée nationale, les réunions, les rencontres de couloir, les appels, les allers-retours entre le cabinet et la salle du caucus puis entre l'antichambre du Salon bleu et le cabinet s'enchaînent à une telle vitesse que l'on ne sait plus très bien quel jour on est. Des jours qui comptent triple comme au scrabble et qui finissent tard en soirée, bien souvent autour d'un repas avec Madame et Nicole Stafford. Mais le fait d'être toujours là lorsqu'il peut se passer quelque chose est un sentiment d'une force telle que tout le reste passe au second plan.

Mercredi 28 novembre – Québec

Conseil des ministres. Shirley Bishop reçoit des appels concernant Daniel Breton. Ça ressemble d'abord à des rumeurs, puis les questions des journalistes se précisent. Les choses nous paraissent de plus en plus invraisemblables. Que savions-nous ? On vérifie avec Nicole Stafford, qui devait soutirer ce type d'informations des ministres lors de leur nomination. Elle ne se rappelle rien. On peut supposer que si Breton l'avait informée, elle s'en souviendrait. Puis on se demande si cela se trouvait dans le rapport que la Sûreté du Québec avait préparé sur chacun des ministres. On nous apporte au Conseil la copie du rapport concernant Breton. Rien de concluant. Shirley s'entretient avec Breton. Il lui confirme un certain nombre de choses, en réfute d'autres. On comprend que la vague sera haute. Puis TVA informe notre équipe de communication qu'un reportage sera diffusé au bulletin de 17 h. Nous sommes devant l'écran dans le petit bureau de Patrick Lahaie. Désastreux. Le reportage fait état de loyers non payés, d'expulsions par la Régie du logement, d'infractions répétées au Code de la sécurité routière, etc. Mais ce qui est de loin le plus dommageable dans le reportage, ce sont les images. On y présente des photos prises après qu'il a été expulsé de son logis : insalubrité, amoncellements de bouteilles vides. On raconte la scène à la première ministre. Elle est catastrophée. Souper au Métropolitain, rue Cartier, avec Hubert Bolduc. Difficile de ne pas parler de ce qui arrive à Daniel Breton. Jean-François Lisée m'appelle tard en soirée. Il est presque minuit. Il croit que Breton doit démissionner.

Jeudi 29 novembre – Québec, Montréal et Québec

Je reviens d'un petit-déjeuner avec Nicolas Marceau et Martine Ouellet au sujet des redevances minières. C'est un sujet difficile entre les deux ministres depuis plusieurs semaines. Le café matinal n'a pas donné les résultats escomptés. J'arrive au cabinet vers 8 h 45. Shirley Bishop m'annonce dans le couloir que Daniel Breton démissionne. Je comprends rapidement qu'il a d'abord vu Nicole Stafford avant de remettre sa démission à Madame. C'est très difficile pour lui. Il restera député. La première ministre a été compatissante, mais ferme. Je passe aux questions pratiques : combien de temps conservera-t-il son garde du corps, que se passera-t-il avec les employés de son cabinet, qui le remplacera ? Nicole est moi convenons que son cabinet devrait rester en place. Tout de suite, je reçois des appels et des visites impromptues à mon bureau. On tient à ce que Madame soit informée de la volonté de l'un et de l'autre de servir le Québec comme nouveau ministre de l'Environnement… La première ministre me raconte son entretien avec Breton avec beaucoup d'empathie. C'est un être blessé. Profondément abattu. C'est curieux, mais j'ai l'impression qu'à partir d'aujourd'hui il pourra peu à peu se reconstruire. À la période de questions à l'Assemblée nationale, les oppositions interrogent la première ministre au sujet de Breton. On tente de mettre en cause le jugement de la première ministre qui l'a nommé au Conseil. Fin d'après-midi, vol vers l'aéroport de Saint-Hubert avec la première ministre. Ce soir, Madame participe à l'enregistrement de *Tout le monde en parle*. Avec Marie Barrette, j'essaie de la mettre dans le bon état d'esprit. Sa participation à l'émission était prévue depuis plusieurs semaines. Dans la voiture vers l'aéroport, elle passe un coup de fil à Daniel Breton. *Je t'appelle pour te consoler un peu*, dit-elle d'abord. Guy A. Lepage n'oublie aucun sujet : les ratés du début de mandat ; la taxe santé ; le pétrole ; la langue ; le système de santé ; la commission Charbonneau ; l'appui de Madame aux « carrés rouges » ; la souveraineté ; la péréquation. Madame offre une bonne performance. Dans l'avion nous ramenant à Québec peu avant minuit, elle confie que les reportages télé du matin étaient sans appel pour Daniel Breton. La situation lui paraissait irrécupérable. Les images étaient désastreuses. Cela aurait été trop dur pour lui, beaucoup trop dur. En arrivant à l'hôtel, je m'endors avant même d'avoir posé la tête sur l'oreiller.

Vendredi 30 novembre – Québec et Montréal

Au-delà des frasques de l'ancien ministre de l'Environnement, Daniel Breton, qui a offert sa démission jeudi matin, c'est la première ministre qui est éclaboussée pour avoir nommé un ministre qui avait plusieurs squelettes dans son placard, lit-on ce matin dans un article de Jessica Nadeau du *Devoir.* Après la période de questions, Nicole et moi filons vers Montréal alors que Madame se rend dans son comté. Je suis bien content que la semaine se termine.

Lundi 3 décembre – Montréal et Québec

Sommet des Premières Nations. Plusieurs ministres autour de l'immense table du Palais des congrès. On tente de relancer un dialogue constructif avec les différentes nations autochtones. Patrick Lahaie a beaucoup travaillé là-dessus en collaboration avec Neko Likongo, directeur de cabinet d'Élizabeth Larouche. On ne sait pas très bien où tout cela mènera, mais la première ministre y met toute son énergie.

En fin d'après-midi, un journaliste révèle qu'André Bois-clair est non seulement délégué du Québec à New York, mais qu'il jouit également du statut de sous-ministre. Cela signifie qu'il pourra occuper d'autres postes dans la fonction publique lorsqu'il aura terminé son mandat à New York. Vol vers Québec en soirée avec la première ministre et Nicole. On discute des changements à faire au Conseil des ministres à la suite du départ de Daniel Breton. Yves-François Blanchet le remplacerait au Développement durable et à l'Environnement. Depuis le temps qu'il espère ce moment. Véronique Hivon redeviendrait ministre délé-guée à la Santé, elle qui avait demandé à être relevée de ses fonctions pour raisons de santé. Sylvain Pagé remplacerait Marjolain Dufour comme président du caucus, alors que ce dernier prendrait la place de whip laissée vacante par Blanchet. Une sorte de jeu de chaises musicales. La nomi-nation de Pagé surprendra. C'est un coup de dés pour la première ministre et elle le sait. Par le passé, Pagé a fait par-tie d'un petit groupe de députés très critiques à l'égard du leadership de Madame. En arrivant à Québec, je file à l'hô-tel alors que la première ministre et Nicole vont au bureau rencontrer les heureux élus. Si tout va bien, les changements devraient être confirmés demain. Mais on ne sait jamais.

Mardi 4 décembre – Québec

Il fait un temps superbe et 10 degrés Celsius en ce jour de décembre à Québec. Les quatre députés touchés par le remaniement viennent nous rejoindre au cabinet. Nous sortons ensemble à l'extérieur de l'édifice Honoré-Mercier pour nous rendre en marchant au bureau du lieutenant-gouverneur. Nous réalisons que nous avons oublié d'inviter un photographe. Marie Barrette utilisera son iPhone pour immortaliser l'événement. Nous ne sommes pas des monarchistes, mais il faut quand même des photos ! Martine Ouellet est interrogée sur les redevances minières à l'Assemblée nationale. Les libéraux veulent faire dire à la ministre que le Parti québécois ne réussira pas à les augmenter comme promis en campagne électorale et brisera donc une autre de ses promesses. Débat enflammé concernant André Boisclair. La première ministre le défend. Lisée fait de même. Rencontre avec Stéphane Gobeil, Stéphane Dolbec et quelques autres pour préparer les messages du bilan de fin de session prévu pour vendredi. L'opposition dira : improvisation, reculs, amateurisme. Nous dirons : les résultats sont là ; on avance ; on est dans l'action. C'est de nouveau une longue journée. C'est comme ça. Souper chez Madame avec un groupe de députés. Assis au bout de la table, j'ai la tête ailleurs. Alors que je rentre à l'hôtel en fin de soirée, Bernard Drainville m'appelle pour me parler de Boisclair. *On n'était pas obligés de faire ça.* Il est contrarié. Il ne s'explique pas pourquoi Boisclair aurait reçu un traitement particulier. *On finit notre session là-dessus. Ça va nous coûter cher politiquement.*

Mercredi 5 décembre – Québec

Conseil des ministres. Débat sur la question des petites centrales hydroélectriques. Bernard Landry avait interrompu ce programme très contesté, notamment par les environnementalistes, lorsqu'il était premier ministre. Le gouvernement Charest l'a réactivé. Le Parti québécois s'est engagé à y mettre fin. Toutefois, beaucoup de petites municipalités comptent là-dessus sur le plan financier. Puis des contrats ont été signés, des centrales sont déjà en exploitation et d'autres en voie de construction. Quelques nominations au conseil d'Investissement Québec. Pour le reste, c'est une journée perdue alors qu'André Boisclair fait toujours la manchette. Diane De Courcy présente dans l'indifférence générale la nouvelle Charte de la langue française. À ma connaissance, aucune instruction formelle n'a été donnée dans le but d'offrir à André Boisclair un statut particulier lui conférant une sécurité d'emploi dans la fonction publique. Il y a quelques années à peine, Boisclair a combattu Madame de toutes ses forces lors d'une course à la chefferie du Parti québécois particulièrement agressive. La victoire de Boisclair a même conduit Madame à quitter la vie politique après presque trente ans de carrière. La première ministre ne lui a pas offert de traitement de faveur. Elle a voulu le nommer à New York, car elle croyait tout simplement qu'il serait excellent pour y défendre les intérêts du Québec. La chose n'a été ni frauduleuse, ni faite pour tromper, ni unique. Mais dans cette affaire, nous sommes fautifs. Nous aurions dû savoir, être plus attentifs, poser plus de questions et éviter ce faux pas.

Jeudi 6 décembre – Québec

Encore une bonne partie de la journée sur l'affaire Boisclair. Je commence à trouver que Bernard Drainville a raison. Rencontre avec le dirigeant d'une entreprise internationale présente au Québec depuis toujours. Il se plaint du manque de soutien d'Investissement Québec. Comme des centaines d'autres représentants de grandes entreprises étrangères installées chez nous, il doit se battre pour obtenir sa part des investissements étrangers prévus par le siège social. Sans un signal positif du gouvernement, c'est souvent peine perdue. Cela demande une vigilance de tous les instants et un esprit entrepreneurial qu'on ne soupçonne pas toujours au sein de ces filiales locales de géants mondiaux. S'il y a une chose que nous enseigne la nouvelle économie mondialisée, c'est que le soutien de l'État est encore et toujours un gage de confiance quand vient le temps de concrétiser des investissements dans un autre pays. Martine Ouellet revient à la charge au sujet du changement de son sous-ministre. J'en discute à nouveau avec la première ministre. Elle s'impatiente. *Martine, elle est bien intelligente, mais son défaut c'est qu'elle pense qu'elle peut tout faire toute seule.* On organise sur-le-champ une rencontre entre Madame et la ministre. C'est tendu. Martine Ouellet répète qu'elle n'a pas le soutien de ses hauts fonctionnaires. La journée se termine dans le bureau de la première ministre alors qu'elle répète un discours qu'elle prononcera bientôt à New York.

Vendredi 7 décembre – Québec

Le Québec s'est remis en marche : voilà le message que l'on tente de transmettre pour le bilan de fin de session marquant 100 jours au pouvoir. La première ministre soutient avoir respecté ses engagements, malgré le contexte de gouvernement minoritaire. Le Parti libéral parle d'incompétence et d'improvisations alors que la CAQ estime le gouvernement déconnecté. Jean-Marc Fournier dénonce les erreurs de jugement répétées. François Legault va jusqu'à parler de copinage à propos des nominations d'André Boisclair et de Nicolas Girard. Ainsi va la vie sur la colline parlementaire. On remet aux députés des feuillets d'information qu'ils devront distribuer dans leurs comtés pour faire valoir l'action du gouvernement. Le directeur de cabinet de la Culture m'appelle au sujet du Musée McCord. C'est devenu une affaire d'État. Tout le monde nous parle du McCord. Technique éprouvée de relations publiques 101 :

répétez le même message au plus grand nombre de gens possible. Le McCord souhaite plusieurs millions pour fusionner avec le Musée Stewart. Il soutient que l'ancien gouvernement s'y était engagé, alors que ces sommes sont introuvables au ministère de la Culture.

Samedi 8 décembre – Mont Sainte-Anne

Entraînement de deux jours des filles au mont Sainte-Anne. On s'installe dans un condo au pied des pentes. « 100 jours du PQ : la minorité n'a pas été un handicap, dit Marois », titre *Le Soleil.* Jessica Nadeau dans *Le Devoir* souligne l'incongruité du discours de madame Marois qui soutient que le Québec s'est remis en marche, alors que le mot *recul* serait sur toutes les lèvres en ce qui concerne l'action du gouvernement depuis septembre.

Dimanche 9 décembre – Mont Sainte-Anne et Montréal

L'impression de recul. C'est probablement la plus grande réussite de l'opposition cet automne. En tapant sur le même clou à chaque occasion, et en assimilant tout geste du gouvernement à un recul par rapport à ses engagements électoraux, elle a réussi à créer l'image d'un gouvernement brouillon, indécis, mal préparé.

Lundi 10 décembre – Montréal

Je dîne avec Nicolas Girard pour préparer un briefing de la première ministre concernant les dossiers de l'Agence métropolitaine de transport. Girard s'en sort bien depuis sa nomination. Discussion avec Jean St-Gelais sur une fusion de la Société immobilière du Québec et d'Infrastructure Québec. Félix-Antoine Joli-Cœur pousse l'idée de la création d'un comité sur le soutien à la philanthropie culturelle. Il y met énormément d'énergie. Il semble enfin avoir trouvé sa place dans le cabinet de la première ministre. Il est lui aussi assailli par les pressions venant du Musée McCord. Monique Jérôme-Forget, qui en préside le conseil d'administration, laisse planer une menace de fermeture. Elle exige 2,1 millions de dollars de plus par an en financement public.

Mardi 11 décembre – Québec

François Duffar tente de me joindre. On finit par se parler au téléphone. Nous avons travaillé ensemble chez Cossette. C'est un homme d'affaires redoutable, à la personnalité riche et attachante. Il veut lever le drapeau rouge à propos d'un dossier. Une question de première importance. Surprise ! Il s'agit du Musée McCord. Il insiste sur l'importance de la fusion avec le Musée Stewart. Il faut absolument que cette fusion se fasse si on veut que les deux institutions survivent. *Si on n'a pas l'argent, on ne fusionne pas.* Je lui dis la vérité. Nous sommes plutôt favorables au projet, mais l'argent n'est pas disponible à court terme. Je reçois de plus en plus d'appels de personnes qui cherchent à obtenir des nominations du gouvernement. Je me dis que ce doit être à cause de l'approche des Fêtes. On passe pratiquement toute la journée en réunion de cabinet. Une vingtaine de personnes autour de la table, incluant la première ministre. Chacun y va de ses observations. Tout le monde salue le travail de Madame. Lorsqu'elle prend la parole, elle éclate en sanglots. *Je suis émue de ce que vous dites sur moi.* Elle reprend son souffle. *Excusez-moi, je suis toujours en contrôle.* Elle dit qu'il faut mieux préparer le terrain. Mieux aligner nos priorités. Se trace peu à peu un récit de nos premiers mois. Une impression de valse-hésitation. Comme pour donner tort à ceux qui croyaient le gouvernement paralysé par son statut minoritaire, on bouge rapidement, on annonce des projets, on s'active. Alors, les critiques estiment que le gouvernement va trop vite, qu'il improvise. Pour bien faire, on ajuste le tir sur quelques dossiers, on recadre un certain nombre de choses, on démontre de l'ouverture. C'est la nature profonde de Madame, rechercher l'équilibre, faire la synthèse. Les médias parlent alors de reniement, de promesses brisées. Les partis d'opposition accusent le gouvernement de reculer. Simon Lajoie souhaiterait qu'on occupe davantage le terrain en allant pêcher des idées du côté de la CAQ et de QS. Ce qu'il propose se rapproche de la stratégie de Bill Clinton en 1994. Alors qu'il faisait face à un Congrès républicain hostile à la suite de l'élection de mi-mandat, Clinton a fait plusieurs compromis et s'est rapproché des positions de ses adversaires sans s'aliéner sa base traditionnelle. Stratégie qui l'a bien servi puisqu'elle l'a mené à la victoire de 1996. Sylvain Tanguay, directeur général du Parti québécois, prédit que le Parti libéral fera la prochaine campagne sur la souveraineté. *La vraie question stratégique pour nous est de savoir comment nous allons placer la question de la souveraineté dans la prochaine campagne, parce que les libéraux, eux, c'est le positionnement qu'ils vont prendre,* insiste-t-il. La première ministre nous parle de ses pièces maîtresses pour les prochains mois : intensification des grands projets économiques ; mise en avant d'une politique d'électrification des transports ; nouvelle politique énergétique ; gouvernance souverainiste ; Sommet sur l'enseignement supérieur. On se retrouve en soirée dans un restaurant de Sainte-Pétronille à l'île d'Orléans pour le souper de Noël du cabinet.

Mercredi 12 décembre – Québec

Conseil des ministres. Martine Ouellet présente sa vision pour une nouvelle politique énergétique. C'était un engagement du Parti québécois. Le vrai débat est remis à plus tard. La première ministre s'insurge contre la décision du fédéral d'appuyer Terre-Neuve et ses projets hydroélectriques. *Le fédéral voudrait nous nuire qu'il ne ferait pas autrement.* Stéphane Paquet devient délégué général du Québec à Londres. Ancien journaliste et rédacteur en chef, notamment du journal *Les Affaires*, il jouit d'une excellente réputation. Nous serons à Londres avec la première ministre en janvier et c'est donc une nomination très attendue. Je discute avec un représentant de l'industrie pharmaceutique surpris par certains aspects du dernier budget. Rencontre avec un ancien de Goldman Sachs qui aimerait occuper un poste dans une société d'État. Les recommandations à son sujet fusent de toutes parts. Un peu trop, même. Rencontre avec Marie Malavoy sur l'anglais intensif en sixième année du primaire. Elle hésite. La première ministre reçoit aussi Bernard Drainville au sujet de la laïcité. Il a l'intention de déposer un projet vers la fin de l'hiver. Il revient sur son idée de modifier la loi sur le lobbying ainsi que sur la réforme du régime des primes de départ des députés lorsque ce départ s'effectue sans motif sérieux en cours de mandat.

Jeudi 13 décembre – Québec

La première ministre est en mission à New York et je reste à Québec pour faire des rencontres avec Jean St-Gelais. Lui et moi multiplions les rendez-vous à caractère économique. Alors que nous sommes avec un banquier d'affaires québécois qui souhaite monter un fonds d'investissements en technologies, St-Gelais lui lance : *On veut vous aider. Il faut que ça marche. Vous avez notre feu vert.* Du parfait St-Gelais. Nous prenons plaisir à ces rencontres.

Vendredi 14 décembre – Montréal

Je me rassure en me disant que l'action du gouvernement est généralement bien accueillie, mais que ce sont les petites choses qui nous font mal. L'accumulation de petites fautes. Martin Carpentier, à New York avec la première ministre, me raconte que le NYPD a mis toute la gomme pour la protection de Madame hier soir alors qu'elle participait à un événement des Ballets Jazz de Montréal au Joyce Theater. Informée de l'attentat du 4 septembre, la police newyorkaise n'a voulu courir aucun risque. Martin Carpentier est responsable des opérations au cabinet. Une bonne partie de son temps est consacrée aux déplacements de la première ministre dans les régions et à l'étranger. C'est un fidèle d'entre les fidèles. Nous nous sommes connus chez les jeunes du Parti québécois au milieu des années 1990 et sommes demeurés très proches depuis ce temps. C'est moi qui l'ai convaincu de se joindre au cabinet après l'élection. En soirée, je remplace Madame à l'Exécutif national du Parti québécois à Montréal. C'est moi qui dois faire le point sur la situation politique. Les membres de l'Exécutif sont préoccupés par l'image de recul qui colle au gouvernement.

Samedi 15 décembre – Danville

Un sondage Léger publié dans *Le Devoir* révèle que Françoise David et Jacques Duchesneau sont les deux personnalités politiques préférées des Québécois. *Les turbulences rencontrées par le gouvernement Marois n'ont pas entamé les appuis du Parti québécois, révèle le sondage Léger Marketing de fin d'année, qui montre un recul du Parti libéral et une remontée de la Coalition avenir Québec (CAQ) de François Legault. Après 100 jours de gouvernance, le PQ pointe à 33 % d'appuis, essentiellement son résultat électoral du 4 septembre,* rapporte le journaliste. Pas mal.

Lundi 17 décembre – Montréal

Une députée demande un rendez-vous d'urgence avec la première ministre. Démission ? Maladie ? On la reçoit quelques heures plus tard. Elle veut être nommée ministre de la Condition féminine. *On a besoin de ça pour être majoritaire. On perd des femmes au profit de Québec solidaire.* Puis elle poursuit : *Pauline, je t'ai toujours appuyée, contrairement à d'autres.* Madame lui explique calmement qu'elle n'a pas l'intention d'ajouter de ministre.

Mardi 18 décembre – Montréal

Je reçois un curieux émissaire au bureau de Montréal. L'homme est un gestionnaire d'expérience respecté dans la communauté d'affaires de la métropole. Il veut me parler de la situation à la Caisse de dépôt et placement. Je décode qu'il parle au nom d'un cadre de haut niveau mal à l'aise avec la gestion de Michael Sabia. La conversation va dans tous les sens, mais l'homme est visiblement bien informé. Il suggère une rencontre entre son contact et la première ministre. Je suis prudent. J'exige que la demande soit faite par écrit. La Caisse a son indépendance et Michael Sabia notre confiance. Appel de Jean-François Gibeault du cabinet des Finances. Il me fait un rapport sur la réunion des ministres des Finances du Canada qui se déroule au lac Meech. Un nouveau calcul de la péréquation pourrait signifier plus d'argent pour le Québec cette année. Ça reste à confirmer. Madame a multiplié les entrevues durant toute la journée. Je prends le train pour Québec en fin de journée. Réflexion sur le style Marois. Je pense à Angela Merkel. Je me dis qu'il y a peut-être des similitudes. Différence importante, Merkel est dans un système politique qui force les alliances, les discussions, alors que notre jeu politique ne favorise pas cela. Les forces conciliatrices et rassembleuses de notre première ministre ne sont donc pas mises en valeur.

Mercredi 19 décembre – Québec

Réunion avec Stéphane Bédard et son sous-ministre au Trésor, puis rencontre avec les Finances et la Santé sur les problèmes de dépassements de coûts. Dernier Conseil des ministres avant le congé des Fêtes. L'atmosphère est un peu dissipée. La première ministre a des messages à transmettre. *Il faut se resserrer. En politique, on perd et on gagne en équipe. Il faut de la discipline.* Elle revient sur ses priorités. Le Conseil entérine la nomination d'un nouveau sous-ministre aux Ressources naturelles, Richard Savard. Robert Proulx est nommé recteur de l'UQAM. Martin Carpentier et moi rencontrons de nouveau les responsables de la sécurité. Ils veulent discuter de certaines mesures pour le déplacement de la première ministre et de sa famille durant les Fêtes. Discussion au téléphone avec Jean Lamarre, président du conseil d'administration de Télé-Québec, au sujet d'un projet de virage technologique. Appel d'un ancien ministre qui cherche une nomination. *J'ai toujours appuyé Pauline.* Certains mouvements dans les cabinets. Mario St-Laurent, qui avait refusé de faire le saut en septembre, est maintenant prêt à prendre du service. Il devient directeur de cabinet de Gaudreault aux Transports. C'est une belle recrue. Avec la première ministre, on reçoit les dirigeants du Massif de Charlevoix en compagnie des représentants du Club Med. Mélange de curiosité et d'étonnement de notre part. C'est que le président mondial du Club Med est nul autre qu'Henri Giscard d'Estaing, fils de l'ancien président de la République française. Si on ferme les yeux, on croit entendre l'ancien chef d'État. Le Club Med planche sur un projet d'investissement au Massif. *Le rôle du Club Med, c'est d'inscrire une destination sur la carte mondiale du tourisme.* Belle idée. Fait à noter, Giscard d'Estaing ne nous fait aucune demande.

Jeudi 20 décembre – Montréal

Rencontre à propos des nominations avec Martin Caillé. Conseiller discret, Caillé est dans l'entourage de Madame depuis des années. Il peut compter sur la pleine confiance de Nicole. Il manœuvre avec aisance dans l'univers parfois complexe des nominations. Je n'ai pas sa patience. Rencontre avec les analystes de sondages du Parti. Bonne idée de faire le point avant les vacances. Présentation des dernières données. Le taux d'insatisfaction des électeurs péquistes à l'égard du gouvernement augmente. À surveiller. La brisure avec notre électorat de base, c'est toujours ça le risque. On s'est renforcé auprès des centristes alors que la CAQ connaît un recul. Nous sommes en hausse auprès des femmes. Peut-on monter encore plus dans ce segment ? Nos débuts ont été chaotiques, comme ceux de bien d'autres gouvernements l'ont été par le passé. *Ce qui compte c'est de renforcer l'idée que le Parti québécois n'est pas comme les autres partis,* rappellent les sondeurs. En quittant Montréal pour la campagne à quelques jours de Noël, je me dis que la seule chose régulière dans ma vie maintenant, c'est le rythme des réunions du Conseil des ministres.

Vendredi 21 décembre – Danville et Saint-Félix-de-Kingsey

Le défi est de faire de la politique tout en restant soi-même. La politique permet de voir beaucoup de gens, de réfléchir, de faire avancer des idées, des projets. Mais elle nous isole peu à peu. C'est l'art de naviguer entre les contraintes. Je vais chercher le sapin de Noël avec Simone chez Jean-Guy Bernier dans le neuvième rang de Saint-Félix. C'est tout près de la ferme ancestrale où ma mère est née. Retour aux sources.

Samedi 22 décembre – Danville et Tingwick

À la montagne avec les filles. C'est le camp d'entraînement de l'équipe de ski alpin jusqu'après le jour de l'An.

Dimanche 23 décembre – Danville et Tingwick

La famille commence à arriver. Depuis l'achat de ma maison de campagne il y a quelques années, les rencontres familiales se passent en grande partie à Danville. Mes parents sont âgés et ne peuvent recevoir depuis longtemps déjà. Ma maison, qui est située dans le village voisin du leur, est devenue par défaut la maison de toute la famille. Mon père parle peu ou pas. Tout passe par le regard. Son approbation, ses questionnements, ses doutes. J'ai mis du temps à comprendre l'importance de la parole. L'ironie est que j'ai passé toute ma vie d'adulte dans le domaine de la communication. On est fait de cela. Des contradictions qui nous façonnent. Au ski, les filles me font des grimaces alors que je les prends en photo.

Lundi 24 décembre – Danville

Les discussions familiales dérivent inévitablement vers la politique. Visiblement, personne n'a de félicitations à me faire. J'en conclus que notre action est soit mauvaise, soit mal comprise. Bref, on va rester modeste.

Mardi 25 décembre – Danville

J'entreprends la relecture d'*Au plaisir de Dieu* de Jean d'Ormesson. Ce livre est magnifique. Il donne le goût de l'histoire, de la préservation de la mémoire. Il nous fait réfléchir à tout ce qui nous manque, déjà, d'hier. Au temps qui passe et qui ne reviendra pas. Je lis et j'entends la voix douce de d'Ormesson. J'ai lu ce livre pour la première fois en 2005 alors que Valery était enceinte de notre troisième fille. Je l'ai lu une deuxième fois à la campagne en 2009. Je le relis aujourd'hui. Cette histoire d'une famille traversant le temps dans la campagne française me ramène à ma propre histoire. Ce n'est pas Plessis-lez-Vaudreuil, mais mon enfance a quelque chose du monde d'hier. Je suis le dernier de six enfants. Ma famille évolue dans le monde rural depuis des générations. Mon père, né en 1925, et ma mère, en 1927, ont traversé presque un siècle. Leurs valeurs catholiques appartiennent à leur époque. Leur vision est celle d'un monde figé où rien n'est plus rassurant que l'évocation du passé. D'Ormesson me ramène à ma famille. C'est peut-être pour cela que son écriture me paraît si familière.

Mercredi 26 décembre – Danville et Tingwick

Une autre journée à la montagne avec les filles. Je reçois quelques appels, mais les choses sont plutôt tranquilles.

Jeudi 27 décembre – Danville et Tingwick

Je lis les dernière pages d'*Au plaisir de Dieu* à la montagne. Le temps semble suspendu.

2013

I

Du 7 janvier au 26 février

Mission économique à Davos / Rencontre avec
le first minister de l'Écosse / Sommet
sur l'enseignement supérieur

Lundi 7 janvier – Danville

Je suis toujours à la campagne. Dernière journée de congé
des enfants. Ce sera le retour en classe demain. Nicole est à
l'extérieur pour la semaine et tout converge vers moi.

Mardi 8 janvier – Montréal

J'entre au bureau de Montréal pour la première fois depuis
la mi-décembre. Quelques rencontres avec des collègues,
puis les choses repartent. Marjolain Dufour, député du
comté de René-Lévesque sur la Côte-Nord, m'appelle
au sujet d'Alcoa, le géant de l'aluminium. La situation se
détériore. L'entreprise insiste pour modifier son entente
avec le gouvernement. Des emplois sont en jeu. Des reports
d'investissements aussi. Le député est très émotif. Il y a le
dossier du chantier naval Davie à Lévis qui apparaît sur
l'écran radar. Des repreneurs se pointent. C'est un sujet qui
revient périodiquement dans l'actualité depuis des décen-

nies. Je lunche au Laurie Raphael de l'hôtel Le Germain avec Martine Ouellet. On repasse les dossiers ensemble : politique énergétique ; redevances minières ; petites centrales hydroélectriques ; gaz de schiste ; pétrole. Elle ne voit pas comment concilier la vision des Finances et la sienne sur la question de la refonte du régime des redevances minières. Je m'entends avec elle quant au choix de son nouveau directeur de cabinet. De retour au bureau, rencontre pour faire le point sur notre voyage prochain à Londres et en Écosse. C'est Marc-André Beaulieu qui est notre homme sur ces questions au cabinet.

Mercredi 9 janvier – Montréal

Aujourd'hui, alors que la première ministre n'est pas encore de retour, je porte un jean avec chemise et pull en V. Je n'ai pas de cravate. J'en ai très peu mis dans ma vie. Je porte parfois des nœuds papillon que je prends plaisir à nouer moi-même le matin devant le miroir. Mais même si je suis de retour en politique et que j'occupe un rôle visible auprès de Madame, je suis incapable de me résoudre à en porter chaque jour. J'en revêts un cependant pour les rencontres avec des dignitaires étrangers puis, chaque mercredi, au Conseil des ministres. Je suis incapable de me présenter au Conseil sans complet ni nœud papillon. Respect du lieu et de la fonction.

Jeudi 10 janvier – Montréal

Longue discussion avec France Amyot, directrice de cabinet de Réjean Hébert à la Santé, à propos d'un conflit avec les ambulanciers. C'est toujours un dossier explosif. Les ambulanciers ont la réputation de jouer dur quand vient le temps d'exprimer leur insatisfaction. Il semble y avoir un malentendu entre la Santé et le Conseil du trésor sur la position que doit tenir le gouvernement. Le nœud, ce sont les conditions de retraite. France se demande jusqu'à quel point nous nous entêtons pour rien. C'est une directrice de cabinet expérimentée qui connaît très bien le secteur de la santé. Je parle de la situation au téléphone avec la première ministre. Elle a trois questions pour moi : combien ça coûte, à quel point leur demande crée-t-elle de la distorsion dans le système et est-ce que ça nous permet vraiment de régler ? *Dis à Stéphane Bédard de régler si c'est raisonnable. S'il y a un problème, qu'il m'appelle.* Je joins Bédard. Long soupir au bout du fil. *On ne peut pas faire ça. Il y a aura trop de dommages collatéraux. Soyons fermes sur les retraites, mais il nous reste de la marge sur le reste.*

Vendredi 11 janvier – Montréal et Chicago

La tension monte à Gaspé. Pétrolia est en pleine controverse. Alors que nous discutons avec ses dirigeants à propos d'Anticosti, le projet Haldimand, tout près de Gaspé, préoccupe. C'est une histoire qui traîne. Il y a de l'inquiétude dans la population, qui juge que les forages présentent un risque pour l'approvisionnement en eau potable de la municipalité. Le maire semble jouer sur plusieurs tableaux. La situation est difficile à évaluer de Montréal et le député dans la région, Gaétan Lelièvre, ne sait plus où donner de la tête. L'entreprise a déjà investi des sommes considérables et ne veut plus attendre. Entente de principe avec les ambulanciers. Fin du conflit. Chacun a fait son bout de chemin. La première ministre reçoit aujourd'hui le président du Bénin. Vol pour Chicago en début de soirée avec Valery.

Nous découvrons le restaurant Avec, West Randolph Street. Une bonne table qui nous permet immédiatement de nous sentir au bout du monde.

Samedi 12 janvier – Chicago

Brunch au Longman & Eagle, un peu en dehors du centre-ville. Temps assez frais, mais agréable quand il s'agit de marcher dans les rues. Visite de l'Art Institute. La nouvelle aile conçue par Renzo Piano est magnifique. Je prends des photos de la ville à partir de la salle Giacometti. Je tente de mettre les personnages filiformes du sculpteur à l'avant-plan de la ligne d'horizon de la ville. En soirée, nous mangeons tout en haut du Chicago Stock Exchange au restaurant l'Everest. Vue imprenable sur la ville.

Dimanche 13 janvier – Chicago et Montréal

Nous passons l'après-midi à flâner au bar du restaurant Ralph Lauren sur Magnificent Mile. Nous adorons ce lieu. Nous y retournons à chaque visite à Chicago. L'atmosphère est calme, chaleureuse. On regarde les gens aller et venir. On rêvasse doucement en lisant les journaux. *If you can get a clear picture of someone at college, you can get a very clear picture of him at any stage of his life.* Citation de Robert Caro, biographe de Lyndon B. Johnson, à qui l'on consacre un portrait dans le *New York Times*. Je pense à ce qui m'occupe maintenant. Aux années passées dans les affaires. Retourner en politique, était-ce bien le bon choix ? Vol vers Montréal en soirée.

Lundi 14 janvier – Montréal

7 h 30 : conférence téléphonique pour discuter de la situation à Gaspé. Les ministres Ouellet, Lelièvre et Blanchet y participent avec St-Gelais et moi. Le maire est déterminé à ce que les forages ne débutent pas comme prévu. Une marche s'organise pour l'appuyer. Martine Ouellet craint que le maire en profite pour dénoncer le gouvernement. Lelièvre se sent piégé et ne sait pas trop comment s'en sortir. La crédibilité de Pétrolia est mise à mal dans la région. Le risque, en diabolisant le pétrole en Gaspésie, c'est de réduire à néant nos chances de procéder à de l'exploration ailleurs sur le territoire. C'est pourquoi nous sommes mal à l'aise avec le choix de Pétrolia d'aller de l'avant si près de Gaspé alors que l'acceptabilité sociale y est fragile. Opération aussi importante que délicate ce matin au cabinet. La première ministre reçoit les recteurs du réseau de l'Université du Québec et ceux des autres universités. Deux rencontres séparées. L'objectif est d'ouvrir le dialogue et de nous assurer de la participation de tous au Sommet sur l'enseignement supérieur qui est préparation. Pierre Duchesne est au côté de la première ministre. Le climat est tendu. Les recteurs sont sortis affaiblis de la crise. Ceux du premier groupe se disent inquiets de l'image qui s'installe à l'égard des universités, particulièrement de leurs dirigeants. Ils craignent une baisse des inscriptions. Lorsque les recteurs se lèvent et quittent la salle à la fin de la rencontre, je me dis qu'ils demeurent profondément blessés par la crise étudiante. Puis ce sont les recteurs de McGill, Laval, Concordia, Montréal, Bishop, HEC Montréal et Polytechnique qui prennent place dans la salle. Ils nous expliquent l'ampleur des problèmes financiers auxquels ils font face. Encore là, on sent une certaine tension, même si la première ministre fait tout pour assurer le succès de l'opération. Son ton tranche

avec celui de son ministre. Duchesne donne l'image d'un homme sous tension. Alors que la première ministre cherche l'adhésion, se montre à l'écoute, son ministre paraît rigide. Il est vrai qu'il fait ses premiers pas en politique et que l'enjeu est particulièrement sensible. À la fin de la réunion, certains recteurs nous confient qu'ils n'avaient pas eu une telle rencontre avec le pouvoir depuis longtemps et que, même au cœur de la crise du printemps 2012, jamais le premier ministre Charest ne les avait rassemblés.

Mardi 15 janvier – Montréal et Québec

La première ministre reçoit Daniel Breton. C'est la première rencontre depuis sa démission. Il parle toujours avec la même passion des dossiers qui l'intéressent. Madame lui laisse entendre qu'il pourrait faire un retour comme adjoint parlementaire, mais pas immédiatement. Il dit préparer sa rentrée médiatique… Cela nous laisse un peu perplexes. Madame tente une intervention. *Si tu veux mon avis, Daniel, tourne la page et ne reviens pas dans les médias sur ce qui s'est passé. Le temps va arranger les choses.* Sage conseil. La première ministre passe une bonne partie de la journée à rencontrer des chefs autochtones à l'initiative de Patrick Lahaie. Avant d'être avec Madame à la suite de son arrivée à la tête du Parti en 2007, Patrick a été dans l'entourage de François Legault, alors ministre du Parti québécois. Lahaie a fait les grandes écoles. Il s'est accroché les pieds dans les arcanes de la politique plutôt que de poursuivre la carrière intellectuelle à laquelle sa formation le destinait. C'est un collègue généreux, volontaire, prêt à mener toutes les batailles pour Madame. Montréal-Québec en voiture avec Nicole en fin de soirée.

Mercredi 16 janvier – Québec

Petit-déjeuner à l'édifice Price avec Jean-Pierre Raffarin. L'ancien premier ministre français est au Québec pour quelques jours. Madame nous reçoit dans la salle à manger de son appartement. Nous sommes une dizaine en incluant Jean-François Lisée. Raffarin fait la promotion de l'innovation et nous informe d'initiatives régionales qui se mettent en place en France pour favoriser les investissements dans ce secteur. Il souhaite des alliances avec des institutions québécoises. Charmeur, Raffarin souligne que la première ministre a l'air en forme. *Le pire ennemi en politique, c'est la fatigue. Ça augmente le stress.* On glisse inévitablement vers des discussions plus politiques. Raffarin rappelle que les gens ne s'intéressent à la réalisation des promesses électorales que pendant quelque temps. Après dix-huit ou vingt-quatre mois, il y a un point de bascule et les attentes disparaissent. Puis la population commence à s'intéresser à la suite et veut connaître les prochains engagements. Intéressant. À un moment, je note dans mon carnet un mot de Raffarin : *Être solitaire et secret, c'est un avantage pour être chef d'État, mais un désavantage pour être chef de parti.* On sait qu'il rencontrera Jean Charest durant son séjour au Québec. Les deux hommes sont connus pour être proches. Premier Conseil des ministres de 2013. Les ministres ont le goût de s'exprimer et de faire état de leurs préoccupations en ce début d'année. Chacun a la tête pleine d'idées après quelques semaines plus calmes. Comme à chaque Conseil, des ministres sont mieux préparés que d'autres. Certains ont clairement réfléchi et élaboré leurs interventions alors que d'autres réagissent à chaud. Pascal Bérubé, par exemple, est l'un de ceux qui préparent toujours leurs interventions. Bon communicateur, ses idées font réfléchir et réussissent souvent à se frayer un chemin au sein de Conseil. En fin de journée, Alexandre Cloutier vient rencontrer la première ministre pour un échange sur la gouvernance souverainiste. Il travaille à un plan et veut s'assurer de l'adhésion de la première ministre. Cloutier est une forte tête. D'allure prudente, il peut néanmoins faire preuve d'une détermination surprenante sur certaines questions. On discute avec lui du voyage à Édimbourg prévu pour bientôt.

Jeudi 17 janvier – Montréal

Rencontre de deux jours du cabinet de la première ministre pour planifier les prochains mois. Nicole apprécie ces rencontres qui permettent à chacun de faire valoir son point de vue sur l'ensemble des questions. Ces réunions ont l'avantage d'inclure tout le monde dans les échanges, même si elles ne permettent pas toujours de mettre au point un plan d'action bien précis. Madame Marois met la table. Elle réaffirme ses deux priorités : économie et identité. Sur l'économie, le plan est assez clair. Stimulation de l'économie en soutenant de grands investissements au Québec tout en menant une politique budgétaire responsable. Pauline Marois en fait un défi personnel : c'est son credo. Elle pousse aussi pour la mise en place d'une grande politique d'électrification des transports. Là-dessus, elle trouve que ça n'avance jamais assez vite. Du côté de l'identité, c'est moins clair. Il y a bien le projet de Diane De Courcy sur la langue qui va bientôt commencer à mijoter en commission parlementaire, mais le reste est encore mince. La gouvernance souverainiste demeure un discours, alors que sur la laïcité le gouvernement n'a pas encore présenté son plan de match. On doit sortir de réunion pour une conférence téléphonique d'urgence avec Jacynthe Côté de Rio Tinto Alcan. La première ministre apprend alors le remplacement du président mondial de Rio Tinto en pleine tourmente. L'entreprise est en difficulté, plombée notamment par les résultats du secteur de l'aluminium et par la baisse du prix des métaux en général. Rio Tinto a eu du mal à digérer son acquisition d'Alcan en 2007, et la baisse du prix de l'aluminium ne fait qu'aggraver la situation. Le départ de Tom Albanese n'annonce rien de bon pour ce secteur au sein de l'entreprise. Avec des milliers d'emplois au Québec, il y a de quoi être inquiet. Il est faux de prétendre que les entreprises n'ont pas de nationalité. Chaque entreprise a un cœur qui bat. Ce cœur ne peut être à la fois à Londres et à Saguenay, à la fois à New York et à Montréal. C'est pourquoi les gouvernements ont un rôle à jouer dans l'économie. Pour un État, aider les entreprises, c'est plus qu'une nécessité, c'est un devoir. Manquer à ce devoir, c'est mettre en danger l'État lui-même car l'économie est le sang dans les veines qui permet à la société de fonctionner. Un État qui y renonce se condamne à une mort lente. Quelles sont nos armes pour permettre aux Québécois de s'épanouir dans des secteurs clés ? Lorsque j'étais chez Cossette, on disait que pour réussir il fallait être dominant dans un secteur. C'est vrai aussi d'une économie nationale. Il faut savoir identifier les créneaux qui nous permettront de nous différencier dans le monde et de créer de la richesse ici. À l'initiative de Félix-Antoine Joli-Cœur, de notre cabinet, on annonce aujourd'hui la création d'un groupe de travail sur la philanthropie culturelle présidé par Pierre Bourgie. Souper d'équipe du cabinet.

Vendredi 18 janvier – Montréal

Poursuite de notre rencontre de cabinet visant à orienter l'action du gouvernement pour les prochains mois.

Madame a vraiment un sixième sens. On parle d'un dossier et elle voit immédiatement les impacts sur les malades, les personnes âgées, les étudiants, les jeunes familles. Elle entend une proposition d'un autre parti et elle saisit tout de suite les impacts sur les plus démunis ou sur les jeunes. C'est la même chose avec les questions touchant les femmes. Voilà une sensibilité qui ne s'achète pas. C'est d'ailleurs pourquoi elle s'en veut tant lorsqu'une décision ne donne pas les résultats qu'elle imaginait. Nicole Stafford est en pleine possession de ses moyens. Les vacances lui ont fait du bien. Elle y va de ses remarques caustiques qui font toujours réagir. *Le plan c'est : les mauvaises nouvelles ont les met en dessous de la table.* Tout le monde éclate de rire. Puis elle ajoute : *De toute façon, on n'a pas d'argent, alors c'est le temps de réfléchir.* En soirée, je me retrouve à l'Exécutif national du Parti québécois pour faire le point sur la situation politique en l'absence de la première ministre. Les membres de l'Exécutif ont l'air de m'écouter sans m'entendre. Mes propos sont-ils si éloignés de leur propre lecture de la performance du gouvernement ?

Dimanche 20 janvier – Danville, Tingwick et Montréal

Les enfants ont un entraînement de ski. Je passe beaucoup de temps au téléphone. Phénomène tout de même assez rare, la première ministre m'appelle à quelques reprises dans la journée. Retour à Montréal en soirée avec Valery et les enfants. Mort du commentateur sportif Richard Garneau.

Lundi 21 janvier – Québec

Briefing avec la première ministre et Agnès Maltais sur les retraites. En soirée, je parle longuement avec Nicolas Girard des dossiers de l'Agence métropolitaine de transport. Il veut attirer mon attention sur plusieurs questions : plan pour le transport en commun lorsque le pont Champlain sera reconstruit ; recommandations pour le prolongement du métro ; nécessité de bâtir un nouveau garage pour l'entretien des locomotives des trains de banlieue.

Mardi 22 janvier – Québec et Montréal

Exceptionnellement, le Conseil des ministres se tient un mardi. Nous partons ce soir pour une mission qui nous mènera à Davos, Londres puis Édimbourg. Nomination de Caroline Émond comme déléguée du Québec à Bruxelles et de Jean Saintonge à Boston. Caroline Émond était aux affaires publiques de Bombardier Produits récréatifs alors que Saintonge vient de la fonction publique. Avec ces nominations s'achève presque le renouvellement de nos têtes dirigeantes à l'étranger. Bernard Drainville rencontre la première ministre au sujet de la laïcité. Je reçois par courriel une photo de Martin Carpentier. Il est déjà à Londres pour préparer la venue de la première ministre. Sur la photo, on voit le drapeau du Québec flottant fièrement sur la façade du Sofitel St. James de Londres. Je souris. Vol Québec-Montréal, puis vol commercial Montréal-Amsterdam avec la première ministre en soirée. Je me plonge dans des magazines alors que Madame entame ses volumineux cahiers de briefing.

Mercredi 23 janvier – Amsterdam, Zurich et Davos

À l'arrivée à l'aéroport d'Amsterdam tôt le matin, nous sommes reçus dans le salon de la reine des Pays-Bas en attendant notre correspondance pour Zurich. Je n'ai pas dormi beaucoup dans l'avion. La journée s'annonce longue. J'ouvre mon téléphone et des dizaines de courriels surgissent. En arrivant à Zurich, nous sommes accueillis par le représentant du Québec, puis conduits jusqu'à la petite ville de Davos perchée dans les montagnes à un peu plus de deux heures de route. On longe le lac de Zurich alors que les montagnes à l'horizon sont de plus en plus envahissantes. À deux reprises, le convoi doit s'arrêter pour un contrôle de sécurité. C'est que le Forum économique mondial de Davos est le rendez-vous annuel du gratin financier et politique de la planète. Quarante-cinq chefs d'État y sont attendus, de même que trois cents hauts responsables mondiaux comme Ban Ki-moon et Christine Lagarde ainsi que plus de neuf cents PDG venus de partout. Arrivés à Davos, nous avons à peine le temps de défaire nos bagages que nous nous retrouvons dans une rencontre privée avec Monique Leroux du Mouvement Desjardins. Nous voyons ensuite Yves Guillemot, président d'Ubisoft. En début de soirée, nous recevons une cinquantaine de personnes à l'hôtel pour un événement en l'honneur du Québec. Les représentants de grandes entreprises installées au Québec y côtoient des personnalités issues d'organismes internationaux et des amis du Québec de tous horizons. Je fais la connaissance de Daniel Cruise, ex-conseiller de Bill Clinton, qui occupe au sein d'Alcoa un poste stratégique au siège social de New York. Madame fait un petit discours devant les invités, puis nous avons rendez-vous dans un restaurant un peu à l'extérieur de Davos avec Michael Sabia, Stephen Poloz d'Exportation et développement Canada,

Jacques Daoust d'Investissement Québec et Monique Leroux. On y discute à bâtons rompus de sujets économiques. Sabia invite la première ministre à se rendre en Chine. *Madame Marois, ne sous-estimez jamais l'importance de votre présence physique à l'étranger, notamment en Chine.* Je rentre à l'hôtel seul avec la première ministre dans la très confortable Audi de fonction. La voiture semble flotter sur la route dans le silence de la nuit.

Jeudi 24 janvier – Davos

Réveil tôt. Jogging à travers la ville. L'air est doux et l'atmosphère paisible. Puis une voiture vient me chercher pour me ramener à l'hôtel où notre délégation est installée. Au sous-sol, des salles nous sont réservées. Marc-André Beaulieu et Marie Barrette s'y activent déjà. Nous faisons nos rencontres de briefing. Quelques fonctionnaires sont venus de Québec pour nous épauler. Une salle est prévue pour les médias. Il n'y a que trois ou quatre journalistes qui ont fait le voyage. À l'étage, nous avons un salon où recevoir nos invités. Les rencontres se succèdent toute la journée au rythme d'une toutes les quarante-cinq minutes. Les hauts dirigeants d'Ericsson, Holcim, Volvo, Lockheed Martin, Tata, Merck et Novartis viennent rencontrer la première ministre. Lakshmi Mittal, PDG du géant industriel qui porte son nom, est du nombre. Mittal, au Québec, c'est plus de 2 000 employés. L'échange avec lui est fascinant. Cet homme, l'une des plus grandes fortunes du monde, n'a pas peur d'argumenter et d'aller au-delà des politesses qui sont parfois le lot de ce type de rencontre. Il a la réputation d'être coriace. C'est la première fois qu'il rencontre la première ministre et pourtant il n'hésite pas à aborder des sujets délicats. *Ce qui compte pour moi, c'est le prix de l'énergie, pas la qualité de la source.* Il fait ainsi référence au fait que plusieurs de ses usines sur la planète sont alimentées au charbon, contrairement à ses usines du Québec. Il prend de front tous les enjeux, qu'il connaît étonnamment bien : le débat sur les taux de redevances minières qui fait rage au Québec ; le prix de l'hydroélectricité ; les relations de travail ; les régimes de retraite. *Depuis 2008, le monde économique a changé.* À plusieurs reprises, il souligne à quel point il aime le Québec, ajoutant au passage que sa femme a voulu acheter une maison sur la montagne à Montréal. Lorsque la première ministre s'informe de son horaire de la semaine à Davos, il lui indique qu'il part le lendemain pour sa résidence de Saint-Moritz où il recevra des chefs d'entreprise et de gouvernement. *Je vous invite à Saint-Moritz, madame. Si vous le désirez, vous êtes la bienvenue. Ce n'est pas très loin d'ici, vous savez.* Mittal, pour plusieurs, est l'incarnation même du capitalisme brutal. Sa première rencontre avec la première ministre aura somme toute été fort agréable. Réception en soirée dans un hôtel où nous attend la haute direction de Bombardier, Pierre Beaudoin en tête. Chaque année, Bombardier profite du rendez-vous de Davos pour rassembler ses clients et partenaires. J'y fais la rencontre de Thomas Flohr, l'excentrique fondateur de VistaJet qui possède à lui seul une flotte impressionnante d'appareils Challenger et Global.

Vendredi 25 janvier – Davos

Jogging sur un duvet de neige légère. Je descends jusqu'à la gare, emprunte la piste le long de la petite rivière qui ceinture la ville, puis je remonte en passant tout près du Centre des congrès où s'activent déjà les membres de l'organisation du Forum. Plus haut, sur la terrasse d'un hôtel, les télévisions américaines préparent leurs retransmissions en direct, bien alignées les unes à côté des autres. Les rencontres se succèdent toute la journée. Madame fait de plus la navette avec Marc-André Beaulieu entre l'hôtel et le Centre des congrès où elle rencontre des leaders politiques. Elle échange notamment avec le ministre des Finances du Mexique. De retour à l'hôtel, Beaulieu me glisse à l'oreille que le ministre a invité Madame à une visite officielle au Mexique. Michel Barnier, commissaire européen responsable des milieux financiers, vient nous rejoindre à l'hôtel. Il présente son plan de match pour redonner confiance à l'égard de l'Europe en ce qui a trait au contrôle des marchés financiers. Charmant, ce gaulliste ancien ministre des Affaires étrangères de la France aime visiblement le Québec et se sent en confiance avec la première ministre. Au sujet de l'Europe, il se dit optimiste sur la sortie de crise. *L'Europe ne se divisera pas.* Pour finir, on discute de politique intérieure française et on ne peut s'empêcher de railler la situation à droite. *Fillon-Copé, ce fut médiocre,* tranche le commissaire. Lorsqu'on fait les photos d'usage à la fin de la rencontre, il raconte des blagues sur la popularité de son mur Facebook. Même les gaullistes ont changé de siècle! Rencontre avec Klaus Kleinfeld, CEO d'Alcoa. Il est accompagné de trois dirigeants, dont Daniel Cruise, que j'ai rencontré à notre arrivée. Kleinfeld est poli, mais ferme. Il soutient que nos tarifs d'hydroélectricité sont trop élevés. *The world is moving.* Il fait un tour d'horizon des prix ailleurs sur la planète. Il a un ton qui rend difficile la remise en question. *The times are brutal,* lance-t-il comme pour s'en désoler. Puis nous rencontrons des industriels espagnols du groupe Villar Mir. Le contact est immédiatement positif, chaleureux. Ils ont un immense projet de fabrication de panneaux solaires et ils souhaitent s'installer au Québec. Ils ont des discussions avec Hydro-Québec, mais les choses traînent en longueur. Ils s'interrogent également sur le tarif d'électricité que nous consentons aux grandes entreprises. Madame prend la balle au bond. *Votre projet correspond parfaitement à notre stratégie pour développer le Québec.* Elle fait état de toutes les mesures incitatives dont ils pourraient bénéficier. Ils sont à évaluer des sites dans quelques régions au Québec. *Nous vous appuierons, quel que soit le site pour lequel vous optez.* La rencontre avec les Espagnols laisse miroiter des centaines d'emplois et des millions en investissements au Québec. En soirée, nous allons à une réception offerte par le gouvernement du Canada. Les ministres Christian Paradis et Jim Flaherty y prennent la parole. La première ministre Marois et monsieur Flaherty fraternisent longuement. C'est que du temps où ils étaient tous deux ministres des Finances, l'une au Québec et l'autre en Ontario, ils étaient complices dans leur bataille contre l'empiètement du fédéral dans les champs de compétence provinciale… En se promenant entre les convives, la première ministre rencontre par hasard Mark Carney. Gouverneur de la Banque du Canada pour quelque temps encore, Carney a récemment été choisi pour devenir le prochain gouverneur de la Banque d'Angleterre. Il porte son habituel complet-marine-chemise-blanche-cravate-rouge. S'ensuit une discussion ouverte sur l'état de l'économie et l'importance des politiques monétaires. Puis la conversation dévie sur le référendum en Écosse.

Carney : *L'Écosse ne pourra garder la monnaie britannique si elle se sépare. Donc, la séparation n'aura pas lieu.*

Madame : *Nous, au Québec, nous garderons la monnaie canadienne.*

Carney : *Non, ce ne sera pas possible.*

Madame : *Nous n'avons qu'à la garder. On peut le faire.*

Carney : *Après la crise européenne, ce sera impossible de faire ça. Tout le monde a réalisé l'importance de contrôler la politique monétaire. Vous ne devez pas présumer que le Canada acceptera que le Québec conserve le dollar.*

La première ministre semble étonnée de la tournure de la discussion. On croise ensuite le tout nouveau président de SNC-Lavalin, l'Américain Robert Card. Son message à la première ministre ne laisse place à aucune interprétation : *Nous sommes au Québec pour de bon. Nous voulons faire de SNC une vraie firme mondiale ayant son siège social au Québec.* De la musique à nos oreilles. On finit la soirée par un souper dans un restaurant perché tout en haut de la montagne et qui surplombe la ville. On opte pour une bonne vieille raclette traditionnelle. Nous sommes entre nous : Madame, Marie Barrette, Marc-André Beaulieu et moi. Déjà la dernière soirée à Davos.

Samedi 26 janvier – Davos, Zurich et Londres

Rencontre à l'aéroport de Zurich pour préparer un point de presse que donnera la première ministre à son arrivée à Londres. Vol Zurich-Londres. À l'hôtel, nous avons à peine le temps de défaire nos valises. Quelques séances de briefing avant que la première ministre passe un peu de temps avec les journalistes québécois qui l'attendent au pied de la colonne du duc d'York, à Waterloo Place. Kathleen Wynne devient chef du Parti libéral de l'Ontario. Elle sera assermentée comme première ministre dans les prochains jours. La première ministre lui parlera au téléphone en soirée pour la féliciter au nom du gouvernement du Québec.

Dimanche 27 janvier – Londres

Je commence la journée par un jogging dans les rues de Londres. Je me rends à Hyde Park, magnifique en ce matin ensoleillé. Bien qu'il soit tôt, les chevaux des écuries royales ont déjà battu la piste de sable qui entoure le parc. Je marche par la suite pour aller rejoindre un ami dans un club privé à Portman Square. Mon ami, Québécois installé en Europe depuis longtemps, est un banquier d'affaires très actif dans le secteur des technologies. Discussion sur la situation québécoise et sur l'état de l'économie en Europe pendant que sa petite fille joue au milieu du grand salon du club. J'adore Londres. Je m'y sens chez moi, peut-être même plus qu'à Paris. Bien sûr, en France il y a la langue qui nous rapproche immanquablement, mais sur le plan de la culture, des habitudes de vie, des affaires, nous sommes beaucoup plus proches des Anglais. On revoit les notes de l'allocution que doit prononcer demain la première ministre. Nous ne sommes pas satisfaits. Beaucoup de réécriture à faire. Le nouveau délégué du Québec met lui-même la main à la pâte pour s'assurer que le discours colle davantage aux attentes des gens d'affaires britanniques. Briefing pour la partie écossaise de la mission. En début de soirée, visite du nouvel édifice phare de Londres, The Shard, qui n'est pas encore ouvert au public. La technologie utilisée pour l'observatoire situé au dernier étage a été réalisée par des Québécois. Souper en soirée au Medlar avec la première ministre, le délégué du Québec à Londres, Marie et Marc-André. Le ministre Alexandre Cloutier et Andrée Corriveau, sa directrice de cabinet, nous ont rejoints. Cloutier s'ajoute à la délégation pour accompagner la première ministre à Édimbourg.

Lundi 28 janvier – Londres et Édimbourg

En matinée, visite des bureaux de Framestore, entreprise spécialisée dans les effets spéciaux. En point de presse, le président de l'entreprise annonce qu'il ouvrira un bureau à Montréal. Rencontre avec Alistair Burt, représentant du gouvernement britannique pour l'Amérique du Nord. Rencontre cordiale, polie, qui n'aura bien entendu aucune suite… Cela nous a tout de même permis de pénétrer dans les bureaux feutrés du gouvernement britannique, summum de classicisme et de bon goût. Une fonctionnaire du gouvernement du Canada était présente lors de cette rencontre. Discours de la première ministre devant la Chambre de commerce canadienne à Londres. Peut-être 150 ou 200 invités. On nous dit que c'est un succès. Je n'en sais rien. Madame rappelle la politique de son gouvernement, évoque sa volonté de faire du Québec un pays et parle surtout des possibilités d'investissement au Québec. Entrevue au *Financial Times*. Vol Londres-Édimbourg. Il pleut à l'arrivée en Écosse, on se dirige vers le centre sans pouvoir vraiment voir la ville à travers les glaces embuées. Hôtel Caledonian. Classique. Vue imprenable sur Edinburgh Castle. En soirée, nous soupons à l'hôtel avec une tablée d'intellectuels écossais. La première ministre souhaite évidemment parler de la situation politique en Écosse. Échange riche avec les participants. Ils ne se positionnent pas réellement quant aux chances de victoire du camp du Oui écossais. Ce qui ressort clairement, toutefois, c'est qu'ils sont tous pro-européens. *L'Écosse n'a pas été conquise, contrairement au Québec,* rappelle un intellectuel.

Mardi 29 janvier – Édimbourg

Jogging dans les rues d'Édimbourg au petit matin. On doit rencontrer aujourd'hui Alex Salmond, leader des indépendantistes écossais, chef du Scottish National Party et first minister. Notre passage à Édimbourg a été organisé autour de cette rencontre. Ce sera clairement un moment important, même si on fait tout pour ne pas le qualifier d'historique. La journée débute par une rencontre avec un groupe engagé dans le milieu des festivals à Édimbourg. C'est l'un des points communs entre Montréal et Édimbourg : deux villes qui vivent l'été au rythme de grands événements. Puis on traverse la ville en direction du parlement écossais, édifice ultramoderne. La première ministre rencontre d'abord la vice-présidente du Parlement. Les journalistes forment une sorte de haie d'honneur alors que la vice-présidente accueille la première ministre à l'extérieur de l'édifice. Un beau moment. Il y a un Parlement en Écosse seulement depuis 1999, c'est l'une des réalisations de Tony Blair. Il s'agit d'une concession énorme de la part de Londres. Le mouvement indépendantiste est toujours bien présent, même si une bonne partie de la population souhaite simplement plus de pouvoirs, ce qu'on appelle ici la dévolution. L'un des enjeux importants en Écosse concerne les redevances sur le pétrole devant revenir aux Écossais… En 1999, ils n'ont pas souhaité seulement un Parlement à eux, ils ont voulu un Parlement moderne comparativement à Westminster. Ils veulent favoriser l'échange plus que l'affrontement, ils donnent toute la place aux députés dans les commissions parlementaires en en excluant les ministres. Madame a ensuite un entretien avec la leader de l'opposition Johann Lamont, issue du Parti travailliste opposé à l'indépendance. La leader de l'opposition est sur les talons. *On ne se sent pas oppressé par Londres,* indique-t-elle. *Pour-*

quoi le Scottish National Party d'Alex Salmond veut-il l'indépendance ? Serons-nous plus forts séparés ? Qu'arrivera-t-il à l'Écosse dans l'Europe ? L'Écosse a déjà beaucoup de pouvoirs et il faut mieux les utiliser, notamment pour stimuler l'économie. Je suis assis juste à côté de Lamont. Elle a devant elle ses notes de briefing. Je peux y lire que Salmond parle apparemment du Parti québécois comme d'un *brother party*. Le SNP et le PQ ont une relation qui remonte loin dans le temps, mais c'est la première fois que leurs leaders sont au pouvoir au même moment. Lunch à l'extérieur du parlement avec des dirigeants de la société civile pour parler d'échanges commerciaux. Nous sommes autour d'une longue table rectangulaire. Certainement une trentaine de personnes. Par la fenêtre, durant le repas, je vois des gens jouer au golf. Nous retournons au parlement en fin d'après-midi. C'est le moment tant attendu. Après avoir pénétré dans l'édifice, nous sommes escortés vers le bureau du first minister. Malheureusement pour eux, et pour nous, les journalistes québécois n'ont pas accès au bureau du leader indépendantiste. En outre, l'entourage de Salmond n'a pas prévu de rencontre avec la presse à la suite de l'entretien avec la première ministre québécoise. Salmond nous reçoit dans son bureau. Le lieu est de taille modeste. On y aperçoit sa table de travail et un espace pour des rencontres en petit groupe. Nous sommes neuf autour de la table. D'un côté, le first minister entouré de deux conseillers. En face, la première ministre avec Stéphane Paquet, notre délégué à Londres, le ministre Cloutier et Marc-André Beaulieu. Je suis en bout de table et un autre conseiller de Salmond est face à moi à l'autre extrémité. Jean-Stéphane Bernard, sous-ministre adjoint aux Relations internationales à Québec, est également dans la pièce. Il n'y a pas de représentant du gouvernement du Canada. Il est 16 h 35. Après les échanges d'amabilité, Salmond interroge Madame sur Davos. Elle lui parle du potentiel d'investissements au Québec. Elle souligne les accords commerciaux que nous avons avec certains gouvernements régionaux comme celui de la Bavière en Allemagne. Elle lance l'idée de mettre en place une entente semblable avec l'Écosse. S'ensuit un échange sur les festivals, la culture. Salmond parle de technologies, de la place d'Édimbourg dans la nouvelle économie. *Nous pourrions faire des choses concrètes pour avancer ensemble là-dessus.* L'échange ne coule pas aussi bien qu'on le souhaiterait. C'est leur première rencontre. Ils semblent se chercher. Madame aborde la question du référendum. Ça fait six ans que le SNP est au pouvoir, mais seulement deux ans comme parti majoritaire. Un référendum sur l'indépendance de l'Écosse est prévu pour septembre 2014. *La politique change tout le temps,* avance Salmond en faisant référence au référendum sur l'Europe annoncé par Westminster. *Il faut voir l'effet de tout cela sur les autres pays européens. Cela peut avoir un impact sur notre situation.* Soudainement, on entend sonner la cloche du parlement. Les députés doivent retourner en Chambre, y compris le leader du SNP. Tout se précipite. Séance de photos, échanges de cadeaux. Salmond lance tout à coup l'idée d'une entente de coopération culture-économie entre les deux gouvernements. Les deux leaders s'animent. La première ministre lui souhaite la meilleure des chances pour le référendum, lui dit qu'elle est prête à collaborer d'une façon ou d'une autre s'il le jugeait opportun. On a conscience tout à coup de vivre quelque chose d'historique. Les deux leaders sont désormais plus détendus. Le courant passe enfin. Après cette rencontre de près d'une heure avec le first minister, on se dirige vers la salle des délibérations où la première ministre sera saluée chaleureusement par l'ensemble des députés du Parlement écossais.

Mercredi 30 janvier – Édimbourg, Paris, Montréal et Estérel

Le niveau de stress est élevé. Les conditions météorologiques empêchent les avions de décoller d'Édimbourg ce matin. Nous risquons de rater notre correspondance pour le vol d'Air France à Paris. Martin Carpentier, notre directeur des opérations, se démène pour trouver une solution avec son flegme habituel. On reçoit finalement la consigne de se rendre à l'aéroport. Carpentier a son téléphone vissé à l'oreille. Nous quittons Édimbourg avec quelques heures de retard. Dans l'avion, j'épluche mes magazines et regarde les journaux locaux. Plusieurs mentionnent le passage de madame Marois et sa rencontre avec le first minister. Beaucoup de retard. Air France a choisi de nous attendre. Notre arrivée à Paris sera donc spectaculaire. Notre petite délégation descend d'avion en toute vitesse et s'engouffre dans des voitures de fonction spécialement dépêchées pour nous au bas de l'escalier. Je me retrouve avec la première ministre et Marc-André à l'arrière d'une voiture. À l'avant, un chauffeur… et un douanier. Nous roulons à vive allure sur le tarmac. Le douanier vérifie les passeports dans la voiture. En quelques minutes à peine, on se trouve au pied de l'escalier du gros Airbus d'Air France en attente de la délégation québécoise. Arrivée à Montréal, puis souper à l'Estérel avec un petit groupe pour préparer le caucus de la rentrée.

Jeudi 31 janvier – Estérel

En arrivant au caucus des députés tôt le matin, je me rends compte que quelque chose ne tourne pas rond. Députés et ministres ont la face longue. Je réalise qu'à leurs yeux notre mission a été désastreuse. J'avais bien vu quelques titres de médias québécois en Écosse, mais je n'avais pas réalisé l'impact ici. La première ministre aurait donc été mal accueillie en Écosse. Elle serait même passée incognito au Parlement écossais. Elle se serait également ridiculisée dans une entrevue donnée à la BBC à cause de la piètre qualité de son anglais. Et Alex Salmond aurait tout fait pour ne pas être vu avec elle. Bref, nous nous serions complètement gourés. Tout cela me paraît nettement exagéré, même s'il faut bien admettre que la rencontre avec Salmond n'avait pas été aussi bien préparée qu'on l'aurait souhaité. Mais ce que j'en pense n'a pas importance. La cause est entendue : c'est un échec. Le midi, nous tenons un Conseil des ministres dans une salle de l'Estérel. J'imagine que c'est la première fois dans l'histoire qu'un Conseil se tient dans cet hôtel des Laurentides. Le secrétaire général du gouvernement et le greffier ont fait le trajet pour l'occasion. Le caucus dure toute la journée, les députés discutant des projets de la session parlementaire qui débutera dans les prochains jours. Souper avec les députés et les ministres.

Vendredi 1er février – Estérel et Danville

Le caucus reprend tôt le matin pour se terminer vers 11 h. Point de presse de la première ministre. Elle indique l'intention du gouvernement de déposer des documents d'orientation sur la laïcité d'ici l'été. Elle met en avant les priorités des prochains mois : poursuite de la lutte contre la corruption ; économie et création d'emplois ; électrification des transports. Je rentre par la suite à Danville alors que la première ministre se rend à Québec pour une rencontre avec Stephen Harper sur le financement du pont Champlain et l'Accord de libre-échange entre le Canada et l'Europe.

Lundi 4 février – Montréal

Rencontre de la première ministre avec les leaders étudiants en prévision du Sommet sur l'enseignement supérieur. Puis Madame reçoit Thomas Mulcair, chef du NPD, à nos bureaux. Les deux ex-ministres québécois se connaissent bien. Ils ont siégé ensemble à l'Assemblée nationale. Le respect de Madame à l'égard de Mulcair est probablement égal à celui qu'il a envers elle… Il souhaite parler de l'Accord Canada-Europe et de solidarité internationale. La première ministre aborde la question de l'assurance emploi et rappelle son profond désaccord avec le projet fédéral d'une commission des valeurs mobilières unique au Canada. Mulcair laisse entendre qu'il partage notre point de vue.

Mulcair : *Il faut se méfier du retrait fédéral de l'Afrique francophone.*

Madame : *Nous, si on le pouvait, on se substituerait au fédéral en Afrique, mais on n'a pas les moyens.*

Le chef du NPD affirme qu'il est contre l'intrusion du fédéral dans les champs de compétence des provinces et qu'il militera pour le retrait avec compensation des provinces. La première ministre ne commente pas. À la fin de la réunion, elle indique au chef du NPD que ce sera moi qui assurerai la liaison avec son cabinet. Je lunche seul avec Jean Lapierre au Café Ferreira, rue Peel. Lapierre est non seulement un chroniqueur politique influent, c'est aussi une personnalité éminemment sympathique à qui à peu près tout le monde a le goût de raconter ses secrets. Sa technique est bien simple, il parle beaucoup, beaucoup. Cela met l'interlocuteur en confiance. *Il me raconte tant de choses, je peux bien lui en dire un peu moi aussi,* semble se dire une bonne partie de la classe politique québécoise. On discute du Sommet sur l'enseignement supérieur. *Baissez les attentes. Vous avez plus à perdre qu'à gagner. Les médias ne vont s'intéresser qu'aux étudiants excités.* Il m'apprend qu'il prépare un livre sur le référendum de 1995 avec Chantal Hébert. Il s'interroge sur l'arrivée prochaine de Philippe Couillard comme chef du Parti libéral. *Ça ne lève pas. Couillard a toujours été un politicien plate.* Briefing de la première ministre en prévision de l'étude des crédits. Échange avec Sylvain Gaudreault à propos du pont Champlain en fin de journée. Gaudreault est considéré comme l'une des belles révélations du Conseil des ministres. Avec raison. Il prend son rôle au sérieux, sans se prendre trop au sérieux. Souper de famille pour les sept ans de Françoise.

Mardi 5 février – Montréal

Dès l'arrivée au bureau, conférence téléphonique sur les redevances minières avec Nicolas Marceau. La première ministre est en ligne. L'équipe des Finances devrait avoir des scénarios à nous proposer d'ici deux semaines. La pression est forte. Le Parti québécois s'est engagé sans ambiguïté à augmenter les redevances que doivent payer les minières. En même temps, le prix des métaux a baissé et beaucoup de minières sont actuellement dans une situation financière délicate. Chaque semaine, j'échange avec des représentants de minières sur la suite des choses. Tout le monde est nerveux. Bien souvent, les dirigeants québécois ont des patrons à Londres, aux États-Unis ou en Asie, et ils ont beaucoup de mal à leur expliquer la position du gouvernement. Le temps joue contre nous. Nicolas Marceau prévoit procéder à une mise à jour économique à la fin mars ou au début avril et il souhaite être fixé sur les redevances. La première ministre l'invite à travailler avec les Ressources naturelles pour faire avancer le dossier. On discute d'un forum qui réunirait tous les groupes intéressés par la question des redevances quelque part à la fin mars. Le gouvernement trancherait par la suite. Marceau avance quelques principes : toutes les minières doivent payer des redevances ; le montant des redevances actuelles doit augmenter ; lorsque les minières font des profits très importants, le gouvernement doit en profiter. La première ministre révise le discours en préparation pour le Conseil national du Parti du week-end prochain. Rencontre en fin d'après-midi avec Élaine Zakaïb sur la création de la Banque de développement du Québec.

Mercredi 6 février – Québec

Conseil des ministres. Hubert Bolduc fait une présentation devant les ministres sur les meilleures pratiques en matière d'annonces gouvernementales. Ginette Galarneau remplace Madeleine Paulin au Secrétariat aux emplois supérieurs. Madame Paulin prend sa retraite. Petite femme énergique et volontaire, elle aura été d'une aide précieuse dans l'évaluation des hauts dirigeants de l'État. Ginette Galarneau, qui lui succède, connaît bien Madame et Nicole pour avoir été responsable dans les années 1990 de comités ministériels proches de madame Marois. Je reçois un appel concernant des coupes que nous aurions faites dans les centres de recherche en santé. Je vérifie auprès de la Santé, puis des Finances. Je n'ai pas de réponse claire. Il y a parfois des décisions dans les ministères qui passent complètement sous le radar. Rencontre avec les Finances au sujet du financement des universités. Je soupe au restaurant avec un ami en relations publiques. Il me fait part de sa vision pas vraiment positive du gouvernement. J'essaie de ne pas trop déprimer.

Jeudi 7 février – Québec et Montréal

Nicole Stafford et moi rencontrons Harold Lebel du cabinet du whip pour parler de la situation de quelques députés. Il y a des malheureux et on esquisse un plan de match pour les récupérer. Rencontre avec St-Gelais pour discuter du fonctionnement des comités ministériels. On doute de l'efficacité de plusieurs comités. C'est comme si les ministres évitaient d'aller au fond des dossiers alors que c'est justement le rôle de ces comités. Je reçois un appel de Jean-François Lisée. Il ne comprend pas notre réaction à la suite de sa sortie au sujet de l'ACDI. C'est que le gouvernement fédéral a récemment annoncé des coupes majeures dans les programmes de soutien à l'aide internationale, et Lisée a déclaré publiquement que Québec allait prendre la relève. La première ministre s'explique mal qu'il se soit avancé sur une telle question sans consulter personne. Il est déçu de la tournure des événements. *Je veux avoir une bonne relation avec Pauline. Je sens bien qu'il y a des tensions, mais ce n'est pas ce que je veux. Je veux aider. Je ne veux pas être un problème.* Appel de Daniel Cruise d'Alcoa, que j'ai rencontré à Davos. Il me fait état d'une situation dangereuse dans leur usine de Bécancour. La relation avec le syndicat est compliquée et on craint de devoir fermer une partie de l'usine et mettre à pied entre 150 et 200 employés d'ici le week-end... Je mets immédiatement Patrick Lahaie dans le coup. Au sein du cabinet de la première ministre, c'est Patrick qui cultive depuis des années la relation avec les syndicats. Il décroche son téléphone et amorce le travail.

Vendredi 8 février – Montréal et Drummondville

Petit-déjeuner au Vasco de Gama, rue Peel à Montréal, avec Jean Simard de l'Association de l'industrie de l'aluminium. Le tarif préférentiel pour les grandes entreprises ne serait plus concurrentiel. Je l'ai entendu à Davos. Je l'entends à nouveau ce matin. Il a plusieurs propositions pour relancer les grands projets au Québec. On convient de chercher ensemble un moyen de faire avancer les choses. Après-midi sur des dossiers du ministère de l'Emploi avec Agnès Maltais, puis on se déplace vers Drummondville pour un Conseil national du Parti. La situation chez Alcoa à Bécancour est rentrée dans l'ordre. Une affaire réglée.

Samedi 9 février – Drummondville

Réunion matinale à l'hôtel, dans la chambre de la première ministre, avec Martine Ouellet, Patrick Lahaie et moi. Martine veut parler des redevances minières. Elle trouve que les Finances la talonnent. Madame lui dit qu'elle ne peut pas travailler seule et qu'elle doit collaborer avec les Finances car le régime minier a des impacts fiscaux. *On va dire aux Finances de se calmer le pompon,* lance la première ministre comme pour détendre l'atmosphère. On peut maintenant poursuivre notre journée. Après un bref caucus des députés, les gens filent à la salle de conférences retrouver les militants, alors que Nicole, Gobeil et moi retournons à la chambre avec Madame pour réviser le discours qu'elle devra prononcer dans quelques minutes devant les 400 délégués du Parti. Nous entendons, au-dehors, les cris de ralliement de manifestants postés devant le Best Western. Madame s'approche de la fenêtre. Entrouvre le rideau. Elle lit : *Marois, réveille-toi!*

Elle sourit. Reprend la lecture à haute voix d'un discours très dur envers l'opposition libérale qui, elle le sait, sera acclamé dans quelques minutes par les militants. Souper en soirée au resto À la bonne vôtre, rue Lindsay, juste derrière l'église Saint-Frédéric. Pour la première ministre, difficile de passer inaperçue.

Dimanche 10 février – Drummondville et Danville

Dernier jour du Conseil national. Madame doit prononcer un autre grand discours ce matin. Mais avant, les militants sont réunis dans la salle surchauffée pour discuter de différentes propositions. Madame est en furie. Sous l'impulsion des jeunes du Parti, le Conseil national vient d'adopter une résolution ambiguë sur les droits de scolarité. Elle est convaincue que la partie a été mal jouée et que dorénavant la position du gouvernement sera jugée contraire à celle du Parti. On la rassure du mieux que l'on peut. On forge avec elle une position qui lui permettra de marcher sur l'eau sans se mouiller. Au bout d'une trentaine de minutes, elle est plus sereine. La crise est passée. Après son discours devant les militants, les médias retiennent que la première ministre veut mettre le cap sur la souveraineté et qu'elle entend foncer sur la question de la laïcité. Simone fête son dixième anniversaire.

Lundi 11 février – Montréal

Petit-déjeuner avec un avocat spécialisé dans les questions de gouvernance. Il a beaucoup réfléchi à la protection des sièges sociaux. *Il faut compliquer les rachats d'entreprises publiques par des entreprises étrangères. C'est possible.*

D'autres gouvernements l'ont fait. Je me dirige par la suite au cabinet du ministère des Finances, au Centre de commerce mondial dans le Vieux-Montréal. Jean St-Gelais est avec moi. Les Finances nous présentent un projet conçu pour promouvoir la recherche pharmaceutique. Nous sommes tous les deux sceptiques quant à l'efficacité de la mesure. Je reçois un appel étonnant concernant le pont Champlain. Une source se disant proche du gouvernement fédéral m'explique que le Canada souhaitait céder le pont à Québec, mais que le gouvernement Charest a refusé. Puis l'homme critique le travail des fonctionnaires du ministère des Transports du Québec. *Ce ne sont pas des visionnaires.* Là-dessus, je suis bien prêt à le croire. Madame rencontre la CSN, puis l'ASSÉ en prévision du Sommet sur l'enseignement supérieur. À 15 h 30, la première ministre reçoit le PDG d'Hydro-Québec, Thierry Vandal, pour discuter des priorités de la société d'État. Vandal est probablement le premier surpris d'être encore en poste. Comme il est réputé proche des libéraux, les observateurs ne donnaient pas cher de sa peau après l'élection du Parti québécois. Madame n'a pas cet instinct de vengeance. Vandal n'est pas un nouveau venu. Il évolue au sein d'Hydro depuis vingt ans. C'est un professionnel. Il est parfaitement préparé pour sa rencontre avec la première ministre. Il salue les « bonnes décisions » de la première ministre concernant la fermeture de Gentilly et l'arrêt du programme des minicentrales. Il expose le plan financier d'Hydro et l'avancement de son plan de réduction des dépenses. Madame s'inquiète de l'impact en région de ces coupes avant de l'interroger sur l'électrification des transports. Elle veut un plan « choc ». Il promet de s'y engager. Sur la question des surplus d'électricité, Vandal croit que notre défi est d'abord la distribution. *La moitié de l'énergie en Amérique du Nord, c'est encore le charbon.* Il présente un immense projet qui permettrait à Hydro-Québec de rendre disponible un bloc majeur d'énergie directement à la ville de New York. Il ajoute que cela n'affecterait en rien notre capacité à réaliser de grands projets. *On a de l'énergie sans problème pour de grands projets dans l'avenir, y compris de nouvelles alumine-ries.* Pour ce qui est du tarif offert aux grandes entreprises, Vandal comprend les critiques de l'industrie mais soutient que nos prix sont encore avantageux.

Mardi 12 février – Québec

Début de la session parlementaire d'hiver. Rencontre heb-domadaire avec les officiers parlementaires. Échange sur l'état d'esprit du caucus et l'agenda de la semaine. Caucus des députés à 11 h 30. Période de questions à 14 h. Rencontre de la première ministre avec Stéphane Bédard sur les investissements en infrastructures. Je passe voir Sté-phane Dolbec dans son bureau à la fin de la journée. Stéphane, c'est la mémoire du Parti québécois auprès de ses différents chefs. Il est là depuis le retour de Jacques Parizeau à la fin des années 1980. Stéphane est aussi la force tran-quille du cabinet en quelque sorte. C'est vers lui que la pre-mière ministre se tourne lorsqu'elle s'interroge sur la marche à suivre. Immanquablement, Stéphane commen-cera alors sa phrase en disant : *Si on suit le grand livre…* C'est que Stéphane connaît tous les codes et habitudes et a donc son idée sur la façon dont un chef doit agir dans telle ou telle situation. La première ministre le taquine beaucoup avec cela. *Stéphane, qu'est-ce que nous dit ton grand livre là-dessus ?* Au cabinet, il a une petite équipe de trois colla-borateurs qui l'aident à préparer les périodes de questions et à suivre les dossiers dans les différents ministères.

Mercredi 13 février – Québec

Petit-déjeuner avec Esther Gaudreault, du cabinet de Pierre Duchesne, pour parler du Sommet sur l'enseignement supérieur. Que souhaitons-nous comme résultats à l'issue de l'exercice ? Souhaitons-nous sauver les meubles ou vraiment marquer le coup et signifier un nouveau départ dans les relations entre le gouvernement et les étudiants ? Jour de Conseil des ministres.

Jeudi 14 février – Québec

Jean-François Lisée a le don d'exaspérer ses collègues en commentant longuement et avec délice tous les sujets qui font l'actualité. Les journalistes apprécient ses reparties, ses bons mots et en redemandent, ce qui ne fait qu'accentuer son penchant naturel pour la lumière. De telles situations l'amusent. On s'adresse à lui pour un commentaire, pourquoi décevrait-il en s'abstenant de répondre ? C'est que Lisée a une conscience aiguë de sa valeur qui le place au-dessus de la mêlée. C'est à la fois un atout et un risque important pour lui. On comprendra qu'il n'y a là rien pour le rendre populaire auprès des députés de son Parti. Mais Lisée surprend toujours, et savoir surprendre demeure une immense force en politique. Rencontre avec Réjean Hébert, ministre de la Santé, et sa directrice de cabinet à la fin de la journée. Comme souvent, c'est assez tendu. Hébert n'admet pas facilement que l'on puisse remettre en question ses projets. C'est un idéaliste qui refuse de voir les contraintes du monde politique. Cela peut être un avantage, mais dans un contexte financier difficile et au surplus dans un gouvernement minoritaire, il faut savoir faire preuve de flexibilité. Cette fois-ci, ce sont les agences de la santé qu'il souhaite réformer. Nous sommes bien d'accord, mais il sera impossible de mener à terme de tels changements avant les élections. Le risque politique est trop important.

Vendredi 15 février – Montréal

Madame répète un discours dans son bureau de Montréal. Nous sommes quelques-uns à écouter et commenter. Un télésouffleur a été installé pour l'occasion. Elle se retrouvera à midi devant 600 personnes du monde économique réunies par le journal *Les Affaires*. Elle veut marquer le coup. La rédaction d'un discours au cabinet suit une séquence bien établie. D'abord, confirmation dans l'agenda. Un discours qui n'est pas encore calé à l'agenda de la première ministre n'existe pas. Une fois qu'il y est inscrit, la préparation peut commencer. En général, on se réunit d'abord à quelques-uns pour établir les objectifs. Des conseillers spécifiques sont alors requis. Par exemple, s'il s'agit d'un discours sur la santé, Marie-Christine Filion de l'équipe de Stéphane Dolbec y sera mêlée. C'est elle qui fera le lien avec le cabinet du ministre et suivra toutes les étapes de la rédaction. Une fois la séance de briefing initial terminée, Stéphane Gobeil ou son acolyte Claude Villeneuve rédigent une première version. Un texte martyr. Il en est déjà à sa deuxième ou troisième version lorsqu'il est acheminé à la première ministre pour commentaires. Le plus souvent, celle-ci fait ses remarques oralement dans le cadre d'une rencontre où nous sommes quelques-uns avec le rédacteur. D'autres versions circulent encore avant que la première ministre ne procède à une nouvelle lecture. S'il s'agit d'un discours majeur, elle le lit devant nous avec télésouffleur. Elle demande alors de nouveaux ajustements et chacun fait ses commentaires. Les modifications ainsi apportées viennent polir le texte, arrondir certaines angles, préciser le message. Dans la bouche d'une première ministre, la modération a souvent bien meilleur goût… On doit donc s'assurer que le discours atteindra sa cible sans soulever de débats inutiles. S'il s'agit d'un discours de moindre envergure, elle le lit à voix haute en réunion et elle donne ses indications. Le texte entre dans sa phase finale, qui inclut une pointilleuse révision linguistique. Puis, le matin même du discours, parfois juste avant que Madame n'entre en scène, de nouveaux changements sont apportés. Si bien qu'on se demande parfois si c'est vraiment la dernière version qui se trouve dans le télésouffleur.

Lundi 18 février – Montréal

« Électrification des transports : Marois veut un vrai pôle économique », titre *La Presse*. Martine Ouellet et Bernard Lauzon viennent me rencontrer au cabinet de Montréal. Je les reçois dans mon bureau dénudé aux chaises dépareillées. Ce bureau fantôme que j'occupe seulement quelques minutes par semaine entre deux réunions me sert surtout à m'isoler pour parler au téléphone. Lauzon était le conseiller économique de Jacques Parizeau avant d'entrer dans la fonction publique au milieu des années 1990. Il est aujourd'hui haut fonctionnaire aux Ressources naturelles. Lui et Martine Ouellet viennent discuter du dossier des redevances minières. Lauzon a fait ses propres calculs et projections et il me présente le résultat de ses recherches à la manière d'un professeur d'université. Ses résultats sont très différents de ceux des Finances. Je me dis qu'il faut quand même être culotté pour faire soi-même des projections qui viennent contredire celles de la batterie d'experts du ministère des Finances. J'admire l'audace, mais je ne vois pas très bien à quoi rime tout ça. J'ai Françoise Bertrand au téléphone. Présidente de la Fédération des chambres de commerce du Québec, elle est certainement l'une des femmes les plus influentes du monde économique québécois. Elle connaît tout aussi bien le fonctionnement et les besoins des entreprises que ceux des gouvernements. On discute du dossier des redevances. Elle veut s'assurer que le point de vue des entreprises sera bien pris en compte dans nos décisions.

Mardi 19 février – Québec

La première ministre reçoit Pierre Duchesne et son équipe qui l'informent des derniers développements dans le dossier du Sommet. Madame veut comprendre les nœuds, évaluer sa marge de manœuvre, savoir sur qui elle pourra réellement compter. Madame a l'expérience de ce type d'exercice et elle sait à quel point il faut bien comprendre où se situe chacun des intervenants autour de la table sur les différents enjeux si on veut créer des consensus. Elle se rappelle la commission Bélanger-Campeau, une initiative de Robert Bourassa à laquelle elle a participé au début des années 1990, et aussi le grand Sommet sur l'économie et l'emploi de Lucien Bouchard après le référendum de 1995. Chaque fois, il a fallu de la patience, du travail, du leadership pour arriver à un résultat. On se partage les appels à faire d'ici le Sommet. Patrick Lahaie s'occupera des fédérations étudiantes et des syndicats. Je me charge du milieu économique. Esther Gaudreault fera le lien avec les recteurs. Rencontre avec les officiers avant le caucus des députés. Mathieu Traversy, député de Terrebonne et whip adjoint, nous fait bien rire en racontant comment il a laissé passer une motion de l'opposition sans s'en rendre compte. *J'ai eu l'air d'une sœur dont le couvent venait de passer au feu. J'étais comme la juge brésilienne qui s'est trompée de piton aux Jeux olympiques.* Dans l'hilarité générale, il lance : *Non, non, Dominique va noter ça dans son cahier...* Après la période de questions, je rencontre les représentants de l'industrie des éoliennes avec Guillaume Fillion, conseiller au sein du cabinet. Guillaume, qui était de l'équipe de l'opposition sous Boisclair, suit ces questions depuis des années. L'industrie nous dit qu'elle a besoin de se faire octroyer de nouveaux mégawatts pour maintenir les emplois dans les usines de fabrication, principalement dans le Bas-Saint-Laurent et en Gaspésie. La démonstration est claire, mais donne à réfléchir. Au départ, l'idée était de soutenir l'émergence d'une industrie forte qui serait par la suite bien placée pour exporter son savoir-faire et ses produits sur les marchés internationaux. Force est de constater qu'elle n'y est pas encore parvenue et qu'elle demeure dépendante du gouvernement.

Mercredi 20 février – Québec

En marge du Conseil des ministres, Martine Ouellet me reparle des prévisions des Ressources naturelles sur les redevances minières. C'est comme une histoire sans fin. Je pense à Sisyphe. Bernard Drainville avance dans le projet de charte de la laïcité. On s'interroge sur le *timing*. À quel moment serait-il judicieux d'aller de l'avant ? C'est un sujet majeur pour un gouvernement minoritaire. Drainville commence à faire circuler des textes. Après le Conseil, je parle avec Michel Leblanc de la Chambre de commerce de Montréal. Il ne comprend pas pourquoi il ne sera pas autour de la table du Sommet sur l'enseignement supérieur. Je tente une réponse, mais je ne me trouve moi-même pas très convaincant. Je discute avec Yves-Thomas Dorval du

Conseil du patronat en fin de journée : redevances minières ; Sommet sur l'enseignement supérieur ; industrie éolienne. Nicolas Marceau vient présenter les grandes lignes de la mise à jour économique qu'il prépare. La situation est précaire. En soirée, le personnel politique des cabinets, probablement quelques centaines de personnes, est convié dans un amphithéâtre pour un rendez-vous avec la première ministre. Nous sommes dans notre opération de resserrement. Nicole prend la parole pour insister sur l'importance de la collaboration entre cabinets, de la solidarité, du respect du plan de match du gouvernement. La première ministre rappelle les grandes lignes de son action. On sera par la suite une quinzaine de collaborateurs à souper avec Madame.

Jeudi 21 février – Québec

À la demande de la première ministre, on organise un comité ministériel sur la Gaspésie. Madame tranche la question des éoliennes. Nous irons de l'avant avec l'octroi de 700 nouveaux mégawatts en mettant l'accent sur la Gaspésie et le Bas-Saint-Laurent. Vol Québec-Montréal avec la première ministre, Nicole, Marie Barrette et Maka Kotto.

Vendredi 22 février – Montréal

Petit-déjeuner seul à seul avec le président du Conseil du patronat. Il me fait part de ses frustrations. Je tente de désamorcer du mieux que je peux. Il se désole du processus ayant mené au Sommet. *Nous avons été constructifs. Nous avons été actifs et nous le serons encore lundi et mardi au Sommet. Mais les gens d'affaires se sentent mis dans le coin.*

Ils pensent que les cartes sont jouées en faveur des étudiants. On comprend que l'objectif du gouvernement est de retrouver la paix sociale, mais à quel prix ? Yves-Thomas Dorval critique aussi la consultation sur la politique industrielle menée par la ministre Zakaïb. Plus tard, je me retrouve dans un café Second Cup de la rue Sainte-Catherine avec Éliane Laberge, présidente de la Fédération étudiante collégiale, à l'initiative de Patrick Lahaie. Il souhaite simplement que nous fassions connaissance avant le Sommet de lundi. Éliane me fait part des revendications de son groupe. Je sens que le dialogue est possible et qu'elle souhaite elle aussi que le Sommet se passe bien. Je me dis que tout n'est pas perdu. Valery et moi terminons la soirée avec une amie dans un nouveau restaurant de la rue Notre-Dame Ouest. On rêvasse autour de projets d'entreprise. Lorsque je veux m'évader un peu, c'est souvent en planchant sur des projets de start-up que je le fais. C'est devenu une façon pour moi de penser le monde différemment.

Samedi 23 février – Danville

Jean-François Gibeault, directeur de cabinet de Nicolas Marceau, m'appelle pour parler de la question des redevances minières. Il est découragé et ne voit pas très bien comment on va s'en sortir. Il souhaite que la première ministre impose sa décision.

Dimanche 24 février – Danville et Montréal

Je me rends à l'Arsenal, rue William, en début de soirée afin de voir les installations pour le Sommet. Nous mettons de l'ordre dans nos messages et revoyons le rôle de chacun.

Nous sommes une bonne quinzaine autour de la table, incluant des fonctionnaires et du personnel politique. Nicole Stafford vient nous rejoindre. Nous reparlons des grandes conclusions attendues pour chacun des thèmes qui seront abordés pendant les deux journées. Nous faisons des ajustements. Chacun sait bien que tout peut arriver, mais nous tentons quand même de prévoir. Évaluer les risques devient une deuxième nature pour nous. Des dérapages sont possibles. La réaction du mouvement étudiant représente toujours un élément de risque. Les jeunes pourraient-ils quitter le Sommet si les choses ne vont pas comme ils le souhaitent ? Y aura-t-il de la division entre les différents groupes étudiants ? Que vont faire les groupes plus radicaux autour de l'ASSÉ ? Du côté des recteurs des universités, il y a également de l'inconnu. Nous les savons nerveux, exaspérés. Bref, en quittant l'Arsenal en fin de soirée, nous nous disons que tout n'est pas joué.

Lundi 25 février – Montréal

J'arrive à l'Arsenal très tôt le matin. C'est la consigne que nous avons reçue des équipes de sécurité. Je suis avec Nicole. Au départ, nous n'étions pas tout à fait convaincus du choix de l'Arsenal pour la tenue du Sommet. Beaucoup de personnes insistaient pour que le Sommet se tienne à Québec, à bonne distance du foyer des manifestations étudiantes du printemps 2012. Puis la sécurité était sur les dents car l'Arsenal est isolé et il y a des risques de prise en souricière dans les rues avoisinantes. De plus, l'évacuation de la première ministre constituerait un enjeu advenant des affrontements violents à l'extérieur. On se rend dans une salle privée à la disposition de la première ministre. Nous revoyons les notes de Madame et du ministre Duchesne. La sous-ministre Christine Tremblay est sur place de même que de nombreux conseillers politiques. Geneviève Masse, secrétaire du ministère de Pierre Duchesne, assure la coordination générale. Hubert Bolduc est aux commandes pour les communications gouvernementales. La première ministre a hâte que ça débute. Il y a beaucoup de journalistes présents. Ils ne savent pas trop à quoi s'attendre. Près d'une centaine de personnes prennent place autour de la grande table. Madame entre dans la salle sous les applaudissements, le Sommet peut débuter. Nicole a un siège à côté de la première ministre. Il y a de longs tours de table sur les différents sujets abordés. Madame prend des notes, beaucoup de notes. C'est sa façon de suivre les débats et d'opérer peu à peu une synthèse dans son esprit. Parfois elle frétille sur sa chaise. *Est-ce que je peux intervenir ? Là il faut que je clarifie un certain nombre de choses pour qu'on ne bloque pas inutilement.* Madame saute dans la mêlée. La salle répond bien. Elle interviendra à plusieurs reprises pour bien cadrer les discussions. Vers 16 h 20, je reçois un bilan inquiétant de la sécurité. Environ 150 manifestants sont en marche vers l'Arsenal. Quelques-uns sont clairement identifiés comme membres d'un groupuscule extrémiste. Les policiers ont leur plan d'intervention. À 16 h 50, la manifestation est déclarée illégale. Il y a aussi du mouvement au centre-ville et les policiers ont dû donner à des ordres de dispersion. En milieu de soirée, c'est autour de la table du Sommet que la tension monte. Sur la proposition d'indexer les frais de scolarité, personne n'appuie la position gouvernementale. On commence à s'inquiéter. Il ne faut pas terminer la journée en laissant une impression de fermeture, de rigidité. La première ministre semble pourtant vouloir clore le débat. Je crains qu'on ne provoque la fin prématurée du Sommet. Je me mets à la place des étudiants. Pourquoi seraient-ils au rendez-vous demain matin si la question des frais de scolarité est réglée dès ce soir ? Je crois qu'il faut laisser porter jusqu'à demain. Je suis seul à défendre cette position. La première ministre et Duchesne sont convaincus qu'il faut annoncer clairement le choix du gouvernement dès maintenant. Nicole hésite. Je parle à l'oreille de l'un et de l'autre car le Sommet est toujours en cours et les trois sont à la table. J'insiste. Ce serait une erreur d'imposer dès ce soir l'indexation des frais de scolarité. Pourquoi les étudiants accepteraient-ils l'indexation si elle ne fait pas partie d'un règlement global, s'il n'y a pas une vision d'ensemble ? Je crois avoir convaincu Nicole. Elle en parle à son tour à la première ministre. Les minutes passent. Je reviens auprès de Nicole. Elle me dit : *Installe-toi entre Pauline et moi et explique à nouveau ta position.* L'impatience de la première ministre est palpable. Ai-je raison ? Suis-je trop insistant ? Je me retire à l'arrière sans savoir ce que Madame retient. Nous sommes à la toute fin de la journée. Un dernier tour de table avant d'ajourner jusqu'au lendemain. Duchesne prend la parole. Il conclut sans conclure. Tout est encore possible. La première ministre parle ensuite. *Sur l'indexation, nous n'avons pas complètement convaincu. C'est pourquoi nous allons y revenir demain.* En soirée, le chroniqueur Jean Lapierre commente le Sommet : *Mon impression est que madame Marois est en train de gagner son pari. Malgré tout ce qu'on dit, malgré le millier de protestataires, il n'y a plus de grande mobilisation étudiante. Les associations étudiantes sont divisées. Personne n'a claqué la porte. On veut surtout la paix sociale. C'est ce qu'on a reproché à l'ancien gouvernement. Madame Marois réussit à calmer le monde. Elle a gardé des contacts personnels avec la plupart des intervenants qui n'ont pas osé lui claquer la porte. Elle est plus en contrôle que le dernier gouvernement ne l'était.*

Mardi 26 février – Montréal

Dans la voiture, en me rendant à l'Arsenal, je me dis que la politique est une forme de contrition permanente. Il faut résister à la tentation de se faire plaisir. C'est l'art de la retenue. Celle qui permet, au moment opportun, de trouver la voie de passage, le bon ton, la solution qui paraîtra aller de soi. Deuxième et dernière journée du Sommet. Je crois qu'on peut en ressortir avec une entente qui ralliera tout le monde. La journée d'hier a démontré qu'on pouvait y arriver, qu'il était possible de discuter calmement et que chacun était prêt à faire des compromis. On est bien loin du printemps 2012. Le gouvernement Charest avait exacerbé les tensions. Son entêtement aura provoqué l'une des pires crises sociales que le Québec ait connues. C'est pourtant la chronique d'une dérive ordinaire. D'abord on croit qu'on fait la bonne chose, puis ça soulève un tollé. On se dit que ça va passer, on va expliquer davantage son point de vue. Puis la grogne monte sérieusement. On s'entête. On se dit qu'il ne faut pas céder car on aura l'air faible, puis c'est l'escalade. On finit par se convaincre qu'en définitive cela pourrait même être favorable politiquement : le gouvernement aura démontré qu'il a des principes et qu'il est déterminé. Une dérive ordinaire, je disais. Mais celle-ci s'est faite sur le dos des étudiants et a brisé notre société en deux. Pour ou contre les étudiants ? Au final, tout le monde a perdu. Toujours est-il qu'en ce début 2013, une première ministre se met à table sous l'œil des caméras, pratiquement sans filet, et tente d'en venir à une solution raisonnable pour les étudiants, pour le gouvernement et pour tout le réseau universitaire. La journée sera encore difficile. Patrick Lahaie fait la navette entre les étudiants, les syndicats et nous. Esther Gaudreault s'assure du soutien des recteurs. Plusieurs conseillers politiques de Duchesne sont présents et font le travail. Hubert Bolduc assure la coordination des messages du gouvernement. On fait plusieurs avancées. On peut en arriver à une entente globale. À la fin, les choses se corsent, la Fédération étudiante universitaire a des questions techniques entourant l'indexation. Je consulte Jean St-Gelais et Esther Gaudreault pour être certain de bien comprendre l'enjeu. Patrick Lahaie est nerveux. Les conseillers de Duchesne aussi. J'en parle à la première ministre. Elle me dit d'aller les rencontrer. Patrick Lahaie me conduit dans un salon réservé par les étudiants. Nous sommes quatre. Je leur dis les choses telles qu'elles sont. *Vous n'êtes pas obligés de vous réjouir, mais je vous demande de nous appuyer.* À la phase finale du débat, lors du dernier tour de table, les choses tombent une à une en place. Lorsque Martine Desjardins de la Fédération étudiante universitaire prend la parole, on retient tous notre souffle. Elle fait état des gains du Sommet et elle passe sous silence la question de l'indexation. C'est terminé. Le Sommet vient d'accoucher d'une entente globale, incluant l'indexation des frais de scolarité et ouvrant la voie à des échanges futurs dans des chantiers de travail qui permettront d'asseoir à la même table le gouvernement, les associations étudiantes et les représentants du monde universitaire. Beaucoup prévoyaient un échec et ont dû se rendre à l'évidence : la magie a opéré. Je suis fier de la première ministre. Madame a été magistrale. Elle a livré ces deux journées de Sommet avec une intensité, une patience, une intégrité et une écoute qui l'honorent. Elle a fait l'événement.

Du 27 février au 5 juillet

Difficultés à l'aide sociale et dans les centres
de la petite enfance / Montée du taux
d'insatisfaction / Débat sur les redevances
minières / Charte des valeurs québécoises /
Mission au Mexique / Loi spéciale dans
la construction

Mercredi 27 février – Montréal

La Caisse de dépôt et placement annonce ses résultats. Globalement positifs. Une directrice de cabinet m'appelle pour me faire part des difficultés de sa ministre. La liste de doléances est longue. Je lui dis de tenir bon. Discussion avec St-Gelais concernant l'aluminium. Des analystes prévoient encore une dépréciation du secteur et doutent de la rentabilité à moyen terme. L'impact au Québec serait énorme. Les Chinois et les Russes produisent de l'aluminium à perte en ce moment pour soutenir l'emploi, et ça fragilise tout le marché. Je vois Alexandre Taillefer pour parler du Musée d'art contemporain dont il préside le conseil d'administration. Il a un plan de match afin de relancer le musée. Son optimisme est contagieux. Il caresse aussi un projet de réaménagement et d'agrandissement du musée. Appel d'un journaliste : *Si t'as des histoires, appelle-moi. On crève de faim. On est comme des mouettes à la sortie du restaurant, pis il y a plus de frites à terre.*

Vendredi 1er mars – Montréal

Discussion avec Pierre Châteauvert, directeur de cabinet au Travail, concernant l'entreprise forestière Résolu. La situation semble déraper sur la question du régime de retraite. Ça craque d'ailleurs de partout dans les régimes privés de retraite et le gouvernement se trouve souvent dans l'obligation d'intervenir. Ne serait-ce que pour des raisons morales parfois. Dernier jour avant les vacances. J'ai déjà un peu la tête ailleurs. Je me rends à la Maison de la presse faire provision de magazines. Un vrai bonheur. Ils symbolisent l'évasion. J'adore les regarder, les feuilleter, les humer, les soupeser, les regarder encore, puis les lire. Je débute par les éditions britanniques de *Vogue* et de *GQ*. Les numéros de mars sont spectaculaires. Puis je ramasse le dernier *Economist* et quelques français, *L'Express, Paris Match, Le Figaro Magazine*. On complète avec *Monocle* et *Vanity Fair*. Nous sommes prêts.

Samedi 2 mars – Danville

« Québec coupe en catimini dans l'aide sociale ». Titre d'un article du *Devoir* sous la plume de Marie-Andrée Chouinard. Ça commence bien les vacances.

Lundi 4 mars – Sunday River

Quelques jours de ski dans le Maine avec les enfants pour la relâche. Je lis un dialogue sur la politique entre François

Hollande et Edgar Morin. Ce petit livre m'inspire. Qu'est-ce qui doit être changé dans la société ? De quel type de changements parlons-nous ? Comment allons-nous y parvenir ? Dans les conditions du changement, que devons-nous d'abord changer en nous-mêmes ? Qu'est-ce qu'il faut libérer dans notre société et que devons-nous contraindre ? Conditions de ski de fin de saison. Il n'y a pas beaucoup de monde sur la montagne. On se déplace d'un sommet à l'autre à la recherche de sous-bois. Rien n'amuse plus les enfants que les sentiers ombragés semblant ne mener nulle part. Elles ont de la chance. Leur père aussi aime courir des risques. Parfois.

Jeudi 7 mars – Sunday River et Danville

Premier Conseil des ministres que je rate depuis septembre 2012. À l'hôtel, j'esquisse des modèles d'affaires dans mon carnet. Quelques projets d'entreprise. Je dessine des organigrammes. L'entrepreneur est toujours là. Retour à Danville.

Samedi 9 mars – Danville

Mon père vient entailler un érable juste à côté de la maison de campagne. Les enfants observent la scène avec attention. On fait une marche avec le chien dans le rang. Un ruissellement remonte à la surface de la route de terre. Le printemps est en chemin.

Mardi 12 mars – Québec

8 h. La première ministre a souhaité nous rencontrer, St-Gelais, Nicole et moi, pour faire le tour des dossiers. Elle est d'attaque. Redevances minières ; Pétrolia, Enbridge ; finances publiques ; aide sociale. Souper avec la première ministre et quelques conseillers externes. On parle beaucoup de souveraineté. Chacun cherche la façon de relancer le débat, de susciter l'appétit. *L'indépendance économique amènera l'indépendance politique,* lance un participant. La formule fait mouche. Je prends quelques photos de Québec la nuit à partir de l'appartement de fonction de la première ministre. Ce soir, on voit particulièrement bien les lumières de la ville.

Mercredi 13 mars – Québec

Nous ne sommes maintenant qu'à quelques jours du Forum sur les redevances minières. Rencontre avec les ministres et sous-ministres concernés. Conseil des ministres. Il y a de la tension autour de la table. C'est comme s'ils commençaient à réaliser qu'il ne s'agit pas seulement pour chacun de réussir dans ses propres responsabilités, mais que le succès du gouvernement viendra d'une réussite collective. La population ne juge pas les gouvernements à la pièce. Elle a une vision impressionniste des choses. Un bon ministre ne fait pas un bon gouvernement. On dit souvent que les décisions controversées font perdre des votes, mais au final c'est probablement plus une question d'accumulation. Rencontre avec Nicole Léger sur la situation dans les centres de la petite enfance. Des nuages pointent à l'horizon. La première ministre reçoit Thierry Vandal. Hydro-Québec nous propose une marche à suivre au sujet des éoliennes. La première ministre revient sur l'électrification des transports. Avant de quitter le bureau, Madame nous fait part de ses inquiétudes concernant l'aide sociale. Il y a déjà quelques semaines que la grogne monte. Le réaménagement proposé est compliqué. La ministre a beau monter au front avec sa pugnacité habituelle et défendre ses mesures avec conviction, on ne voit que la coupe de 19 millions. Elle voit bien le malaise au Conseil des ministres. Les groupes sur le terrain ont le sentiment que le gouvernement a tenté de les berner. Madame craint que cette question devienne un boulet pour le gouvernement. Elle ne comprend pas trop comment nous en sommes arrivés là. Ce matin, la première ministre a dû défendre la réforme d'Agnès Maltais à l'Assemblée nationale. On a beau expliquer, clamer qu'il ne s'agit que d'un réaménagement visant à favoriser la réinsertion en emploi, rien n'y fait. Le mot *compression* est entré dans les esprits. Plus on explique, plus on s'enlise. Une manifestation se tient au centre-ville de Montréal. La ministre Maltais est la cible de toutes les critiques. Ça commence à sentir la panique.

Jeudi 14 mars – Québec et Montréal

La première ministre, Nicole et moi sommes réunis pour rencontrer une députée qui souhaite nous faire part d'enjeux importants. Il y a déjà quelques jours que la députée insiste pour obtenir ce rendez-vous. Après cinq minutes, je n'en peux plus ! On passe d'une anecdote à l'autre dans un désordre total. Pour garder mon sérieux, je prends soin de bien noter dans mon carnet ce que la députée vient d'affirmer. *Il faut parler des choses importantes comme le ginseng, les champignons et l'ail des bois.* Madame écoute avec son calme et son empathie habituels. Vol Québec-Montréal en milieu d'après-midi. Le premier ministre français Jean-

Marc Ayrault débarque au Québec avec une imposante délégation de gens d'affaires. Souper officiel à la Chambre de commerce française au Canada. TVA fait état d'un sondage Léger qui place les libéraux et le Parti québécois à égalité à 30 %. Impossible pour le Parti d'espérer l'emporter avec un tel résultat.

Vendredi 15 mars – Montréal, Québec et Montréal

Nous recevons une lettre du premier ministre Stephen Harper à propos de la rencontre avec Madame le 1er février au sujet du pont Champlain. Une véritable pièce d'anthologie. Sur trois pages, le premier ministre du Canada rappelle une à une toutes les démarches administratives faites entre les deux gouvernements sur ce sujet, en prenant bien soin de verrouiller à double tour toute possibilité de dialogue et de collaboration véritables. Le message est clair, le fédéral a bel et bien l'intention de faire à sa tête dans ce dossier. Pendant que Madame reçoit à Québec Jean-Marc Ayrault, je suis au Forum sur les redevances minières à Montréal. L'objectif officiel de ce forum est d'alimenter la réflexion du gouvernement avant l'annonce d'un nouveau régime. Dans les faits, nous en sommes plutôt à préparer le terrain à des changements qui seront très éloignés de ce que le Parti québécois promettait en campagne électorale. La plupart des gros joueurs du secteur sont présents. Patrick Lahaie du cabinet m'accompagne. Les ministres Marceau et Ouellet sont au cœur de l'opération. Nous sommes sur les dents. Un dérapage est toujours possible. Finalement, les choses se passent plutôt correctement, bien que chacun soit resté sur ses positions. D'un côté, les groupes environnementalistes et, de l'autre, des représentants de l'industrie. Je retourne à Québec en fin d'après-midi. Un dîner est donné en l'honneur du premier ministre français au Château Frontenac en soirée. Retour ensuite à Montréal.

Samedi 16 mars – Montréal

École de musique Vincent-d'Indy à Montréal. Marguerite à un examen de piano. Durant la journée, la première ministre reçoit Jean-Marc Ayrault en privé chez elle à sa résidence de Saint-Irénée. Je pense à hier soir. Chaque premier ministre a porté un toast bien senti. Une relation particulière entre une petite nation perdue en Amérique et l'une des grandes nations du monde, la France. C'est quand même quelque chose d'exceptionnel qu'il ne faudrait pas trop tenir pour acquis. Au souper officiel, Madame avait invité une chanteuse de l'Isle-aux-Coudres à venir donner un court récital. Un beau moment. Les invités écoutaient dans le silence la poésie du fleuve, de notre histoire et de notre singularité.

Dimanche 17 mars – Montréal

Conférence téléphonique à 17 h. Crise dans les services à la petite enfance. Après l'aide sociale, nous voici dans de beaux draps à propos des garderies. La ministre Léger se retrouve isolée. Un porte-parole des centres de la petite enfance a même attaqué la première ministre sur la place publique. Nicole Stafford est en furie. Elle sait trop bien que la première ministre est chatouilleuse sur ce sujet. C'est elle qui a mis en place ce réseau. C'est elle qui a convaincu ses collègues, le premier ministre Bouchard en tête, de l'importance de créer le réseau des centres de la petite enfance. On fait de nombreux appels pour calmer le jeu et bien comprendre ce qui arrive. Comme dans le dossier de l'aide sociale, des réaménagements de budget créent la panique. C'est vrai que la situation est particulièrement délicate. Ce n'est pas une question de montant, mais plutôt de manière de faire. Ce type de manœuvre demande un dialogue ouvert et constant avec les organismes sur le terrain. Comme pour l'aide sociale, la réaction des centres de la petite enfance nous semble vraiment exagérée. Philippe Couillard est élu chef du Parti libéral du Québec. Au sujet de sa première allocution, Radio-Canada rapporte qu'il attaque le gouvernement Marois. *Nous nous mettons au travail et notre objectif est clair : nous allons constituer dans les meilleurs délais une alternative à ce gouvernement qui est en train d'affaiblir le Québec. Il ne faut pas se fier au calendrier, ce gouvernement n'a pas sept mois, ce gouvernement a plus de quarante ans. Ce gouvernement appartient au passé, sa politique est la division, le blocage.*

Lundi 18 mars – Montréal

Je joins au téléphone la présidente de l'Association des centres de la petite enfance et lui passe un savon. Elle ne sait pas trop comment réagir. Je lui demande si elle approuve l'attitude de son directeur général qui a attaqué la première ministre sur la place publique. Elle patine et finit par me demander de lui parler directement. Louis Senécal se défend en attaquant la ministre responsable qu'il critique vertement. Il soutient qu'elle ne démontre pas d'ouverture, que le réseau ne se sent pas respecté, qu'il se sent bafoué. *Je suis conscient de la colère qu'ont suscitée mes propos, mais je ne les retire pas. La façon dont la ministre a imposé les changements est incompréhensible. On nous annonce quelque chose d'aussi majeur sans en discuter avec nous au préalable. Mais on veut collaborer. On a des solutions. On comprend les enjeux financiers du gouvernement.* La ministre Malavoy vient rencontrer la première ministre au sujet de l'enseignement de l'histoire. Les choses avancent lentement. 14 h 30 : Patrick Lahaie, Guillaume Fillion et moi rencontrons Martine Ouellet. On revoit la question des éoliennes. Il y a encore des disparités entre la position de la première ministre et celle de la ministre. Martine souhaite que le secteur éolien soit dorénavant entre les mains d'Hydro-Québec plutôt que du privé. *C'est ce qui est écrit dans le programme du Parti québécois,* clame-t-elle. 15 h 30 : réunion téléphonique du Conseil des ministres pour entériner, à la demande de la présidente, un prolongement de la commission Charbonneau. Souper avec les enfants à notre maison de Montréal. Elles en profitent pour souligner mon anniversaire. J'aurai quarante-deux ans demain… Marguerite s'endort sur le plancher en regardant le feu dans la cheminée.

Mardi 19 mars – Québec

Préparation pour le caucus des députés. Deux cailloux dans nos souliers : aide sociale et centres de la petite enfance. L'automne dernier, alors que nous étions dans la précipitation à notre arrivée au gouvernement, nous avons voulu jouer de vitesse. Nous avons concocté un budget qui devait juguler les problèmes à venir en prenant rapidement des mesures énergiques. Il y avait du courage dans cette politique, mais une bonne dose de naïveté aussi. Ainsi, les problèmes que l'on pensait balayer à l'automne ressurgissent en cette fin d'hiver. Le budget de l'État est ainsi fait que lorsqu'on a payé les intérêts sur la dette, puis les salaires des employés du secteur public, puis les dépenses de la Santé et de l'Éducation, il ne reste plus beaucoup de possibilités de récupérer des sommes. Partout dans l'appareil de l'État, le Conseil du trésor traque les moindres dépenses qui peuvent être diminuées, reportées ou même annulées. Ajoutons à cela une communication déficiente avec les partenaires de l'État sur le terrain, et nous avons un cocktail explosif susceptible de mettre en boîte n'importe quel ministre, même le plus talentueux. À l'aide sociale et dans les centres de la petite enfance, la commande qui paraissait acceptable à l'automne s'est transformée en cauchemar au contact du réel. Annonce d'une loi-cadre sur l'économie sociale avec Sylvain Gaudreault. En fin d'après-midi, la première ministre convoque Nicolas Marceau et Martine Ouellet à ses bureaux. *Sur la hauteur des redevances minières, je voudrais que l'on prenne une décision aujourd'hui. Ça ne peut plus attendre. On décide et on prend quelques semaines pour bien préparer l'annonce. Je sais que vous avez encore des débats entre vous, mais il est temps de trancher. Par la suite, il faudra présenter tout cela au caucus, attacher les fils avec l'industrie. Je vise mi-avril pour l'annonce.* Tout le monde autour de la table est bien conscient que sur le plan politique nous avons déjà perdu. Pour les minières, ce sera toujours trop, peu importe l'augmentation. Pour les environnementalistes, tout cela ne fera qu'accroître leur scepticisme face à l'industrie. Pour les médias, le nouveau régime sera un recul car ce sera nécessairement en deçà de ce qui avait été annoncé en campagne électorale.

Mercredi 20 mars – Québec

Conseil des ministres. L'ambiance n'est pas très bonne. Chacun a ses raisons d'être d'humeur maussade. La presse est mauvaise. Le gouvernement est sur la défensive. Les députés sont démoralisés et inquiets car ils reçoivent beaucoup de commentaires négatifs dans leur comté. La première ministre se rend en Abitibi en soirée en vue d'une tournée dans la région.

Jeudi 21 mars – Québec

Petit-déjeuner au Château Frontenac avec Bryan Coates de la minière Osisko en Abitibi. Nous parlons tous deux très ouvertement de la situation. C'est la première fois que l'on se rencontre. Le contact est bon, franc. *Comment le gouvernement du Québec va démontrer qu'il souhaite des investissements dans le secteur minier ? C'est ça la question.* Coates, un vétéran de l'industrie au Québec, offre sa collaboration afin que l'on en arrive de part et d'autre à une position raisonnable. Dans la même journée, Rio Tinto et Arcelor-Mittal me lanceront des messages d'apaisement. Tout le monde veut en finir. L'industrie accepte maintenant des changements au régime. Longue discussion avec le directeur de cabinet à la Culture. On aborde les dossiers du Musée McCord et du Musée d'art contemporain. Le gouvernement fédéral annonce son intention de couper le soutien aux fonds de travailleurs comme ceux de la FTQ et de la CSN au Québec en diminuant les crédits d'impôt supplémentaires offerts aux particuliers. C'est un coup dur. Ces fonds ont eu un impact majeur sur la création d'emplois au Québec durant près de trente ans.

Vendredi 22 mars – Montréal

Rencontre de cabinet à Montréal. On essaie de voir comment reprendre l'offensive. On sent que beaucoup de choses nous échappent. L'impression de ne pas réussir à colmater la brèche. Immense sentiment d'impuissance. Qu'est-ce qui ressort de l'action du gouvernement ? Si c'est la responsabilité financière, il faudrait que cela se rende jusque dans l'opinion. On se quitte sans avoir pris de réelle décision.

Samedi 23 mars – Danville et Saint-Félix-de-Kingsey

Jogging ce matin jusqu'à Saint-Félix pour aller saluer mes parents. Ils sont bien contents que l'hiver cède sa place. De retour à la maison, j'ai un appel de Bernard Drainville. Il s'inquiète de la stratégie sur la politique énergétique. Il ne comprend pas pourquoi nous ferions une consultation ouverte dans tout le Québec. *Pourquoi ne mettons-nous pas notre vision sur la table au départ ? Le Parti québécois a déjà réfléchi là-dessus. Il ne s'agirait que de se confronter à des experts. Martine devrait écrire une politique avec son ministère, puis on en débattrait au Conseil. Il ne faut pas avoir peur de dire ce que l'on pense, de mettre sur la table ce qui sera la position du gouvernement.* Comme toujours, Drainville a une attitude volontariste. C'est sa nature, il est profondément convaincu que les idées peuvent changer la société. Dès son élection en 2007, il s'est démarqué par ce côté Don Quichotte qui lui a d'ailleurs valu quelques ennuis avec ses collègues. C'est que Drainville a bien de la difficulté à ne pas faire savoir ce qu'il pense. L'exercice du pouvoir, comme le fait de vieillir, grossit les caractères des gens comme la loupe ceux d'un livre.

Dimanche 24 mars – Danville

J'échange avec Sylvain Gaudreault. Il était très engagé dans les questions énergétiques et les dossiers environnementaux lorsqu'il était dans l'opposition. Gaudreault pense aussi qu'on devrait partir de notre proposition sur la politique énergétique. *C'est le résultat d'un fin équilibre au Parti. Les grandes idées sont dans le programme.* Il croit toutefois qu'une longue consultation est essentielle pour faire vivre le débat dans la société civile. Plusieurs chevreuils sortent se nourrir dans les champs tout près de la maison. Majestueux comme toujours. Je prends des photos.

Lundi 25 mars – Montréal, Trois-Rivières et Québec

Jean St-Gelais et moi rencontrons Robert Card, PDG de SNC-Lavalin. Card est cet Américain qui a notamment été sous-secrétaire à l'Énergie dans l'administration de George W. Bush. Il arrive à la tête de l'entreprise alors que celle-ci fait face à la pire crise de son histoire pour des questions d'intégrité. Il fait état de sa stratégie de relance de la première firme d'ingénierie en importance au Québec, l'une des plus importantes sur la planète. En fin d'après-midi, la première ministre reçoit Michael Sabia. St-Gelais, Nicole et moi sommes de la rencontre qui dure une bonne heure. Sabia nous expose les grands enjeux de la Caisse de dépôt et placement, qu'il dirige. Il fait le tour de l'état de l'économie et passe en revue les grandes entreprises québécoises dans lesquelles la Caisse occupe une place importante. On parle de l'aluminium et de la fragilité de nos géants du secteur de l'ingénierie. *La Caisse suit tout cela de très près. Parfois, à l'échelle mondiale, c'est un exercice de Pac-Man et la Caisse doit être là pour appuyer lorsque c'est stratégique et rentable de le faire,* assure Sabia. En début de soirée, nous roulons vers Trois-Rivières pour un repas avec les membres des différents comités exécutifs du Parti québécois dans la région. La première ministre échange longuement avec les participants. J'ai la tête ailleurs. Parfois il suffit de fermer les yeux pour être au bord de la mer.

Mardi 26 mars – Québec

Rencontre avec Bernard Drainville et sa directrice de cabinet, Louise-Andrée Moisan, pour faire le point sur la laïcité. Le ministre a beaucoup avancé depuis quelques semaines. Il a fait circuler des textes dans les comités ministériels. Il réalise que le consensus est difficile. L'idée serait de déposer un document d'orientation ce printemps, puis un projet de loi à l'automne. Il veut présenter un mémoire au Conseil des ministres du 17 avril. Il montre à la première ministre un sondage Léger sur la question commandé par son ministère. Sa directrice de cabinet m'a présenté les résultats il y a quelques jours. Le sondage illustre l'appui dans la population. Drainville craint de ne pas aller assez loin et ainsi de décevoir une bonne partie de l'électorat. Il est donc face à un dilemme, car une partie des ministres craignent au contraire qu'on aille trop loin. Il rappelle les grandes lignes de son plan : modification de la Charte des droits pour introduire le concept de l'égalité entre les hommes et les femmes ; application de la neutralité dans la fonction publique ; interdiction des signes religieux ostentatoires dans la fonction publique, incluant les hôpitaux, les écoles, les centres de la petite enfance. Au sujet des hôpitaux, il hésite. Il sait qu'il y a de la résistance. Il y a aussi la question des municipalités. Est-ce que la loi devra également s'appliquer aux employés municipaux ? Drainville souligne que Lisée est fortement opposé à l'interdiction des signes religieux à la Ville de Montréal. Il avoue sans ambages que, de toute façon, à peu près le quart du Conseil ne suivra pas. En après-midi, Madame répète un discours pour la Chambre de commerce de Québec dans son bureau. Patrick Lahaie écoute avec attention et propose des ajustements.

Mercredi 27 mars – Québec, Montréal et Québec

Petit-déjeuner sur la Grande-Allée avec deux représentantes de l'Association minière du Québec. J'essaie de maintenir un dialogue ouvert et de transmettre les préoccupations de la première ministre. Au caucus, Madame sent le besoin de faire une intervention musclée. On prépare donc des notes avec Stéphane Gobeil. Elle veut rajuster le tir, remettre les troupes en ordre de marche. Elle fait état d'un sondage interne plus positif que ceux que l'on voit publiquement. Elle en fait elle-même une présentation détaillée. Elle souhaite que ses députés partent en congé de Pâques la tête haute. Au Conseil des ministres, tous démontrent beaucoup de nervosité. Ils sentent que le tapis leur glisse sous les pieds. Les électeurs sur le terrain sont insatisfaits. Les journalistes font preuve d'impatience et les ministres sont de plus en plus traqués et poussés à expliquer davantage leurs décisions. Me vient à l'esprit Stéphane Bédard et ses expressions toujours aussi colorées. *On a beau y mettre toutes sortes d'additifs, le vin, il est bon ou il n'est pas bon. C'est pareil pour le gouvernement, il ne faut pas être obnubilé par les petites choses. À la fin, les gens vont dire, le PQ a été bon ou pas bon.* Stéphan La Roche devient PDG du Conseil des arts et des lettres en remplacement d'Yvan Gauthier. La Roche a le respect du milieu de la culture et son expérience est solide. Appel du patron du Massif de Charlevoix sur le dossier du Club Med. Je me dis que c'est peut-être plus sérieux que l'on croyait. Conférence téléphonique avec les Finances et la Caisse de dépôt concernant les redevances minières. Jean St-Gelais est avec moi. Le Conseil exécutif a demandé l'avis de la Caisse sur les options que le gouvernement caresse. Michael Sabia : *La marge de manœuvre est très mince à cause de plusieurs facteurs. Mais je comprends l'enjeu du gouvernement qui doit bouger sur cette question.* Je ne sais pas trop si le point de vue de la Caisse aide ou embête le sous-ministre des Finances qui écoute silencieusement au bout du fil. En fin de journée, nous prenons un avion en direction de Montréal avec le ministre des Finances. La première ministre et lui participent ce soir à une rencontre du Cercle des présidents, un rassemblement de gens d'affaires. La rencontre se veut informelle, mais rien d'informel n'aura lieu ce soir. Les gens d'affaires présents demeureront sur leurs gardes et en définitive la rencontre ne sera pas d'une grande utilité. Vol de retour en fin de soirée.

Jeudi 28 mars – Québec et Montréal

Après la période de questions, nous filons vers Montréal. La première ministre, Jean St-Gelais et moi nous rendons au siège social de Power Corporation. Nous avons rendez-vous avec Paul Desmarais fils, grand patron de l'empire fondé par son père. C'est la première rencontre de la première ministre avec un membre de la famille Desmarais depuis l'élection. L'entretien durera une bonne heure. L'homme d'affaires nous reçoit dans son bureau aux immenses fenêtres donnant sur le square Victoria. La lumière est tamisée, mais franche. Il porte un complet clair et une chemise blanche à col Oxford. L'échange est direct, sans faux-fuyant. Desmarais fait preuve d'une ouverture et d'une franchise qui surprennent. Il parle beaucoup. *Si je peux aider. J'ai toujours voulu aider. Je suis un nationaliste canadien-français autant que le plus grand des séparatistes.* La première ministre et lui échangent sur la Chine, le Japon, les États-

Unis, le Mexique, la France. Desmarais s'attend à une relance du marché américain et il prépare son entreprise en conséquence. Il se désole de la situation en France et estime que Hollande aura du mal à s'en tirer. *Je passe une semaine par mois en France depuis des années. Je suis aussi français que québécois.* Ils abordent des questions plus proches de l'actualité québécoise : les manifestations étudiantes du printemps 2012 ; le mouvement Occupy qui a débuté à New York et qui s'est installé quelque temps à Montréal juste en face des bureaux de Power Corporation ; la défense de la langue française ; les changements fiscaux concernant les gains en capital et les dividendes envisagés par le Parti québécois, mais qui ont été mis de côté ; les odeurs de corruption qui ont fait mal à l'image du Québec. *C'est bien qu'on se parle. Je suis heureux de vous voir. De toute façon, personne ne nous accusera de trop vous influencer. Je n'étais pas proche du gouvernement de Jean Charest, mais tout le monde pense que oui.* Desmarais parle avec chaleur de ses enfants. *Nous sommes forts, les Québécois, nous parlons deux langues, nous avons du charme, de la « drive », nous sommes des entrepreneurs. Il n'y a pas encore assez de richesse au Québec, même si on a fait un grand bout de chemin. Il faut inviter la planète à investir ici.* Après la rencontre, chacun part de son côté. J'appelle la première ministre un peu plus tard. On se dit que beaucoup de gens seraient surpris d'apprendre qu'une telle rencontre a pu avoir lieu…

Vendredi 29 mars – Montréal

Sondage Léger publié ce matin dans *Le Devoir*. Les libéraux sont en tête à 33 % et le Parti québécois glisse à 29 %. À la question de savoir qui ferait le meilleur premier ministre, Philippe Couillard est en tête à 25 % alors que Pauline

Marois et François Legault sont tous les deux à 17 %. Seule consolation, la première ministre devance largement ses adversaires lorsqu'on demande aux sondés qui est le mieux placé pour défendre les intérêts du Québec. *Le Devoir* titre : « Couillard propulse le PLQ au premier rang ».

Samedi 30 mars – Danville et Jay Peak

Ski au Vermont avec les enfants. Belle journée ensoleillée. Conditions exceptionnelles. Je prends en photo une affiche avec un nom de piste : JFK.

Dimanche 31 mars – Danville

Rencontre de famille à la campagne. On mange de la tire sur la neige soigneusement préparée par mon père. Comme d'habitude, il a apporté de chez lui un grand chaudron de neige qu'il avait conservée au congélateur. Toujours la même question : quelle température doit atteindre le sirop pour qu'il résiste sans trop résister lorsqu'on le dépose sur la neige ?

Lundi 1er avril – Danville

On voit apparaître sur la petite route devant la maison un immense amoncellement de bois. C'est le résultat du travail du voisin durant l'hiver. Une remorque de Kruger viendra probablement le charger dans les jours qui viennent. Je marche vers le vieux moulin en me disant qu'au fond je suis le responsable des atterrissages au bureau de la première ministre et que, parfois, au moment de l'approche, il n'y a pas encore de piste en vue.

Mercredi 3 avril – Québec

Je suis au bureau alors que Nicole Stafford est en vacances à l'étranger. Jean St-Gelais et moi enfilons les rencontres. Ce matin, nous voyons des représentants d'entreprises qui souhaitent se faire entendre soit sur les redevances minières, soit sur les tarifs d'électricité. Je passe le reste de la journée à donner des coups de fil alors que notre étage de l'édifice Honoré-Mercier est désert. Visiblement, l'équipe profite de l'absence de la première ministre pour recharger ses batteries. Lorsque je quitte le bureau, une question revient sur l'écran radar. C'est celle des écoles passerelles, qui permettent à des parents d'inscrire leurs enfants dans une école anglophone non subventionnée pour pouvoir les intégrer ensuite au réseau anglophone en profitant d'un droit acquis. C'est un sujet qui a fait couler beaucoup d'encre par le passé et sur lequel le Parti québécois s'était engagé à bouger. Un journaliste fouille cette question. Je joins la ministre Diane De Courcy, en vacances à Cuba, pour lui en parler.

Jeudi 4 avril – Montréal

Rencontre avec Yves-François Blanchet et son directeur de cabinet pour discuter des projets d'Enbridge et de Trans-Canada. Enbridge souhaite l'inversement du sens d'écoulement d'un oléoduc déjà existant entre Sarnia et Montréal. Compte tenu du prix du pétrole importé, le pipeline servait depuis des décennies à transporter le pétrole étranger vers le centre du Canada. Enbridge souhaite maintenant acheminer le pétrole de l'Ouest canadien jusqu'à Montréal. Le projet de TransCanada est d'un autre ordre et extrêmement difficile à justifier. Il s'agit de construire une toute nouvelle structure qui transporterait le pétrole de l'Ouest vers le

Nouveau-Brunswick. On échange ensemble sur la stratégie à adopter. Bernard Drainville m'appelle et m'informe de son souper de la veille avec Martine Ouellet. Il lui a fait part de ses réserves à propos du processus de consultation sur la nouvelle politique énergétique. Un peu plus tard, c'est Pierre Duchesne qui m'informe qu'il a rendez-vous avec Jean-Martin Aussant, chef d'Option nationale. C'est la grande obsession de Duchesne, attirer ce nouveau parti indépendantiste vers le Parti québécois. Duchesne a le mot *indépendance* tatoué sur le cœur. Être le biographe de Jacques Parizeau – très bon, d'ailleurs – doit bien laisser quelques traces. Aussant, c'est la bête noire du Parti depuis sa démission en juin 2011, au lendemain des départs de Pierre Curzi, Louise Beaudoin et Lisette Lapointe du caucus du PQ. Aussant est une espèce de chevalier de l'indépendance auréolé d'un passé dans le secteur financier. Depuis sa démission du Parti québécois, il a renié à de nombreuses reprises ses anciens collègues et il ne rate jamais une occasion de tirer sur le vaisseau amiral du mouvement indépendantiste.

Vendredi 5 avril – Montréal

Rencontre de travail avec Martine Ouellet. On pense à Yves Duhaime, un ancien ministre péquiste, pour diriger la consultation sur la politique énergétique. Martine a des réserves. Elle se demande si elle ne devrait pas la présider elle-même. *Faire le tour du Québec, il me semble que ça me ferait du bien.* Je ne relève pas. J'aimerais bien voir la tête des gens de l'industrie ainsi directement confrontés à la ministre lorsqu'ils viendraient présenter leur point de vue. Nous abordons la question des éoliennes alors qu'elle souhaite toujours écarter le plus possible le privé du processus. Elle parle avec passion d'un projet de véhicule électrique qui se concocte à Saint-Jérôme dans les Laurentides. Martine est imbattable quand il s'agit de défendre des projets innovateurs portés par des Québécois. Elle mène ses combats tête première en montant au front chaque fois qu'elle le juge nécessaire, quitte à bousculer. Sous son physique un peu frêle, elle cache une détermination vraiment hors du commun. En fin de rencontre, elle m'apprend que son sous-ministre est hors jeu. *Il a un cancer. Il est très affecté. Il doit se concentrer sur ce combat.* St-Gelais et moi rencontrons des représentants de la mine de diamants Stornoway. J'apprécie immédiatement la personnalité de Patrick Godin, l'un des dirigeants de l'entreprise. Ils font état de l'avancement du projet, de leur relation avec les communautés autochtones, du progrès de la fameuse route menant à leurs installations. Puis ils abordent la question du financement. Le marché est difficile. Ils ont été en mesure de s'attacher un syndicat bancaire pour régler une dette de quelques centaines de millions, mais ils sont encore en discussion dans le but d'attirer un gros partenaire qui entrerait au capital. Ils s'inquiètent de la perception actuelle des grands investisseurs quant à la volonté du Québec de soutenir le développement minier. St-Gelais bondit sur sa chaise. *Il n'y a aucun doute là-dessus, le Québec soutient l'industrie autant sinon plus que tous les autres États de la planète. Ce n'est pas le gouvernement qui est à blâmer, mais le prix mondial des métaux.* Nous nous quittons en ayant bon espoir que ce projet ira de l'avant bientôt. Le ministre des Finances me joint au téléphone. Il a entendu des rumeurs concernant la nomination possible de Daniel Breton comme adjoint parlementaire. Il veut savoir si nous pensons le placer sous sa responsabilité. Cela semble l'inquiéter un peu… Nous parlons du toit du Stade olympique, puis des redevances minières. *Sur les redevances, nous sommes prêts aux Finances. Il faut qu'on en finisse au plus vite*. Avant de partir pour le week-end, je me fais une liste de dossiers à aborder avec Nicole Stafford à son retour de vacances.

Samedi 6 avril – Danville

Je termine *Le Sorcier de l'Élysée*. Un livre sur Jacques Pilhan, qui a servi auprès de Mitterrand et Chirac comme conseiller en communication. Une phrase me reste en tête : *Parler lorsqu'on est impopulaire, c'est comme marcher dans les sables mouvants*. Un livre écrit comme une fable. Difficile d'y séparer le vrai du faux. Je le dévore tout de même avec plaisir. *Le stratège est là pour révéler ce qui existe déjà. Mettre en lumière des aspects du personnage et en mettre d'autres en veilleuse. L'opinion change d'elle-même l'image de celui qu'elle veut faire gagner.* À méditer.

Dimanche 7 avril – Danville et Montréal

À la maison de campagne, Marguerite est bien fière d'avoir réussi si rapidement à ériger l'Empire State Building en Lego. Nous rentrons à Montréal en soirée.

Lundi 8 avril – Montréal

On prend connaissance en mi-journée d'un livre que publie l'historien Frédéric Bastien, *La Bataille de Londres*. Tout de suite, on sent que ce livre marquera les esprits. L'auteur affirme que le juge en chef de la Cour suprême du Canada, Bora Laskin, aurait manœuvré pour aider Pierre Elliott Trudeau à réaliser le rapatriement de la Constitution en 1981-1982. Bastien a eu accès à des documents jusque-là tenus secrets et qui sont accablants pour Laskin et Trudeau. Il dévoile aussi que la première ministre britannique, Margaret Thatcher, s'inquiétait de l'empressement de Trudeau et qu'elle manifestait des réticences. À 14 h, Madame reçoit Agnès Maltais au sujet de la situation à l'aide sociale. On est toujours à imaginer une sortie de crise. Alban D'Amours, ancien président de Desjardins, vient par la suite rencontrer la première ministre. Il souhaite lui faire part des grandes lignes d'un rapport qu'il rendra bientôt public sur les retraites. Un intermédiaire nous fait savoir que le député de la CAQ responsable des questions de finances publiques, Christian Dubé, serait prêt à participer à un comité non partisan sur les finances publiques. Hasard du calendrier : décès de Margaret Thatcher à l'âge de quatre-vingt-sept ans.

Mardi 9 avril – Québec

L'Assemblée nationale reprend ses activités après une semaine de relâche. Le titre de l'article du journaliste Marco Fortier dans *Le Devoir* laisse peu de place à l'interprétation : « Londres aurait reconnu un Québec indépendant ». Les révélations de Frédéric Bastien font mouche. Rencontre avec des représentants d'Iamgold. La multinationale exploite quelques mines au Québec et a un projet important d'agrandissement de la mine Niobec au Saguenay. L'entreprise laisse miroiter un investissement majeur. On prend le temps d'écouter. Madame reçoit Martine Ouellet pour discuter des éoliennes. Martine fait un vibrant plaidoyer pour qu'Hydro-Québec Production se charge du dossier. La première ministre questionne le raisonnement de la ministre, mais ne tranche pas. Sur la question de l'électrification des transports, Madame annonce sa décision de piloter ce dossier avec le Conseil exécutif. *C'est un dossier qui implique beaucoup de ministères. Ce sera plus facile à partir du central.* Lorsque j'accompagne Martine vers la sortie après la rencontre, je sens bien qu'elle est ébranlée. Souper à l'édifice Price avec la première ministre, Nicole et quelques conseillers. Dans le reportage de Raymond Filion en soirée au réseau TVA, on présente la réaction de libéraux québécois au livre de Bastien. *Le rapatriement de la Constitution fut un rendez-vous manqué pour le Québec et le Canada. Il faudra corriger ce fait-là,* peut-on entendre de la bouche du chef de l'opposition officielle, Jean-Marc Fournier. François Legault semble incapable de saisir la gravité des révélations de Bastien et badine. *Sincèrement, je suis pas mal plus préoccupé des 30 000 emplois qu'on a perdus depuis deux mois que de savoir ce qui s'est passé il y a trente ans lors du rapatriement de la Constitution, qu'on n'a même pas signée.* Autour de la table, dans l'appartement de fonction de la première ministre, nous avons un long échange sur l'indépendance. *Être chef du Parti québécois, c'est avoir la possibilité d'appuyer sur le bouton nucléaire, c'est-à-dire le déclenchement d'un référendum,* lance Stéphane Gobeil. La première ministre réplique du tac au tac : *Moi, je n'ai pas peur de ça, je peux annoncer la tenue d'un référendum. Ce que je ne veux pas, c'est que le Québec perde. Moi, je n'ai rien à perdre.* Puis elle insiste : *Il ne faut pas que le Québec perde, il ne faut pas que le Québec recule.* Lorsque je quitte l'édifice Price et que j'emprunte en marchant la côte de la Montagne en direction de mon hôtel, je me dis que tout cela est bien lourd à porter.

Mercredi 10 avril – Québec

Je prends un café tôt le matin au Starbucks situé à quelques pas du parlement avec un représentant de Mittal. Il me fait part de la position de l'entreprise sur les redevances minières. Comme chaque fois, je prends le temps d'écouter. Personne ne doit pouvoir dire que le cabinet de la première ministre a refusé de l'entendre. Le Conseil des ministres procède à la nomination de l'ex-ministre Sylvain Simard au poste de président du conseil d'administration de la Société des alcools du Québec. Il aurait certainement préféré un poste de délégué à l'étranger, mais tout le monde semble penser qu'il fera un bon président de la SAQ. Nouvelle rencontre au sujet du pont Champlain avec Sylvain Gaudreault durant l'après-midi. Gaudreault se révèle un ministre efficace et pragmatique, mais il n'est pas maître du dossier du pont. Sa frustration est palpable.

Jeudi 11 avril – Québec et Montréal

La journée débute par une rencontre au cabinet sur les suites à donner à la publication du livre de Frédéric Bastien. Sylvie Alain, adjointe personnelle de la première ministre, nous offre de préparer du café. Tout le monde est partant. Dans *La Presse*, l'éditorialiste André Pratte estime que Bastien interprète exagérément les événements. Il n'en demeure pas moins que le livre continue de soulever les passions. Autour de la première ministre, nous avons réuni Stéphane Dolbec et Simon Lajoie, tous deux férus de stratégie parlementaire, Alexandre Cloutier, qui est chargé des affaires intergouvernementales canadiennes, et Julien Lampron, un conseiller au cabinet que nous intégrons de plus en plus dans les dossiers stratégiques. L'objectif est d'inciter le fédéral à s'expliquer et, pourquoi pas, à reconnaître ses torts quant à la façon dont le Québec a été isolé lors du rapatriement de la Constitution. C'est l'une des plaies encore ouvertes de l'histoire du Canada. On établit une séquence de gestes que fera le gouvernement dans les prochains jours. La première ministre joint d'abord Lucien Bouchard au téléphone. Ils échangent quelques mots sur l'actualité, puis la première ministre « monte au but ». *Lucien, tu devines pourquoi je t'appelle. Les révélations des derniers jours sur le rapatriement sont graves. Je veux rassembler. Je souhaite qu'on soit plusieurs à le faire. J'aimerais que tu sortes publiquement le plus rapidement possible.* Elle lui explique le plan de match, lui dit qu'elle appellera les ex-premiers ministres, mais qu'elle souhaite qu'il se manifeste le premier. Lucien Bouchard accepte volontiers de prendre la parole sur la place publique. Alexandre Cloutier parlera à Jean-Claude Rivest, ex-collaborateur de Robert Bourassa, et à Benoît Pelletier, ex-ministre des Affaires intergouvernementales sous Jean Charest. L'équipe de Cloutier prépare une demande officielle d'accès à l'information au nom du gouvernement auprès du fédéral. Toujours prêt à passer à l'offensive, Simon Lajoie planche sur une motion pour adoption à l'Assemblée nationale. Peu avant midi, la première ministre rencontre l'ensemble des sous-ministres en titre du gouvernement rassemblés dans la salle du Conseil des ministres. Une rencontre prévue il y a plusieurs semaines. Nicole s'assoit à la gauche de Madame. Jean St-Gelais et moi prenons place à sa droite. La salle du Conseil ajoute au caractère officiel du rendez-vous. L'idée est de mobiliser toutes les personnes présentes autour des priorités du gouvernement. La première ministre leur réitère sa pleine confiance et insiste sur l'importance d'avoir une action gouvernementale cohérente. *Il faut prendre le temps de bien faire les choses et de faire atterrir correctement les projets. Aussi, ne nous perdons pas dans mille détails qui nous font dévier de nos objectifs et qui banalisent nos priorités.* Nous prenons la route vers l'aéroport. Dans l'avion, la première ministre s'interroge de nouveau à voix haute sur l'opportunité de créer un comité des priorités, qui serait composé cette fois-ci des présidents de comités ministériels. Son idée n'est pas arrêtée, mais elle sent le besoin de resserrer encore plus les décisions. Tournage de capsules sur la souveraineté produites par le Parti québécois. La première ministre se prête de bon cœur et avec le sourire à cet exercice fastidieux qui durera trop longtemps. Sur place, on travaille encore les textes alors que Madame refait prise après prise. En soirée, face à Anne-Marie Dussault, Lucien Bouchard fait une sortie bien sentie au sujet des révélations de Frédéric Bastien. Bouchard a tenu parole.

Vendredi 12 avril – Montréal

Le Devoir fait sa une avec l'intervention de Lucien Bouchard, qui exige qu'Ottawa ouvre ses archives. Je me rends au ministère des Finances, au Centre de commerce mondial, rencontrer Nicolas Marceau. Mise à jour sur la situation des finances. De retour au cabinet, je rejoins la première ministre pour une rencontre avec Volvo. L'entreprise souhaite discuter de l'usine Nova Bus à Saint-Eustache. Volvo soutient que la demande mondiale pour les produits qui sortent de l'usine québécoise est en baisse. Le constructeur désire nous sensibiliser à l'importance qu'il accorde aux contrats publics québécois. La première ministre écoute attentivement, mais en profite pour amener la discussion sur l'électrification des transports et souhaite obtenir l'appui de la multinationale. On se rend dans un restaurant de l'est de Montréal. Rencontre de travail avec Daniel Paillé. Je suis avec Nicole alors que le chef du Bloc québécois est avec son conseiller Louis-Philippe Bourgeois. Coïncidence, Gilles Duceppe est dans le même restaurant et vient nous saluer... Daniel Paillé assure que le Bloc appuiera le Parti québécois de toutes ses forces aux prochaines élections. *Le Bloc a un seul scénario*, ajoute-t-il. *Que le Parti québécois en sorte majoritaire.* Je me demande bien pourquoi Paillé sent le besoin de réitérer son appui. Parfois, en politique, à trop vouloir faire de la stratégie, on perd l'essentiel du message. La première ministre s'enferme dans son bureau pour parler à Bernard Landry au téléphone. Je marche de long en large dans le bureau. Landry a trouvé Bouchard bon. Madame lui fait part de la stratégie. Puis Landry tombe sur Legault. Il le trouve en dessous de tout. Il en profite ensuite pour aborder la question de la convergence souverainiste. Il est préoccupé. Il a l'air de suggérer de se rapprocher de Françoise David. La réplique de Madame ne se fait pas attendre : *Difficile de se rapprocher d'un parti qui prône la décroissance économique.* Landry critique Alexandre Cloutier au passage pour avoir dit que la convergence se ferait au Parti québécois. La première ministre semble alors le trouver difficile à suivre. Quelques minutes plus tard, c'est Jacques Parizeau qui est au bout du fil. *Bonjour, monsieur Parizeau*, lance la première ministre d'un ton décidé. Elle l'invite à se manifester sur une tribune. *Vous donneriez de l'envergure à notre position en intervenant. Je peux demander à Alexandre Cloutier de communiquer avec vous pour un échange sur le dossier, ça lui ferait énormément plaisir de vous parler.* En raccrochant, la première ministre est loin d'être certaine que son ancien patron s'exprimera sur la place publique.

Samedi 13 avril – Danville et Saint-Félix-de-Kingsey

Quand il a découvert les allégations du livre La Bataille de Londres, *Lucien Bouchard a vite compris qu'il ne pourrait « laisser passer » l'affaire silencieusement*, lit-on sous la plume de Guillaume Bourgault-Côté dans *Le Devoir*. *Impossible de se taire : le dossier du rapatriement soulève encore chez lui une « indignation profonde ».* « Il y a une limite à être cantonné dans la réserve », dit-il. Ainsi, l'ancien premier ministre remonte-t-il au front constitutionnel, au nom d'un « devoir de mémoire » qu'il juge obligatoire... et bien mal porté au Québec. Je passe voir mes parents à Saint-Félix avec Simone. C'est une bonne journée pour ma mère aujourd'hui. Simone et elle se serrent fort avant que nous partions. J'en profite pour faire de belles photos.

Lundi 15 avril – Montréal

La semaine débute par une nouvelle rencontre sur les suites à donner aux révélations à propos du rapatriement de la Constitution. Le ministre Cloutier, toujours à son affaire, a déjà pas mal fait le tour du jardin. Il a parlé aux ex-ministres Benoît Pelletier et Gil Rémillard, comme à l'historien Éric Bédard, à l'ex-mandarin Louis Bernard, à l'avocat Yvon Martineau et au constitutionnaliste Henri Brun. Nicole Stafford communiquera aujourd'hui avec les partis d'opposition pour organiser des rencontres avec la première ministre. Dépôt d'une motion à l'Assemblée nationale mercredi. Gobeil travaille à une déclaration ministérielle pour la première ministre. En soirée, nouvelle rencontre avec des leaders de la communauté des affaires pour un échange informel autour des enjeux économiques. Dans un salon du Club Mont-Royal, rue Sherbrooke, nous sommes seize autour de la table. Les invités parlent longuement du déficit zéro. *Tant que la croissance demeure positive, il faut garder le cap. La dette, c'est une perte de souveraineté économique,* affirme Louis Vachon, président de la Banque Nationale. *Reporter ou pas l'atteinte de l'équilibre, ce n'est pas la ques-*

tion. Ce qui compte c'est le plan, la crédibilité, la transparence. Il ne faut pas être prisonnier d'un calendrier, souligne Michael Sabia. Tous conviennent que la population n'est pas préparée aux risques d'un recul de la croissance qui nous forcerait à faire des choix douloureux. Alain Bouchard, de Couche-Tard, est plus optimiste quant aux perspectives économiques et souligne que les États-Unis pourraient nous surprendre à nouveau. À propos de la révision des redevances minières, les dirigeants s'interrogent surtout sur le message que ce projet envoie à l'industrie et aux marchés. *Ça ne peut pas arriver à un pire moment,* tranche Jacynthe Côté. Chacun y va de sa lecture de la morosité ambiante. *Comment lancer un mouvement positif?* demande Jacques Parisien. d'Astral, tandis que l'avocat Brian Levitt soulève le fait que plusieurs CEO au Québec sont négatifs alors qu'ils devraient être nos meilleurs ambassadeurs. La première ministre souhaite prendre le pouls de ses invités sur le projet de Banque de développement économique du Québec. Personne ne semble vraiment au courant. Y a-t-il un manque de capital au Québec ? L'avocat Marcel Aubut dit oui. *Il y a des risques que les banques ne prendront jamais. Mais le vrai déficit au Québec, il est humain, entrepreneurial et non financier.* Selon Alain Bouchard, *il y a de l'argent pour ceux qui ont eu du succès, mais pour le vrai démarrage, il n'y en a pas.* Alors que la première ministre conclut la rencontre, Marcel Aubut exprime ce que probablement beaucoup de personnes autour de la table pensent : *Si les gens savaient que cette rencontre se tient, ils ne le croiraient pas. Je vous remercie, madame.* Après avoir quitté le Club Mont-Royal, à 21 h, la première ministre, Nicole et moi retournons au bureau. Dans la voiture qui nous y ramène, je tente d'imaginer la scène qui suivra. La responsable de l'agenda de la première ministre est demeurée à son poste toute la soirée. Alors que nous sommes dans le bureau de Madame, elle nous informe que le visiteur est arrivé. Je me propose d'aller le chercher à l'entrée. *Bonsoir, monsieur Péladeau.* Il me serre la main et me suit dans les couloirs menant à la salle de rencontre privée, adjacente au bureau de la première ministre. Le propriétaire de Québecor a revêtu un complet bleu marine et porte des lunettes à monture foncée. Il s'assoit face à la première ministre. Il semble nerveux. Il s'adresse à elle en commençant ses phrases par *Madame la première ministre.* Il y a un peu plus d'un mois que Pierre Karl Péladeau a annoncé qu'il quittait son poste de PDG de l'entreprise créée par son père. Il disait alors vouloir prendre plus de temps pour lui et sa famille et se concentrer sur la vision à long terme de l'entreprise plutôt que sur sa gestion quotidienne. La rencontre de ce soir a pour but de sceller sa nomination prochaine par le Conseil des ministres à titre de président du conseil d'administration d'Hydro-Québec. Il y a déjà quelques semaines que la chose se trame. Péladeau avait fait part à Madame de sa disponibilité pour servir l'État dans une fonction qu'elle jugerait utile. C'est elle qui a pensé à Hydro-Québec. La société d'État est névralgique pour les Québécois, en ce qui a trait tant à notre approvisionnement en énergie qu'à notre développement économique partout sur le territoire, à nos exportations et à notre stratégie d'électrification des transports. Elle croit que l'engagement d'un homme d'affaires de la trempe de Péladeau au service de l'État propose un symbole et un message forts. Il confirme qu'il accepte l'offre de la première ministre. Il refuse toutefois le salaire normalement versé au président du conseil. Il ne veut pas être rémunéré. La première ministre et lui échangent à propos de son mandat à la tête de la société d'État. Elle souhaite qu'il soit un président actif, mais qui n'empiète pas sur les responsabilités du PDG Thierry Vandal. En le quittant à la fin de la soirée, nous savons qu'il ne s'agit pas d'une nomination comme les autres. Le personnage de Péladeau est plus grand que nature et Madame en a pleinement conscience. Lorsque j'arrive à la maison, j'ai du mal à tenir en place. Je raconte à Valery la visite de Péladeau. Elle ne comprend pas trop ce qu'il va faire à la société d'État. Sa réaction me surprend.

Mardi 16 avril – Québec

Direction Québec aux aurores. On travaille toute la matinée à mettre la dernière main à la déclaration ministérielle de la première ministre concernant le rapatriement de la Constitution de 1982. Stéphane Gobeil a préparé un excellent texte. On le peaufine rapidement car on doit le montrer aux partis d'opposition afin d'avoir leur assentiment. On croit que ce sera encore plus puissant si les autres chefs appuient la déclaration. Madame la lira cet après-midi, juste avant la période de questions et l'adoption de la motion que nous avons préparée. En parallèle, je mets Julien Lampron, conseiller au cabinet, dans la confidence au sujet de la nomination de Pierre Karl Péladeau. Il doit préparer des messages clés pour la première ministre et imaginer les questions que les journalistes pourraient lui poser à la suite de l'annonce. Ce matin, la première ministre doit rencontrer séparément les chefs des trois autres partis. Françoise David est retenue chez elle à cause d'une extinction de voix… Madame pourra lui parler au téléphone, mais la coporte-parole de Québec solidaire ne pourra répondre… Philippe Couillard et François Legault sont favorables à la motion. Celle-ci est adoptée : pour, 108 ; contre, 0 ; abstention, 0. *Que l'Assemblée nationale du Québec demande au gouvernement du Canada qu'il donne accès à toute l'information contenue dans ses archives et réclame que toute la lumière soit faite sur les événements qui ont conduit à la pro-*

clamation de la Loi constitutionnelle de 1982. Je reproduis ici le texte de la déclaration ministérielle de la première ministre :

Monsieur le Président.

Nous sommes réunis ici, au sein de l'assemblée des élus de la nation québécoise. Nous y débattons quotidiennement de toutes sortes de questions sur lesquelles nous sommes parfois d'accord, et d'autres sur lesquelles nous avons de vifs désaccords. C'est normal, c'est la démocratie. Mais il y a des questions à propos desquelles nous sommes tous unis. Des questions fondamentales, qui transcendent les lignes partisanes. Par-dessus tout, nous considérons que le peuple québécois est un peuple fier de sa différence et riche d'une histoire et d'une culture absolument uniques en Amérique. Depuis plus de quatre cents ans, notre peuple a surmonté les nombreux obstacles qui se sont dressés devant lui, il a réussi à s'épanouir sur un territoire aussi vaste que magnifique et à maintenir vivante la langue française en Amérique. Nous considérons tous, également, que les Québécois forment une nation, une nation politique, avec une histoire commune et un avenir commun. C'est une réalité tangible, quotidienne, manifeste.

Il y aura exactement trente et un ans demain, la Loi constitutionnelle de 1982 était proclamée. Le 17 avril 1982, le gouvernement fédéral a fait fi de l'opposition du Québec. Il a balayé du revers de la main la promesse d'un fédéralisme qui devait tenir compte des aspirations des Québécois. La Constitution de 1982, qui nous a été imposée et qui nous régit depuis, ne reconnaît pas le caractère national du Québec, et elle a une incidence sur de nombreux enjeux dont nous débattons quotidiennement dans cette enceinte. Depuis que René Lévesque l'a rejetée, aucun premier ministre du Québec n'a accepté de signer la proclamation constitutionnelle de 1982. Pierre Marc Johnson, Robert Bourassa, Daniel Johnson,

Jacques Parizeau, Lucien Bouchard, Bernard Landry et Jean Charest. Il y a là une grande unité et une continuité historique remarquables. Cette position a d'ailleurs été réitérée à de nombreuses reprises par cette assemblée unanime. Cela s'explique très simplement. Une des plus grandes responsabilités qui nous incombent, à nous, les élus de l'Assemblée nationale, c'est de protéger et d'accroître la capacité de notre nation à se gouverner librement. Notre Parlement est en effet le seul qui soit entièrement contrôlé par le peuple québécois. Or, non seulement la Constitution de 1982 a réduit les pouvoirs de l'Assemblée nationale sans son consentement, mais nous apprenions également la semaine dernière que des irrégularités très graves auraient été commises à l'époque. Notamment, la violation de la séparation des pouvoirs judiciaire et exécutif. Il appert en effet que le juge en chef de la Cour suprême aurait communiqué des renseignements à des membres du pouvoir exécutif sur l'état des délibérations en cours lors du renvoi de 1981. Ces actions soulèvent la délicate question de l'indépendance du plus haut tribunal du Canada. La Cour suprême a d'elle-même décidé d'examiner les faits, ce qui montre bien le caractère exceptionnel de la situation. Je crois donc que les Québécois ont le droit de connaître la vérité. C'est le strict minimum. Je crois également que personne ne devrait avoir peur de cette vérité, trente ans plus tard. Il y a là un devoir de mémoire et une obligation de transparence. J'invite le premier ministre du Canada, Stephen Harper, à considérer cette question. Monsieur le Premier ministre, le Québec vous le demande, en tout respect : ouvrez les archives de manière à ce que toute la lumière soit faite sur les événements qui ont conduit à l'adoption de la Loi constitutionnelle de 1982. En conséquence, je demanderai aux élus de cette assemblée de voter à l'unanimité une motion que j'ai présentée ce matin à tous les chefs de parti.
Merci.

Mercredi 17 avril – Québec

« Rapatriement de la Constitution – Unanimité pour la vérité », c'est le titre de l'article de Robert Dutrisac dans *Le Devoir*. Il écrit ceci à propos du chef libéral : *Philippe Couillard a prévenu qu'il trouverait « intolérable » qu'on instrumentalise les députés libéraux « dans la gouvernance souverainiste, qu'on nous amène dans une stratégie d'affrontement délibéré dans le seul but de faire mousser l'idéologie ou le projet indépendantiste »*. Ce matin, les ministres entrent à l'édifice Honoré-Mercier plus tôt qu'à l'habitude. Ils ont été convoqués à 7 h 30 pour un Conseil des ministres extraordinaire sur la Charte de la laïcité. Drainville présente longuement chacun des aspects du projet. Le texte a fait l'objet de débats en comités ministériels, mais c'est la première fois qu'on en discute en profondeur au Conseil. Le débat est rapidement empreint d'émotion. Certains apprécient fortement et le disent sans hésiter alors que d'autres font preuve de retenue ou signalent leur désaccord avec quelques aspects du projet. Au cours des échanges, l'idée d'une charte des valeurs fait surface. Le terme fait en sorte qu'on ne parlerait pas uniquement de laïcité. L'application de la charte dans les municipalités et dans les hôpitaux soulève des positions divergentes. Bernard Drainville tente une synthèse de la discussion. Il comprend les hésitations. Il en avait d'ailleurs fait part à la première ministre en privé. Drainville fait un travail d'équilibriste. Personne ne pourra lui reprocher d'avoir évité le débat. Le Conseil procède à quelques nominations. Une fonctionnaire de carrière est nommée au Japon alors qu'un autre se retrouvera à Munich. Pierre Karl Péladeau devient président du conseil d'administration d'Hydro-Québec. Madame profite d'une petite pause pour avoir un entretien téléphonique avec Thierry Vandal et lui annoncer de vive voix la nomination de Péladeau. L'atterrissage de l'homme d'affaires à Hydro-Québec a été préparé dans la plus grande discrétion. Malgré tout, des rumeurs ont circulé dans certains cercles quelques heures avant la réunion du Conseil. Dès que la nouvelle est sortie, nous avons organisé une rencontre impromptue de la première ministre avec les médias. Nous voulions que ce soit elle qui, la première, fasse connaître les raisons de ce choix. Au Conseil, les ministres ont réalisé sur place seulement que le nom de Péladeau était sur la liste des nominations. Son nom n'avait pas été inséré dans la documentation préalablement remise. Généralement bien accueillie, la nomination de Péladeau suscite tout de même des doutes chez certains ministres. Les prises de position passées du propriétaire de Québecor en dérangent plusieurs. En soirée, rencontre du Comité sur la souveraineté que convoque Madame tous les trois ou quatre mois. Si nous cherchions la preuve que la performance du gouvernement a un impact sur l'état d'esprit des indépendantistes, même les plus militants, nous la trouvons lors de cette soirée qui survient à un moment difficile pour le gouvernement. Il y a maintenant près de deux mois que les questions entourant l'aide sociale nous poursuivent, et que tout ce que nous touchons ou presque ne tourne pas bien.

Jeudi 18 avril – Québec

La journée débute tôt. Nicole et moi sommes enfermés dans la salle de réunion qui se trouve juste à côté de mon bureau, et des interlocuteurs différents se succèdent autour de la table. Si nous étions au théâtre, nous parlerions d'un huis clos. Programme d'infrastructures avec Stéphane Bédard. Pacte fiscal avec Sylvain Gaudreault. Souveraineté alimentaire avec François Gendron. Assurance autonomie avec Réjean Hébert...

Vendredi 19 avril – Montréal

Rencontre du cabinet en l'absence de la première ministre qui est dans son comté. Nous sommes une vingtaine de personnes. Long tour de table où chacun fait part de ses impressions sur les dernières semaines. Le constat est assez dur. Nicole donne des indications pour le calendrier des prochaines semaines. On a le sentiment d'être dans un long tunnel. Dans ces moments, Nicole joue la durée. Elle revient au jeu de base. *Appliquons-nous à faire moins de choses. Préparons mieux les projets. Assurez-vous que les ministres se concentrent sur leur priorité.*

Dimanche 21 avril – Montréal

Spectacles de Simone et Marguerite à l'école. Simone chante et Marguerite joue du piano. Une citation de Sartre me traverse l'esprit. *Dans la vie on ne fait pas ce que l'on veut, mais on est responsable de ce que l'on est.* J'ai toujours le vertige lorsque je pense à mes filles. Sauront-elles être heureuses ? C'est l'anniversaire de Valery.

Lundi 22 avril – Montréal

Stéphane Gobeil a rédigé un hypothétique positionnement pour une prochaine campagne. Avec un petit groupe rassemblé autour de Nicole, nous amorçons une réflexion même si le contexte politique ne nous est pas très favorable. Nous regardons les résultats d'un sondage commandé par le Parti québécois. Pas moins de 72 % des électeurs croient que le Québec s'en va dans une mauvaise direction... Lorsqu'on leur demande si la situation s'est améliorée dans la dernière année, seulement 18 % pensent que oui alors que 42 % pensent qu'elle s'est détériorée. Au sujet des chefs, Pauline Marois est la meilleure pour la défense de la langue, de la culture, de l'éducation et des intérêts du Québec en général. François Legault se distingue sur les plans de l'intégrité, des finances publiques et de l'économie. Philippe Couillard ne se démarque que sur la santé. La souveraineté est à 33 %, mais à 41 % chez les francophones. Pour les intentions de vote, les libéraux recueillent 36 % et le Parti québécois 27 %, soit 5 points de moins que les résultats de la dernière élection. À l'heure du lunch, la première ministre fait un discours bien senti devant des gens d'affaires réunis par le Conseil du patronat. Vol Montréal-Québec en soirée avec la première ministre. Elle s'endort quelques minutes seulement après le décollage.

Mardi 23 avril – Québec

Rencontre au sujet de l'octroi de nouveaux mégawatts pour de futures éoliennes. La première ministre est déterminée à aller de l'avant. Essentiellement pour des raisons de développement économique régional. Diane De Courcy fait le point sur ses dossiers avec la première ministre. Les deux femmes s'apprécient. Diane a une manière toute particulière de mener ses combats. C'est une femme qui sait où elle va, mais qui se garde bien de dévoiler toutes ses cartes. On a envie de lui faire confiance, de jouer le jeu avec elle.

Mercredi 24 avril – Québec

Léo Bureau-Blouin fait une présentation au Conseil des ministres de la stratégie jeunesse. Il s'assoit à la droite de la première ministre, là où s'installe normalement Nicolas Marceau. Tout le monde s'amuse de la situation. Rencontre avec des dirigeants de Glencore et d'Xstrata. Les deux géants de l'industrie minière qui s'apprêtent à fusionner ont beaucoup d'intérêts au Québec. Leur message est simple : le Québec n'a pas à s'inquiéter de la fusion. Nouvelle rencontre en soirée avec un groupe de députés à l'édifice Price.

Vendredi 26 avril – Montréal

Réunion restreinte du cabinet au bureau de Montréal. Nicole augmente la fréquence de ces rencontres. Nous sommes une quinzaine autour de la table. Analyse de l'accueil réservé au nouveau programme d'infrastructures et au projet de Banque de développement économique du Québec. Insatisfactions à propos du déroulement de la période de questions. Il faut resserrer la préparation des ministres. Sylvain Tanguay nous informe d'un congrès en préparation pour regrouper les forces souverainistes. L'initiative n'émane pas du Parti québécois. Quelle attitude adopter ? Louise Beaudoin et Bernard Landry devraient participer. Québec solidaire et Option nationale tiennent un discours d'ouverture sur la place publique, mais dans la réalité c'est tout le contraire. On se retrouve donc toujours entre deux chaises. Il faut consulter les députés et le Parti avant de prendre une décision finale sur notre participation. Daniel Amar, ex des cabinets de Bernard Landry et jusqu'à maintenant directeur de cabinet de Pascal Bérubé au Tourisme, sera chargé du suivi des grands investissements privés au cabinet de la première ministre. C'est Alexis Boyer-Lafontaine qui le remplacera auprès de Bérubé. Ces deux-là sont des complices de longue date. Madame revient durant l'après-midi d'une tournée en Mauricie, puis se prépare pour l'enregistrement d'une émission de Larocque-Lapierre. On revoit les messages clés avec elle.

Dimanche 28 avril – Danville

Diffusion de l'entrevue avec Larocque-Lapierre. Madame y admet que la situation est difficile. Elle passe le message d'une reprise de contrôle. *On avait beaucoup de travail à faire pour remettre les choses en ordre. On est en train de sortir la tête de l'eau.* Elle soutient qu'elle comprend le taux d'insatisfaction de la population à l'égard du gouvernement. *C'est normal. Après ce que l'on a dû faire pour replacer la situation.* Madame doit défendre le travail de Martine Ouellet aux Ressources naturelles. Elle le fait sans broncher. On l'interroge sur les nominations faites par son gouvernement. Elle se débat vigoureusement et défend la compétence des personnes nommées. Elle revient sur Pierre Karl Péladeau. *Je suis très fière d'avoir un entrepreneur de son envergure à la tête de notre plus grande société d'État. Ce que j'attends de lui à la tête d'Hydro, c'est qu'il fasse en sorte que la société joue un rôle encore plus actif dans le développement économique du Québec.* Elle donne l'exemple de l'électrification des transports. Puis, encore une fois, Madame doit affirmer la volonté du gouvernement de respecter l'équilibre budgétaire et d'atteindre ses cibles de dépenses. Une bonne entrevue.

Lundi 29 avril – Montréal

Madame annonce un investissement à l'Hôpital de Saint-Jérôme avec Réjean Hébert. Rencontres au bureau en après-midi.

Mardi 30 avril – Québec

Comité ministériel sur la Gaspésie. La première ministre tient à participer, même s'il ne s'y passe pas toujours grand-chose. C'est vrai que sa présence en soi est un gage qu'on va arriver à quelque chose. Comme c'est souvent le cas au Parlement, une classe d'élèves du primaire fait une visite des lieux. Parrainé par un député, un groupe réussit à se frayer un chemin jusqu'au bureau de la première ministre, qui les reçoit comme s'ils faisaient partie de la famille. Instant volé au milieu de la grisaille. Rencontre des directeurs de cabinet en soirée. On insiste sur la discipline des ministres. On revoit avec eux la préparation de la période de questions. Les cabinets doivent produire un bilan à jour des réalisations du programme électoral de la dernière campagne. Nicole et moi animons la rencontre, mais les directeurs de cabinet sont peu loquaces. Et ils ont l'air de se demander si nous savons ce que nous faisons.

Mercredi 1er mai – Québec

J'arrive tôt au cabinet. Le personnel de sécurité de Madame est déjà sur place. Je passe la saluer à son bureau. On lui a servi un petit-déjeuner. Elle mange en lisant des documents. *Quoi de neuf, Dominique ?* Je n'ai jamais su répondre à ce type de question. Je balbutie quelques phrases à propos des dossiers auxquels je travaille. Je cherche quelque chose d'intéressant à lui dire, mais je ne trouve pas. Je retourne à mes affaires. Journée des travailleurs. La première ministre reçoit les chefs syndicaux après la période de questions. Le Conseil des ministres approuve le plan pour le développement du secteur éolien. On pourra procéder aux annonces. Caucus extraordinaire sur la convergence souverainiste en soirée. Les députés choisissent de rester en marge de l'opération, le temps de voir ce qui en ressortira. Ils sont méfiants. Pour beaucoup, une convergence souverainiste qui ne se matérialise pas lors des élections ne fait que nourrir les tiers partis et, au final, fait perdre des comtés au Parti québécois. Tout le monde reste marqué par les résultats de la dernière élection, alors qu'Option nationale et Québec solidaire ont probablement fait perdre la majorité au Parti québécois. Le cas est particulièrement frappant en ce qui concerne Option nationale qui ne pouvait prétendre à aucune victoire, si ce n'est de gruger le vote péquiste. On peut bien clamer que les choses seraient différentes dans un système proportionnel… mais aux dernières nouvelles ce n'est pas le régime en place au Québec.

Jeudi 2 mai – Québec et Montréal

Briefing sur les soins palliatifs avec Véronique Hivon. Les besoins sont immenses et les ressources insuffisantes. Hivon fait de la politique comme on fait de la courtepointe. Le fruit de son travail ne se révèle que tout doucement. Cela l'a très bien servie dans le dossier des soins de fin de vie. Elle a été d'une patience, d'une rigueur et d'une efficacité redoutables. Bien qu'elle semble manquer parfois de réflexes politiques, elle est une excellente plaideuse et sa crédibilité se bâtit de belle façon. Dave Turcotte vient faire rapport de l'état des troupes à la première ministre. Député de Saint-Jean et responsable de l'organisation électorale au sein de la députation, il est l'archétype du député à son affaire. Près de son monde, toujours disponible pour soutenir un collègue, positif en toutes circonstances, il est un antidote au défaitisme. Vol en fin d'après-midi avec la première ministre. Madame plonge dans ses dossiers. Elle lit toujours dans l'avion… avant de s'endormir. Des revues de presse, des magazines, des notes de briefing… Immanquablement, elle cherche un chiffre. *Pouvez-vous me trouver le coût exact de telle mesure ? Est-ce que ce projet a été budgété ? Les coûts de système ont-ils été considérés ? Est-ce que ce chiffre tient compte des transferts fédéraux ?* Elle réclame constamment des précisions sur les chiffres qu'on lui présente. Elle veut tout comprendre. Tout retenir. Elle a horreur de se tromper. En revenant d'une entrevue de trente minutes, elle trouvera qu'elle a tout raté si elle croit s'être trompée sur un chiffre.

Vendredi 3 mai – Montréal

Rencontre de l'équipe du cabinet au bureau de Montréal. Nous sommes presque vingt autour de la table. Nicole repasse de façon systématique tous les événements qui se sont déroulés dans les dernières semaines pour en faire le bilan et tirer des leçons. Puis on parcourt le calendrier des prochaines semaines pour placer les choses. Le gouvernement n'a pas encore dix mois. Dans un mandat normal, un gouvernement met entre quinze et dix-huit mois pour trouver ses repères puis s'installer correctement. Nous, nous gouvernons dans l'urgence. Nous avons une soif irrépressible de réalisations. Nous voulons prouver notre capacité non seulement à diriger le Québec, mais à le changer. C'est toute une commande. Ce n'est pas pour rien que la première ministre peine à garder les yeux rivés sur un nombre restreint de priorités. Les attentes de la population sont importantes, mais celles de son parti et de son équipe sont encore plus grandes. En fin d'après-midi, La Presse canadienne publie une dépêche indiquant que le premier ministre Stephen Harper a fermé la porte à une demande de l'Assemblée nationale pour qu'il ouvre les archives fédérales afin de faire la lumière sur le rapatriement de la Constitution. *M. Harper a déclaré que cette demande pourrait raviver des querelles dont la population s'est lassée.* Fin de la récréation.

Lundi 6 mai – Montréal

À l'initiative de Nicole, nous sommes une dizaine à participer à une rencontre sur la stratégie politique. Ce comité restreint ne s'est pas réuni depuis le 30 novembre. Il est composé d'à peu près les mêmes personnes que celles qui étaient de certaines rencontres en prévision de l'élection de 2012. La période de fébrilité qui a suivi l'élection a maintenant laissé place à une certaine incompréhension dans la population. Nous perdons de tous les côtés. Ceux qui seraient susceptibles d'applaudir à nos efforts en matière de finances publiques ne nous témoignent aucune reconnaissance, alors que ceux qui en souffrent nous accusent de les laisser tomber. Nous décevons nos alliés, et ceux qui pourraient adhérer à nos politiques font la sourde oreille. Nicolas Marceau et Martine Ouellet annoncent la position du gouvernement sur les redevances minières. Les principes défendus par le Parti québécois sont respectés, mais la hausse est minime par rapport à ce qui avait été envisagé. C'est une autre saga qui se termine. Nicole et moi passons du temps seuls dans son bureau. Nous sommes inquiets de la situation. Les choses ne vont pas comme nous le souhaiterions. Le gouvernement est en perte de vitesse. Comment donner un coup de barre ?

Mardi 7 mai – Québec, Chibougamau et Québec

Vol Québec-Chibougamau à 7 h 30. Grosse délégation : quatre ministres et trois députés accompagnent Madame. L'arrivée à Chibougamau est toujours saisissante. L'impression d'atterrir sur un tapis d'épinettes. Annonce de la création du Secrétariat au développement nordique. Le député Luc Ferland jubile. La première ministre dévoile des investissements de 867 millions de dollars sur cinq ans devant quelques centaines de personnes entassées dans la salle surchauffée du club de golf. L'idée est de donner un signal clair en faveur du Nord tout en se démarquant du gouvernement précédent. L'investissement de Québec doit servir à susciter des engagements de la part du secteur privé. Retour à Québec vers midi, juste à temps pour la période de questions à l'Assemblée nationale. Rencontre sur l'assurance autonomie que Réjean Hébert prépare à vitesse grand V pour répondre aux besoins de la population vieillissante. Il s'agit d'un projet ambitieux et Hébert y consacre beaucoup d'énergie, mais la question de son financement demeure problématique. Nous finissons la journée affalés dans les fauteuils du bureau de la première ministre à écouter Madame répéter et se mettre en bouche le discours qu'elle prononcera à la prochaine rencontre des militants du Parti.

Mercredi 8 mai – Québec et Montréal

Jour de Conseil des ministres. Daniel Breton devient adjoint parlementaire de la première ministre pour l'électrification des transports. Cinq mois après sa démission douloureuse. Vol vers Montréal en toute fin de soirée après un souper avec un groupe de députés à l'édifice Price.

Jeudi 9 mai – Montréal, Bonaventure et Gaspé

Madame fait un discours tôt le matin devant l'Union des municipalités du Québec avant de s'envoler pour Bonaventure. Le ministre Gaétan Lelièvre, député de Gaspé, et Sylvain Roy, député de Bonaventure, sont avec nous. Quelques instants seulement après le décollage, on réalise que nos collègues Lelièvre et Roy ont de drôles de mines. Lelièvre a carrément du mal à respirer. Il défait son nœud de cravate et s'agite sur son siège. La première ministre s'inquiète. On découvre alors l'inimaginable : il a la phobie des avions. Même chose pour son collègue de Bonaventure, collé à son dossier. Nos deux députés du bout de monde ont peur de l'avion ! Malgré le sérieux de la chose, difficile de s'empêcher de s'en amuser. En arrivant, annonce de la stratégie pour la relance de la Gaspésie. Le discours du ministre Lelièvre est interminable. Vraiment interminable. Je fais de grands signes à Marie Barrette pour qu'elle trouve une façon d'y mettre fin. Je me dis qu'on pourrait peut-être fermer son micro... Rencontre avec les maires et préfets de la région. Vol Bonaventure-Gaspé en début d'après-midi. En atterrissant, on court à l'hôpital pour y faire l'annonce d'un investissement. Souper au Brise-Bise, petit restaurant de Gaspé, avec Pascal Bérubé et quelques conseillers. On mange de la poutine aux crevettes. En soirée, alors que la première ministre entre à son hôtel, nous sommes un petit groupe à nous rendre à la résidence de Lelièvre en retrait de la ville. Scène de film. C'est que le ministre est aussi éleveur de chevaux miniatures. Nous voilà dans l'enclos des chevaux à flatter les petites bêtes en pleine nuit avec nos seuls téléphones mobiles pour nous éclairer. Le ministre Bérubé s'amuse à les prendre dans ses bras. À un moment, c'est Marie Barrette qui se retrouve avec un cheval dans les bras, soulevant l'hilarité générale. Ça ne s'invente pas. Le Canadien est éliminé en cinq matchs par les Sénateurs d'Ottawa.

Vendredi 10 mai – Gaspé, Matane et Québec

On amorce la journée avec la première ministre et Lelièvre en rendant visite au maire de Gaspé, François Roussy. Sujet : Pétrolia. Le maire poursuit sa valse-hésitation. Ni pour ni contre, bien au contraire ! Annonce sur les éoliennes dans l'immense usine de LM Wind à Gaspé. La mise en scène est parfaite. Des dizaines de travailleurs entourent la première ministre. Ensuite, après un vol entre Gaspé et Matane, nous refaisons l'annonce, cette fois-ci devant les travailleurs de Marmen. Lancement d'appel d'offres pour 800 mégawatts supplémentaires devant entraîner plus de 2 milliards de dollars d'investissements. Il y a des mois qu'on y travaille. Manchette du *Devoir* en fin d'après-midi : « Marois veut consolider la filière éolienne québécoise ». En début de soirée, de retour au bureau de Québec, on se retrouve quelques-uns autour de la première ministre pour mettre la dernière main au discours qu'elle doit prononcer demain au Conseil national du Parti québécois.

Samedi 11 mai – Québec

Cette journée de Conseil national débute très tôt par un caucus des députés. Tout le monde est sur le pied de guerre. C'est comme si le gouvernement trouvait une nouvelle énergie. Chacun prend conscience de l'importance du travail en équipe. Madame fait un discours inspirant.

Dimanche 12 mai – Danville

Robert Dutrisac du *Devoir* : « *Le grand ménage* » *est une condition essentielle à la souveraineté*, selon Pauline Marois. Madame tentait d'expliquer pourquoi il ne fallait pas voir de contradiction entre les efforts du gouvernement pour le rétablissement des finances publiques et le désir d'indépendance.

Lundi 13 mai – Montréal et Sept-Îles

Je passe la journée au téléphone. Vol vers Sept-Îles avec la première ministre en milieu de soirée. On s'installe à l'Hôtel Gouverneur. C'est la première fois que je me trouve dans cette ville.

Mardi 14 mai – Sept-Îles et Québec

Jogging dans les petites rues longeant la baie sur laquelle donne Sept-Îles. Ensoleillé, mais frais. Après une annonce d'investissements dans un CHSLD, la première ministre prend de front des manifestants du secteur de la construction dès son arrivée à une réunion avec des maires. Elle refuse de suivre les indications des membres de sa sécurité. Pas question d'entrer par une porte dérobée. Elle ira à leur rencontre. À un moment, alors qu'un manifestant lui crie au visage, Madame lui saisit le bras et l'invite à parler plus calmement. *Ça va me permettre de mieux comprendre ce que vous me dites. Pas besoin de crier. On va se parler calmement, vous voulez ?* Le ton baisse. Alors que je me retire à quelques mètres de la mêlée, je réalise à quel point Madame paraît bien petite aux côtés de ces travailleurs en colère. La députée Lorraine Richard est fière de sa première ministre. Au décollage, magnifique vue sur le fleuve et les petites îles au large. On survole le port, puis l'immense aluminerie Alouette. De retour au bureau en fin d'après-midi. Stéphane Bédard et Agnès Maltais rencontrent la première ministre sur les enjeux budgétaires à l'aide sociale. Tension entre les deux ministres. Expérimentée, volontaire, fonceuse, Maltais se retrouve isolée après des mois à défendre ce qui paraît maintenant indéfendable.

Mercredi 15 mai – Québec

Jour de Conseil des ministres. Le Conseil croule sous les projets à examiner. Les ministres chercheraient à compenser les difficultés du gouvernement par leur propre hyperactivité qu'ils n'agiraient pas autrement. Marathon de rencontres en après-midi. Sylvain Gaudreault sur le pont Champlain. Bernard Drainville sur la charte. Alexandre Cloutier sur la gouvernance souverainiste. Stéphane Bédard sur les infrastructures. Madame est une femme pressée. Elle regarde souvent l'agenda pour s'enquérir de la rencontre suivante. Elle termine parfois des meetings en catastrophe, prétextant être attendue. Elle est toujours au pas de course. Elle marche vite, semant parfois ses conseillers dans les cou-

202   **2013**

loirs. En mission à l'étranger, cela apparaît encore plus clairement. Elle est toujours en avance sur les programmes pourtant construits pour elle. Elle est toujours prête à passer à l'étape suivante. À quitter pour le prochain rendez-vous. Même les repas se terminent souvent abruptement. Elle est à enfiler son manteau alors que nous sommes toujours à table. Il faut partir. On se demande si Madame ne s'étourdit pas un peu parfois. Souper avec un groupe de députés à l'édifice Price.

Jeudi 16 mai – Québec et Montréal

François Gendron dévoile la politique de souveraineté alimentaire du gouvernement. Gendron y travaille depuis l'élection. L'objectif ultime est que 50 % des produits consommés par les Québécois soient locaux. L'annonce a lieu à Baie-Saint-Paul en présence de la première ministre.

Vendredi 17 mai – Montréal

Petit-déjeuner avec des leaders émergents rassemblés au sein d'un programme de leadership mis sur pied par Guy Hébert à Montréal. Il s'agit d'un programme très couru par la relève au sein des grandes entreprises et des cabinets de services professionnels. Ils sont une trentaine à être venus rencontrer la première ministre. Madame est rapidement en confiance. Les participants souhaitent échanger sur l'exercice du leadership. Je suis assis à côté d'elle. Alors que j'étais chez Cossette il y a quelques années, j'ai suivi ce programme de leadership et c'est donc avec plaisir que je présente ma patronne aux participants. La première ministre passe le reste de la journée dans le comté de Daniel Breton

à Montréal. Visite de commerces et de groupes communautaires. Je rentre au bureau. Mes journées finissent par
se ressembler. Discussions autour de dossiers sur lesquels
la première ministre devra se pencher ; participation à
ses côtés à des rencontres diverses ; échanges avec des directeurs de cabinet, des députés ou des ministres au sujet
de leurs préoccupations ou de leurs priorités ; discussions
sur des dossiers de l'administration avec le secrétaire général du gouvernement ; révision de discours ou de notes de
briefing s'adressant à la première ministre. Et appels téléphoniques, beaucoup d'appels téléphoniques.

Samedi 18 mai – Danville

On fête l'anniversaire de ma mère à la campagne. 86 ans.
Très belle journée de printemps. La piscine est déjà ouverte.

Lundi 20 mai – Danville et Montréal

Journée des Patriotes. Madame passe la matinée à Saint-
Eustache. Elle promet une plus grande place pour l'enseignement de l'histoire. Je rentre à Montréal en fin de journée
avec la famille. Je me dis que Madame a du courage. Elle fait
face. Ce n'est pas quelqu'un qui fuit les difficultés. Mitterrand disait que le courage consiste à dominer sa peur. Pas
à ne pas avoir peur. Elle ne laisse rien transparaître. Toujours ce contrôle d'elle-même. Paraître en contrôle. Jamais
elle ne m'a parlé de l'attentat. Je ne sais pas si elle l'a fait avec
d'autres. C'est quelque chose que nous n'avons jamais
abordé ensemble.

Mardi 21 mai – Montréal et Québec

Les choses s'enchaînent dès que j'arrive au bureau de Québec. Après la rencontre hebdomadaire avec les officiers, je me retrouve au caucus, assis comme toujours derrière la première ministre. Le ministre des Finances se lève et prend la parole. L'uniforme du parfait politicien. Complet gris, chemise blanche, cravate à larges rayures. Tous les hommes politiques portent des complets. Bien souvent bleu marine ou gris. Mais les complets ne se valent pas tous. Le veston est souvent moche, les épaules ne tombent pas bien, les poches sont déformées. Même chose pour le pantalon : trop grand, trop long ou trop court. Les chemises au col mal ajusté sont légion, les tissus de mauvaise qualité aussi. Heureusement, certains se démarquent. Le ministre des Finances, bien sûr. Stéphane Bédard, Bertrand St-Arnaud, Alexandre Cloutier et quelques députés aussi, dont Guy Leclair. Sylvain Gaudreault, tout juste converti aux complets de designers, est en nette progression. Réjean Hébert ne passe pas inaperçu avec ses complets colorés, mais ses vêtements sont souvent mal assortis. Du côté des femmes, on remarque les robes aux couleurs vives de Diane De Courcy et l'harmonie des vêtements de Véronique Hivon. Puis il y a l'audacieuse Élaine Zakaïb qui, en plus de ses lunettes colorées, ose même parfois les robes à pois. Mais à ce jeu-là, aucune ne se rapproche de l'élégance classique de Pauline Marois, version première ministre.

Mercredi 22 mai – Québec

Jacques Parizeau critique la position du gouvernement sur l'équilibre budgétaire en entrevue avec Paul Arcand. En marge du Conseil des ministres, Nicolas Marceau est forcé de réagir. *Je considère que la dette est trop élevée. On a un service de la dette de 10 milliards par année, c'est trop important, c'est le troisième poste budgétaire. On ne peut pas continuer comme ça, la seule chose à faire, c'est de parvenir à l'équilibre budgétaire.* Le feu couve au sujet des garderies. À l'Assemblée nationale, Nicole Léger a essuyé ce matin les critiques de l'opposition. *La Presse* met en ligne un article dans l'après-midi : « Marois reste inflexible sur les garderies ». Après le Conseil des ministres au cours duquel on n'en finit plus de se désoler de la situation difficile dans laquelle le gouvernement se trouve, la première ministre fait un aller-retour à Montréal avec Maka Kotto pour annoncer un investissement majeur en vue de la réfection de l'édifice Wilder dans le Quartier des spectacles. L'édifice logera des organismes et des compagnies du secteur de la danse. C'est un projet qui était dans les cartons depuis longtemps. Régis Caron du *Journal de Québec* publie un article sur la sortie de Parizeau. *Jacques Parizeau a mis de nouveau le gouvernement Marois dans l'embarras, mercredi, affirmant que les coupes en vue d'atteindre le déficit zéro étaient inutiles et « tragiques ».*

Jeudi 23 mai – Québec et Montréal

Vol Québec-Montréal avec la première ministre. Nous sommes bien souvent dans de petits avions de six ou huit places. Il y a un seul siège de chaque côté du couloir. Madame s'assoit toujours du même côté. Lorsque je suis seul avec elle, je m'assois juste de l'autre côté. Si nous sommes quelques-uns, je m'installe souvent face à elle. Les gardes du corps sont toujours à l'arrière de la cabine durant le vol. La première ministre discute un peu au départ, avant de lire ses dossiers. Puis elle dort souvent quelques minutes. Ce qu'il y a de bien avec elle, c'est qu'on n'est pas contraint de parler. Elle supporte bien le silence. On n'est pas obligé de réfléchir constamment à une question ou à une manière quelconque d'animer la conversation. Cela me va très bien. Ne pas être obligé de parler, c'est l'une des choses qui me rendent heureux. À l'arrivée, tout de suite après les gardes du corps, c'est elle qui descend d'avion. Elle s'engouffre dans l'auto avancée sur le tarmac pour l'accueillir. Il faut presque courir pour rejoindre la voiture et s'asseoir à côté de Madame sans la faire attendre. Faire attendre la première ministre, c'est la dernière chose que l'on souhaite. Vraiment la dernière chose.

Vendredi 24 mai – Montréal

Le genre de journée où l'on n'est pas beaucoup plus avancé à la fin qu'au début. On se dit que lire un bon livre tranquille à la maison aurait été plus profitable. En début de soirée, je mange avec les filles au Patati Patata du boulevard Saint-Laurent, un classique. On s'assoit tous les quatre face à la rue. On regarde les gens passer.

Samedi 25 mai – Montréal

Achat de journaux sur Laurier, puis petit-déjeuner à la Croissanterie sur Fairmount avec Marguerite et Françoise. La lecture du *Wall Street Journal* et du *Financial Times* du samedi : toujours un plaisir. On doit marcher rapidement sous la pluie pour retourner à la maison.

Lundi 27 mai – Montréal et Québec

Madame fait quelques annonces d'investissement puis passe du temps à visiter des organismes communautaires dans le comté de Carole Poirier à Montréal. Nicole et moi en profitons pour nous avancer au bureau. Il nous arrive même parfois de venir à bout de nos listes d'appels à faire… mais le silence ne dure jamais bien longtemps. Je fais la route Montréal-Québec en soirée.

Mercredi 29 mai – Québec, Montréal et Miami

Conseil des ministres. Bernard Lauzon sera chargé du Secrétariat au développement nordique. Je prends l'avion en soirée avec Valery pour Miami. Martine Biron de Radio-Canada publie un blogue où elle reproche à la première ministre de ne pas répondre à toutes les questions des journalistes. Je ne sais pas trop quoi en penser.

Jeudi 30 mai – South Beach

Une heure de jogging sur la plage. Ça ressemble au bonheur. Déjà. Je commence la lecture de Salman Rushdie : *Les Enfants de minuit.* J'ai du mal à me concentrer. Je passe de longues minutes à regarder dans le vide. Je crois que ça me fait du bien. Un peu de vide. Souper chez Hakkasan.

Vendredi 31 mai – South Beach

Sébastien Bovet de Radio-Canada me joint sur mon téléphone mobile. Il cherche à confirmer une nouvelle. Je suis en vacances. On rigole ensemble quelques instants. Bovet fait partie du petit groupe de professionnels de la colline parlementaire. Même s'il ne cherche pas à développer des rapports de proximité autant que d'autres, il sait tisser des relations de confiance. Ses analyses sont souvent justes et il fait une bonne lecture des événements.

Samedi 1er juin – Miami et New York

Vol Miami-LaGuardia. On loge de nouveau à l'Americano Hotel. Je prends une photo d'un immense navire de croisière au bout de la 27e Rue dans Chelsea. Mariage d'un couple d'amis en soirée.

Lundi 3 juin – New York et Montréal

Vol tôt le matin à partir de LaGuardia. Je poursuis la lecture de Rushdie. Il fait dire à l'un de ses personnages qu'il y a un virus de l'optimisme qui court. Je me dis que ce n'est pas le cas chez nous. *Si tout est prévu d'avance, pourquoi ne pas abandonner tout de suite ?* écrit-il. Cela me fait penser à Jean D'Ormesson qui racontait dans une entrevue avec Stéphan Bureau que s'il n'y avait rien après la mort, en quoi tout cela valait-il la peine ? *Je vous le demande,* répétait-il. J'arrive au bureau peu avant midi, déjà fatigué. La première ministre revient d'une annonce d'investissement d'Ericsson. Une suite de Davos. Des représentants d'IFFCO, un consortium qui comprend des Indiens et des Québécois, nous attendent dans la grande salle de conférence. Ils envisagent de s'installer à Bécancour. Un projet d'une usine de fertilisants évalué à plus d'un milliard de dollars qui tombe bien. La ministre Élaine Zakaïb est avec Madame. Le chef de la délégation indienne souligne que l'entreprise a analysé cinquante sites sur la planète avant d'arrêter son choix sur le Québec. Les promoteurs laissent entendre qu'ils ont des craintes au sujet des syndicats. *Vous ne devriez pas. Les syndicats sont de bons collaborateurs au Québec. Vous serez agréablement surpris,* affirme la première ministre. Conseil des ministres téléphonique à 13 h. Un seul sujet : mise en tutelle de la Ville de Laval. Le Conseil a lieu en présence de six ministres incluant la première ministre. *La politique, c'est la surprise permanente,* lance Jean-François Lisée. La question est réglée en moins de dix minutes. Comité sur la souveraineté en fin de journée à la permanence du Parti québécois avenue Papineau. Le sujet de la convergence des partis souverainistes revient dans les échanges. C'est une question qui plane toujours au-dessus du Comité. Personne n'a su jusqu'à maintenant répondre à la question toute simple : oui, mais comment ? Chacun des partis ayant son programme et ses particularités, comment opérer un rapprochement réel dans le système politique actuel ? Comme à chacune des rencontres, des critiques se font entendre de façon plus ou moins subtile quant à l'action du gouvernement. *On en fait trop et on communique mal,* lance sans fard la première ministre. *On a de la difficulté à comprendre ce qui est important pour le gouvernement,* lance un autre. L'ancienne ministre et députée démissionnaire du Parti québécois, Louise Beaudoin, analyse les choses de façon intéressante. *Les gens ne sont plus à vouloir arracher plus de pouvoirs à Ottawa, mais bien à arracher plus de pouvoirs à la classe politique tout entière.* Elle a peut-être raison.

Mardi 4 juin – Québec

Caucus du mardi des élus du Parti québécois. Le ministre Maka Kotto fait part à ses collègues d'un livre qu'il vient de lire. Écrit par un psychologue, il traite de la façon de survivre à la critique. La première ministre demande le nom de l'auteur afin de le prendre en note... Kotto est au cabinet en fin de journée pour parler des enjeux du financement en culture. Il semble dépassé par les attentes. La première ministre l'aide à mettre un peu d'ordre dans les priorités. Souper de cabinet au Louis-Hébert. Les conseillers de la première ministre sont heureux de se retrouver. Madame fait part ouvertement de sa position sur plusieurs enjeux. Elle a le goût de parler. Elle affirme tout bonnement qu'il n'y aura pas de remaniement ministériel à moyen terme. C'est curieux comme la clarté ne semble parfois qu'ajouter à la confusion.

Mercredi 5 juin – Québec

Jour de Conseil des ministres. Le climat de fin de session est morose, chacun a tendance à se réfugier dans ses dossiers. Christine Tremblay, qui a travaillé pour le Sommet sur l'enseignement supérieur, devient sous-ministre de Martine Ouellet aux Ressources naturelles.

Jeudi 6 juin – Québec

Le discours des partis d'opposition est dominant. Je me demande comment nous allons nous relever alors que la presse ne semble retenir que le mauvais côté des choses. Le point de vue du gouvernement paraît toujours être à contre-courant. C'est probablement la nature même des gouvernements minoritaires. Première rencontre du Comité des grandes orientations stratégiques. C'est une sorte de comité des priorités sans le nom. Madame ne souhaite pas formaliser la structure. La réunion se tient dans la salle du Conseil et regroupe sept ministres : Nicolas Marceau, Stéphane Bédard, Alexandre Cloutier, Jean-François Lisée, Agnès Maltais, Bernard Drainville et Bertrand St-Arnaud. Jean St-Gelais, Nicole Stafford, Stéphane Gobeil et moi sommes présents. Chacun des ministres prend longuement la parole dans ce qui ressemble à une opération de remise à niveau après presque dix mois de gouvernement. La première ministre écoute attentivement. Personne n'a de solution miracle. Tous ont beaucoup à dire sur l'allure générale du gouvernement : trop décousu ; compliqué ; parfois en rupture avec ses positions traditionnelles. Sur la question nationale, ils admettent que la pente est raide et que l'opinion publique fait la sourde oreille. Bien que le discours de rigueur budgétaire ait fait mal dans les dernier mois, Madame rappelle que ce serait irresponsable d'ouvrir les vannes sur le plan financier. À 14 h, la première ministre remet des insignes de l'Ordre national du Québec au Salon rouge. Brève rencontre entre la première ministre et Alexandre Cloutier par la suite. Cloutier souhaite parler de l'abolition du Sénat. Il croit que nous aurions tout à gagner à militer ouvertement pour une telle abolition. La première ministre ne réagit pas. Rencontre en fin de journée pour discuter de l'inversement de l'oléoduc d'Enbridge entre Sarnia et Montréal. Gros aréopage de ministres : Cloutier, Blanchet, Léger, Ouellet, Marceau. La première ministre prend tout le monde de court en lançant dès le début : *Dans la mesure où c'est sécuritaire, le renversement du pipeline, nous sommes d'accord.* Elle suggère de convoquer une commission parlementaire sur la question et d'obtenir ainsi l'appui de la CAQ et du Parti libéral. Les ministres finissent par se rallier, mais la première ministre a dû bulldozer. Ce n'est pas son habitude. Il est temps que la session parlementaire finisse.

Vendredi 7 juin – Québec

Le ministre des Finances annonce la création du Groupe de travail sur la protection des entreprises québécoises. Caucus des députés du Parti québécois. Un député se lève et annonce à ses collègues qu'il est atteint d'un cancer. *Je vais me battre. J'ai déjà gagné contre les libéraux alors que tout le monde me disait battu. Je peux donc gagner de nouveau.* La salle se lève d'un bloc et applaudit à tout rompre le député qui ne peut retenir ses larmes. Je note dans mon carnet : *Only in politics.* En soirée, je tombe sur le blogue joliment écrit hier par Martine Biron de Radio-Canada. Elle y raconte le passage des ministres devant les journalistes lors des caucus. C'est juste et ça me fait sourire. *Quand la Chambre siège, les députés et les ministres se réunissent en caucus. Pour accéder à la salle du caucus, ils doivent traverser une passerelle et une meute de journalistes qui, tels des paparazzis, questionnent les élus sur leurs décisions. Et comme ce gouvernement a connu sa part de décisions controversées, d'erreurs et de reculs, ils ont été particulièrement sollicités. Beaucoup tentent d'éviter les journalistes en passant devant eux sans répondre, et d'autres s'arrêtent au gré de leur humeur. Certains ont peur et vont même jusqu'à feindre un appel téléphonique ou à profiter de l'entrevue d'un collègue pour passer sans que les journalistes puissent les rattraper. Malgré toutes les difficultés que connaît ce gouvernement, il faut noter une chose : cette équipe maîtrise parfaitement… l'art de s'exprimer. Ce cabinet est composé de communicateurs d'élite qui peuvent à brûle-pourpoint vendre avec éloquence et argumentaires les idées les plus contestées.*

Samedi 8 juin – Danville

À la maison de campagne. Je lis les dernières pages de Rushdie, ces *Enfants de minuit* qui m'ont accompagné à South Beach puis à New York la semaine dernière. *Il n'y a rien comme un compte à rebours pour créer le suspense.* Première lecture de Rushdie. Un livre riche, lumineux, lyrique. À relire.

Dimanche 9 juin – Montréal

Grand Prix du Canada avec la première ministre. Elle n'est pas vraiment dans son élément. Rencontre avec Bernie Ecclestone derrière les paddocks. Il est dans un enclos où l'on aperçoit un immense motorisé qui doit lui servir de quartier général. La discussion ne dure que quelques instants, mais le vieux loup a tout de même le temps de dire à Madame à quel point Montréal est formidable et le soutien de l'État apprécié… Visite de l'écurie Sauber dirigée par une femme, Monisha Kaltenborn. Pascal Bérubé accompagne la première ministre. Nicolas Marceau est aussi sur place. C'est le ministère des Finances qui est chargé des négociations avec la Ville de Montréal, le gouvernement du Canada et les autorités de la F1 pour le maintien à long terme de Montréal dans le circuit. En attendant le début de la course, la première ministre fait une petite visite des loges d'entreprises en saluant les gens au passage. Elle ne perd jamais ses réflexes.

Lundi 10 juin – Montréal et Québec

Conférence de Montréal à l'hôtel Bonaventure. La première ministre a rendez-vous avec le secrétaire général de l'OCDE, ex-ministre des Finances du Mexique, Ángel Gurría. Le secrétaire général est déjà dans la salle alors que la première ministre n'est pas encore arrivée. Gurría nous invite à prendre place. Marc-André Beaulieu et moi sommes accompagnés de quelques fonctionnaires. Cette fois-ci, Jean-François Lisée est à l'heure et c'est Madame qui se fait attendre. Gurría échange avec Lisée sur la fin prévisible des paradis fiscaux… y compris le Delaware et la Suisse, précise-t-il. *C'est inévitable. L'enjeu est d'étirer le temps, mais à terme les États savent que ce n'est pas soutenable. Une fois que les grandes puissances le décideront, ça s'arrêtera. Bien entendu, la fiscalité des individus et celle des transnationales, c'est deux choses. Ce sera plus difficile de changer les lois pour les transnationales que pour les individus.* La première ministre arrive. Les deux leaders se saluent chaleureusement. Ce n'est pas leur première rencontre. Gurría connaît bien le Québec. L'échange portera sur les politiques sociales. *On adore les indicateurs que vous avez développés,* souligne Lisée qui a beaucoup écrit et réfléchi sur ces questions. C'est un peu comme si le représentant de l'OCDE venait nous remettre notre bulletin de fin d'année. À l'heure du lunch, devant plusieurs centaines de personnes, Gurría fait un vibrant plaidoyer en faveur du développement social. *La meilleure façon de se sortir de tout, c'est de réfléchir.* De retour à Québec en fin d'après-midi, la première ministre participe à un caucus extraordinaire du Parti qui se tient exceptionnellement dans le restaurant du parlement, réaménagé pour l'occasion. Tout le monde semble à bout de nerfs. Visiblement sur la défensive, Madame reconnaît elle-même que la session parlementaire a été difficile. Les députés vont à tour de rôle au micro et font part de leur sentiment. On se cherche. *Monsieur Lévesque lisait le peuple,* lance François Gendron dans une critique à peine voilée du leadership de la première ministre. Les gens détournent le regard, personne ne commente. Le caucus n'a pas la tête à ça. On sent que les députés veulent que les choses fonctionnent et ne sont pas du tout dans les remises en question existentielles. Lors de ce long caucus, Madame ne semble pas trouver ses repères. Rien ne se passe jamais comme prévu.

Mardi 11 juin – Québec

Petit-déjeuner à l'appartement de fonction de la première ministre. C'est un magnifique matin de début d'été. Pierre Bourgie vient présenter les conclusions du rapport de son comité sur la philanthropie culturelle. Avant de passer à table, les invités prennent un café sur la terrasse surplombant Québec. Madame apparaît, radieuse. Le contraste est saisissant. La femme hésitante du caucus de la veille a laissé place à la battante. Chaque jour est un jour nouveau. Sa capacité de rebondir semble n'avoir aucune limite. C'est probablement l'une de ses grandes forces, cette manière de repartir à neuf chaque matin. Nous sommes une petite dizaine autour de Madame pour partager ce petit-déjeuner. *Donner 100 $, c'est un sacrifice. Si on donne 5 000 $, on fait une différence,* lance Bourgie pour illustrer l'importance de favoriser les dons considérables. Je note dans mon carnet : *On est tous responsables de la beauté du monde.* Je décide de me rendre au parlement à pied. L'air est doux malgré le ciel tout à coup menaçant. Comité sur la Gaspésie présidé par la première ministre. Il y a des projets sur la table, mais nous sommes tous impatients de faire lever quelque chose de concret. Avec Stéphane Gobeil, nous revoyons les lignes de force pour le bilan de la session. On cherche le ton juste. Gobeil a annoncé son désir de quitter le cabinet de la première ministre. On le croyait insubmersible. Claude Villeneuve, déjà rédacteur auprès de Madame depuis quelques années, sent tout à coup la pression sur ses épaules.

Mercredi 12 juin – Québec

Conseil des ministres. Il y a moins d'un an que le gouvernement est en place et, déjà, des signes d'usure se font sentir. Où est le grand projet qui permettrait de relancer l'équipe ? Néanmoins, une bonne partie des engagements électoraux ont été réalisés ou sont en voie de l'être. Plusieurs nominations au conseil d'Investissement Québec. En milieu d'après-midi, Sylvain Tanguay du Parti vient au cabinet. Il tente d'exprimer l'inquiétude des militants. Tanguay est proche de Madame depuis très longtemps. Lorsqu'elle a pris la direction du Parti, la nomination de Tanguay à la direction générale a été l'une de ses premières décisions. Tanguay est un être prudent, secret, discret. Il est toujours difficile de connaître le fond de sa pensée. Aujourd'hui, il sort de sa réserve et suggère des changements. Sur la pointe des pieds, il propose un remaniement ministériel et des changements dans l'entourage de Madame. Il souhaite que nous donnions un signal. Nicole réagit fortement. *Faire des changements d'entourage, ça ne donne pas de points dans les sondages.* Madame écoute sans broncher. Tout le monde cherche des réponses. Nicole a convoqué les directeurs de cabinet pour une rencontre à 18 h. Nous présentons les grandes lignes du bilan de fin de session.

Jeudi 13 juin – Québec

Shirley Bishop, directrice des communications du cabinet, quittera ses fonctions à la fin de la session pour diriger le cabinet de Maka Kotto. C'est Julien Lampron qui la remplacera. Julien est au cabinet depuis l'automne dernier. Son bureau à Québec est en face du mien. Il a préféré comme moi la proximité au confort. Lampron a passé une bonne partie de son enfance à Paris, d'où il a rapporté l'amour des mots et une certaine idée de la politique. Collaborateur hors pair, il est devenu au fil des mois un complice. La trentaine avancée, il a de l'élan et une chevelure juvénile. Il a un petit téléviseur toujours ouvert dans son bureau. On croirait qu'il va s'y engouffrer. Même dans les pires moments, il croit toujours possible un revirement de situation. Avec Félix-Antoine Joli-Cœur, Martin Carpentier et moi, c'est l'un des seuls de la garde rapprochée à n'avoir pas fait les années d'opposition. On révise les notes pour le bilan de fin de session. On retravaille le texte encore et encore. Le gouvernement est trop sur la défensive. C'est un peu comme s'il doutait lui-même de ses réalisations. Pourtant, le Parlement a voté des dizaines de lois, nous avons réformé le financement des partis politiques, instauré les élections à date fixe et resserré les règles en matière de contrats publics. Nous avons proposé un plan d'infrastructures sur dix ans, mis fin au nucléaire, lancé une politique de souveraineté alimentaire, soutenu l'industrie touristique, réussi le Sommet sur l'enseignement supérieur, adopté un nouveau régime de redevances minières, adopté une charte du bois et présenté une nouvelle charte de la langue française. Nous avons injecté des sommes importantes dans les soins à domicile, déposé un livre blanc sur l'assurance autonomie, instauré la maternelle à quatre ans dans les milieux défavorisés, donné notre aval à la création de 28 000 nouvelles places en garderie. Mais tout cela est loin derrière nous. Notre bilan semble s'effacer au fur et à mesure que nous accomplissons des choses. Victime d'une morosité qui efface tout sur son passage. Nous avons du mal à trouver la ligne juste pour faire le bilan de cette session. Au final, la déclaration s'intitulera : Ça va mieux au Québec.

Vendredi 14 juin – Québec

Dernière journée de session parlementaire. Lorsque je quitte l'hôtel où je loge depuis presque dix mois lorsque je suis à Québec, on me remet un ballon de plage, signe que la clientèle gouvernementale ne sera de retour qu'à la rentrée de septembre. La situation est tendue au Parlement. Les partis d'opposition bombent le torse. Stéphane Bédard, leader du gouvernement, n'a pas l'intention de se laisser intimider. Les libéraux laissent entendre qu'ils pourraient bloquer le gouvernement sur une mesure somme toute mineure, mais à incidence budgétaire. Donc, selon nos règles, susceptible de faire tomber le gouvernement. Bédard et son directeur de cabinet sont sur le pied de guerre. Bédard veut confronter l'opposition et souhaite convaincre la première ministre de jouer le jeu. Il jongle avec l'idée de demander un vote de confiance, ce qui obligerait l'adversaire à se démasquer s'il ne veut pas d'élections. Longue ovation au caucus pour Madame. C'est souvent comme ça au caucus, plus c'est difficile, plus les ovations sont senties. Le niveau de stress est élevé. Fatigués, certains députés montrent des signes évidents de fragilité. Les libéraux demandent un vote nominal pour augmenter la pression. Les députés devront donc se lever tour à tour à l'appel de leur nom pour signifier leur vote. Le pari de Bédard, c'est que la population ne souhaite pas d'élections et qu'à la dernière minute l'opposition reculera. Mais la politique n'est pas une science exacte et tout peut toujours arriver. L'histoire n'est jamais écrite d'avance. Stéphane Bédard gagne son pari. La session se termine sans drame national. Les députés du Parti québécois se retrouvent au rez-de-chaussée de l'édifice Honoré-Mercier pour le bilan de fin de session livré par la première ministre. Les députés affichent tout de même de la bonne humeur, probablement contents que cette session parlementaire soit chose du passé. La première ministre prend la parole : *Ça va mieux au Québec.*

Samedi 15 juin – Danville

Vincent Marissal publie une chronique très dure dans *La Presse,* mais il résume probablement assez bien l'esprit du moment. *On croyait la chef du PQ prête, depuis le temps qu'elle se préparait à diriger le Québec, mais, visiblement, l'apprentissage du pouvoir se fait à la dure et la personnalité de la première première ministre du Québec reste, à ce jour, aussi floue que son plan politique.* Les enfants jouent dans la piscine. Je feuillette des magazines sans les regarder vraiment.

Lundi 17 juin – Montréal

Une crise surgit et, comme c'est souvent le cas, nous n'avons rien à y voir, mais l'événement nous fait dévier de nos priorités. Ce matin, le maire de Montréal Michael Applebaum a été arrêté par l'Unité permanente anticorruption. Les accusations sont graves contre celui qui a pris la relève de Gérald Tremblay à la suite de sa démission. Conférence téléphonique à 10 h pour planifier notre réaction. Stéphane

Bergeron, Jean-François Lisée et Sylvain Gaudreault font part de leur point de vue à la première ministre. On convient que Jean-François Lisée interviendra le premier. Madame l'invite à demander au maire de se retirer compte tenu des circonstances. On décide de se reparler à 15 h 30. Décès de Pierre-F. Côté à quatre-vingt-cinq ans. Figure historique de la démocratie québécoise, il a été directeur général des élections du Québec de 1978 à 1997. Il avait aussi été directeur de cabinet de René Lévesque dans les années 1960. Rencontre de cabinet pour faire le point sur la stratégie avant l'été. *Je n'ai jamais vu une période où ça va aussi mal dans l'opinion publique et aussi bien au caucus,* souligne la première ministre. *Ce qui me fâche, c'est lorsqu'on nous dit que nous ne savons pas où nous allons. C'est ce qui me heurte le plus.* Il y a tout de même des signes positifs. Depuis le début de mai, on sent une plus grande cohésion ministérielle. Le rythme de chacun est meilleur. Nous examinons un sondage. Les données confirment que, mesure par mesure, la population appuie le gouvernement. Les éléments qui nous font le plus mal sont les modifications apportées aux prestations d'aide sociale, celles faites à la taxe santé et la hausse des tarifs à Hydro-Québec. On regarde sommairement le programme des prochains mois. Madame imagine un automne chargé. Dépôt de la « Charte des valeurs » ; politique industrielle ; politique économique ; grands projets d'investissement ; soutien aux démunis ; politique énergétique ; assurance autonomie. Sa volonté de faire n'est en rien diminuée. La discussion se déplace tout à coup du côté de la souveraineté. *Je suis prête à tout pour que Jean-Martin Aussant revienne au Parti québécois,* laisse tomber Madame. Un ange passe. Stupéfaction générale autour de la table. La grande majorité des conseillers présents ont vécu douloureusement la démission d'Aussant et la création d'Option nationale. Mais la petite phrase de la première ministre illustre bien que, sur la souveraineté, elle est toujours à la recherche de ce qui pourrait faire bouger les choses.

Mardi 18 juin – Québec

Michel David du *Devoir* présente ce matin son tradition-nel bulletin de fin de session des ministres. Il donne les meilleures notes aux ministres Bertrand St-Arnaud, Réjean Hébert et Sylvain Gaudreault. Il souligne que Nicolas Marceau a pris de l'aplomb depuis l'automne. Martine Ouellet se retrouve en fin de liste alors que Nicole Léger et Agnès Maltais paient sans surprise le prix des conflits avec les garderies et à l'aide sociale. La première ministre participe en matinée à une série de rencontres avec des chefs autochtones. Lunch au Louis-Hébert pour achever la préparation du Conseil des ministres extraordinaire du lendemain. Rencontre avec les membres d'un groupe de travail chargé de conseiller le gouvernement sur sa stratégie au sujet du pétrole québécois. Le groupe est composé de fonctionnaires et d'experts indépendants. Ils commencent à esquisser un plan de match pour assurer un maximum de contrôle du gouvernement sur l'exploration et l'exploitation du pétrole québécois. St-Gelais et moi suivons cela de très près. Souper à l'édifice Price chez la première ministre avec le groupe des officiers. C'est la première fois qu'elle les reçoit chez elle. Madame ne perd aucune occasion de rassurer les troupes. Je passe de nouveau un peu de temps sur le balcon à admirer la ville.

Mercredi 19 juin – Québec

Conseil des ministres extraordinaire. Bilan du gouvernement ; revue de la situation économique et financière et
préparation de la rentrée de l'automne. Les ministres souhaitent un réalignement. Personne ne voit exactement ce
qu'il faut faire, mais chacun sait que le temps joue contre le
gouvernement. Il faut faire comprendre très clairement que
c'est le Parti québécois ou le Parti libéral. Le message à véhi-
culer auprès des progressistes est le suivant : le réel danger,
c'est que les libéraux reviennent au pouvoir. Philippe
Couillard demeure une énigme. On n'est pas habitué
d'avoir à l'Assemblée nationale un chef qui fait l'apologie
du Canada. Soudainement, des ministres chuchotent entre
eux. La nouvelle fait rapidement le tour de la table. Jean-
Martin Aussant annonce qu'il quitte la direction d'Option
nationale. Son parti lui survivra-t-il ? Est-ce un constat
d'échec ? Est-ce que cela ouvre le chemin à son retour au
Parti québécois ? Le Conseil procède à la nomination de
Louis Morisset au poste de PDG de l'Autorité des marchés
financiers en remplacement de Mario Albert, qui prend la
tête d'Investissement Québec. C'est Jean St-Gelais qui a été
le premier PDG de l'AMF. C'est un poste névralgique, et
plusieurs se réjouissent du jeune âge du nouveau dirigeant.
Albert à Investissement Québec, ce sera une surprise dans
le milieu. Fonctionnaire ayant fait une bonne partie de sa
carrière aux Finances, il n'est pas connu comme un déve-
loppeur, mais tout le monde reconnaît son intelligence et
son intégrité. Au début des années 2000, j'ai travaillé avec
lui pour la Commission sur le déséquilibre fiscal, et Albert,
qui était le premier fonctionnaire responsable des travaux
de la Commission, a été la clé de sa réussite.

Jeudi 20 juin – Québec

Nouvelle rencontre du comité des grands projets économiques. Mis en place par la première ministre peu après l'élection, ce comité devait provoquer les choses et accélérer la concrétisation d'investissements privés majeurs. La première ministre demande sans arrêt des suivis sur les projets. Pour elle, les choses ne vont jamais assez rapidement. Marceau et Monty des Finances viennent présenter les derniers résultats financiers. La consommation a baissé en février et en mars. Puis les déclarations de revenus ont révélé de mauvaises surprises. Bref, rien de rassurant. La première ministre encaisse. Au milieu de l'après-midi, Agnès Maltais rend compte des négociations dans la construction. Les secteurs industriel, institutionnel et commercial restent à attacher. Nicole et moi écoutons distraitement la conversation. Maltais est convaincue que les choses vont débloquer à court terme. *C'est clair qu'ils veulent régler en fin de semaine. Les patrons veulent que les chantiers ouvrent mardi.*

Samedi 22 juin – Danville

Visite d'une immense vente-débarras tout près du village. Comme toujours, je repars avec quelques babioles inutiles.

Lundi 24 juin – Danville

Les Buddenbrook de Thomas Mann. Un livre froid. Les choses y sont détaillées sans trop de sentiment. *Quand une proposition nous indigne, c'est que nous ne sommes pas certains de pouvoir résister.* On y retrouve la gravité. La gravité

2013

de la vie et du temps. *Une fois la maison finie, la mort s'approche.* Je fais une longue promenade dans les champs entourant la maison. Les filles font du bricolage.

Mardi 25 juin – Québec

Petit-déjeuner au restaurant Le Cochon Dingue à Québec avec Bernard Drainville. Nous discutons de la stratégie pour le dévoilement de la Charte des valeurs. Une séquence devant débuter quelque part au début de septembre pour culminer lors de la session parlementaire du printemps 2014. Drainville a pleinement conscience que tous les projecteurs seront braqués sur lui cet automne. Le Conseil des ministres se tient exceptionnellement un mardi, car la première ministre dirigera à partir de demain une mission économique de quelques jours au Mexique. Je fais appel à François Paquet, que j'ai connu lorsque j'étais chez Cossette et dont j'appréciais l'écriture, pour venir épauler Claude Villeneuve qui a dû prendre les rênes de la rédaction à la suite du départ de Stéphane Gobeil.

Mercredi 26 juin – Montréal, Guadalajara et Mexico

L'avion quitte Montréal à 7 h 10. Nous ferons escale à Guadalajara en route vers Mexico. Je publie une photo juste avant le décollage sur le fil Twitter : *Première ministre Marois relisant ses notes. Mission Québec-Mexique.* Plusieurs dizaines d'entrepreneurs québécois font le voyage avec nous dans un avion spécialement nolisé pour la mission. La première ministre et son mari, Claude Blanchet, sont à mes côtés à l'avant de l'avion. Élaine Zakaïb, ministre responsable du développement économique, est avec son directeur de cabinet Pierre Langlois. Marc-André Beaulieu, Laurence Fouquette-L'Anglais, attachée politique, et Marie Barrette sont de la délégation, de même que plusieurs fonctionnaires au Développement économique. Quelques représentants des médias font le voyage. Martin Carpentier est déjà sur place au Mexique pour préparer le terrain. Juliette Champagne, responsable du protocole au gouvernement du Québec, nous a également devancés. La première ministre revoit ses notes de briefing. Elle s'y plonge littéralement, comme à son habitude. Elle écrit dans les marges, souligne des passages. À un moment, elle se lève pour aller saluer, un à un, les entrepreneurs qui sont du voyage. Je discute de développement économique avec le mari de la première ministre. C'est un homme d'affaires redoutable qui a fait fortune dans le domaine immobilier avant de se consacrer au développement économique du Québec. Aux côtés de Louis Laberge à la FTQ, il a créé de toutes pièces le Fonds de solidarité qui gère aujourd'hui un actif de plusieurs milliards. Claude Blanchet est un bâtisseur, un entrepreneur, un financier, un visionnaire. C'est aussi une personnalité hors norme, énergique, positive. Véritable machine à idées, il se démarque nettement. Son train de vie fait donc envie, son succès dérange. Le couple qu'il forme avec une personnalité publique aussi en vue que Pauline Marois constitue un mélange explosif. La fortune de l'homme est l'objet de railleries, ses affaires sont sujettes à toutes les suspicions et sa résidence de l'île Bizard fait la joie des paparazzis et des caricaturistes. La secrétaire à la Culture de l'État de Jalisco au Mexique et la déléguée du Québec à Mexico, l'ex-députée libérale Christiane Pelchat, nous accueillent à l'aéroport de Guadalajara. La première ministre est reçue par le gouverneur. Celui-ci parle avec abondance de nouvelles technologies, de recherche, de créativité. Les deux dirigeants s'adressent à la presse dans un décor d'un autre temps. Ils sont debout, chacun sur une petite estrade, dans une mise en scène qui fait penser aux cérémonies officielles de la Chine communiste. Pour regagner l'aéroport après un dîner d'État à la résidence du gouverneur, nous traversons la ville sous une lourde escorte policière. Marc-André Beaulieu et moi sommes avec la première ministre dans un véhicule blindé. La ville aux immenses terrains vagues en son centre semble s'étirer à l'infini. Nous reprenons l'avion pour notre destination finale, Mexico. C'est déjà presque la nuit. Lorsque nous arrivons à l'hôtel Interconti-nental, je réalise que j'y ai logé, treize ans plus tôt, avec le ministre Gilles Baril lors d'une mission.

Jeudi 27 juin – Mexico

Eugénie Bouchard a remporté hier un match contre la douzième joueuse du monde, Ana Ivanovic : 6-3, 6-3 au deuxième tour du tournoi de Wimbledon. La première ministre rencontre le secrétaire d'État aux Relations exté-rieures du Mexique, José Antonio Meade. Un petit-déjeuner de travail se tient dans une magnifique salle tout en haut d'un édifice moderne du centre de Mexico. La vue sur la ville est à couper le souffle. Nous sommes une vingtaine de personnes autour d'une table ronde de plusieurs mètres de circonférence. Le Mexique est l'un des dix exportateurs les plus importants du monde. Le système financier est solide, le déficit sous contrôle, le budget relativement équi-libré. La dette des ménages est modérée. De plus, le Mexique jouit d'une population jeune. Le nouveau gouvernement mexicain souhaite mener des réformes ambitieuses. Pour cette rencontre, la première ministre est accompagnée de plusieurs représentants du milieu universitaire québécois. *Nous pourrions faire plus de maillage entre nos universités, ce qui générera plus de relations commerciales pour la suite,* indique la première ministre. Le secrétaire d'État aux Relations extérieures prend la balle au bond et signifie l'intérêt de son gouvernement. Puis Madame aborde les questions énergétiques, y compris l'éolien et l'électrification des transports, afin de voir les collaborations possibles. L'échange déborde ensuite sur les questions sociales alors qu'un dirigeant mexicain fait référence au Chantier de l'économie sociale au Québec. La conversation prend alors une tournure inattendue. Madame parle avec chaleur et conviction de son engagement pour l'économie sociale. Elle parle des inégalités, de notre attachement à l'amélioration de vie des peuples. Elle lance l'idée d'un chantier social entre les deux États. C'est émouvant de voir ces Mexicains parler du Québec avec un tel attachement. *Rencontre intéressante, passionnante, positive. On a du travail à faire,* conclut le secrétaire d'État. À la sortie de la rencontre, je sens Marc-André Beaulieu fébrile. Je comprends rapidement que le président du Mexique pourrait nous recevoir. Je suis incrédule. Il y a déjà plusieurs semaines que cette possibilité est soulevée, mais nous n'y avons jamais vraiment cru. Le Québec est une province. La réalité de notre statut politique fait en sorte que, outre le président de la France et ceux des pays de la francophonie, le Québec n'a généralement pas accès aux chefs d'État. Christiane Pelchat y croit depuis le début. Elle y a mis toute son énergie, a frappé à toutes les portes, a tiré toutes les ficelles. Elle a dû travailler en coulisse. Si le gouvernement canadien avait vu venir le coup, il aurait tout fait pour rendre impossible une telle rencontre. On sent chez cette ex-ministre libérale un réel attachement à la première ministre. Solidarité féminine ? Marc-André reprend son souffle. Il se rappelle la rencontre qu'il a eue à Davos avec le ministre mexicain des Finances et la première ministre. Tout vient de là. C'est à ce moment que la décision a été prise d'organiser cette mission. On se fait un plan de match. Il faut prévenir les médias québécois. Jamais nous n'avons parlé de cette hypothèse avec eux. Le risque que l'événement ne se matérialise pas était trop grand. On voyait déjà les titres : « Le président du Mexique refuse de rencontrer Marois », ou encore « Pauline Marois humiliée au Mexique ». Je publie sur mon fil Twitter : *CONFIRMÉ Première ministre Marois rencontrera le président du Mexique aujourd'hui.* J'ai du mal à le croire. Marie Barrette s'assurera que la rencontre aura un maximum de résonance au Québec. Peu avant midi, nous nous dirigeons vers Los Pinos, la résidence du président du Mexique. Nous faisons partie d'un convoi. La voiture blindée s'arrête devant une grille, les portes s'ouvrent, le convoi pénètre dans l'enceinte. On roule sur l'allée étroite bordée d'arbres jusqu'à l'entrée. À l'extérieur, la résidence officielle du président ressemble en tout point à l'image que l'on se fait d'une maison mexicaine cossue. Nous devons laisser nos téléphones mobiles à l'entrée. Deux interprètes et l'ambassadeur du Canada au Mexique se sont ajoutés. Nous traversons un long couloir bordé d'œuvres d'art. On nous fait pénétrer dans un petit salon au style sobre et classique. La porte se referme : nous ne sommes plus que quatre. L'ambassadeur et les interprètes ont dû être installés dans une autre pièce. Après quelques minutes, une personne vient nous présenter le plan de la rencontre. Elle nous indique sur une feuille à quel endroit nous asseoir. L'attente paraît interminable. La puissance du décorum. Je regarde ma montre, 12 h 18. On vient nous chercher. Après avoir traversé quelques pièces, nous nous retrouvons à la porte du bureau du président. Il est 12 h 40. La pièce est petite. Le plafond haut. Fenêtres habillées de lourdes draperies. Les murs sont recouverts de boiseries. Les chaises sont disposées en U. Le président et la première ministre sont installés l'un à côté de l'autre. Je suis assis du côté de la première ministre. Marc-André est à ma droite et l'ambassadeur du Canada à ma gauche, alors que Christiane Pelchat est de l'autre côté de l'ambassadeur. En face de nous, l'ambassadeur du Mexique au Canada et le secrétaire d'État aux Relations extérieures que nous avons rencontré ce matin. Le président Enrique Peña Nieto est jeune. C'est ce qui frappe d'abord. Il exprime clairement sa pensée. Il dégage de la force, de la passion. Il a l'allure d'un politicien texan. Cheveux noirs lissés vers l'arrière. Complet sombre, cravate à rayures rouges et chemise plus blanche que blanche. Il parle d'économie. De l'importance de l'investissement étranger. De sa volonté d'avoir des relations étendues avec le Québec. Il rappelle l'importance de l'ALENA et de l'intégration nord-américaine. Madame souligne que le Québec est favorable au libre-échange. Elle veut approfondir les relations entre les deux États. Elle parle du côté novateur de l'organisation sociale au Québec. Le président souligne la concordance entre les propos de Madame et les plans du Mexique. Il parle aussi de l'importance de la concurrence et rappelle ses priorités : la réforme financière et fiscale ; les infrastructures ; l'énergie. Madame revient sur les politiques énergétiques. Elle parle de l'hydroélectricité, de l'éolien, de la biomasse. L'échange tire à sa fin. Le président du Mexique dit : *En notre gouvernement, vous trouverez tout l'appui pour approfondir nos relations.* Un échange dense, ouvert, riche, prometteur. *Nous sommes des alliés naturels,* conclut la première ministre. La journée se termine par une rencontre avec le secrétaire d'État à l'Économie. Encore là, nous sommes une quinzaine autour de la table. Le secrétaire fait état de sa méfiance à l'égard de l'entente États-Unis–Europe en préparation. Il se présente en défenseur des emplois manufacturiers de qualité. Il insiste sur l'importance de coopérer pour promouvoir l'innovation.

Vendredi 28 juin – Mexico

Aussitôt levé, j'ouvre le rideau et j'aperçois la ville qui s'étend jusqu'aux montagnes. Le temps est nuageux. Une photo de la rencontre entre Madame et le secrétaire d'État aux Relations extérieures fait la une d'*El Sol de Mexico*. Préparation de la journée avec les membres de la délégation. Tout le programme nous semble plus léger depuis que nous avons rencontré le président. 13 h 15 : rencontre avec la secrétaire d'État au Tourisme. Elle souligne que monsieur Meade lui a parlé de nous favorablement… Nous prenons du temps avec la première ministre en prévision d'une rencontre avec les médias. Après une mise à jour des nouvelles du Québec, on établit avec elle le bilan de la mission. En après-midi, la première ministre, dans les jardins de la délégation du Québec à Mexico, fait un résumé très positif de la mission. *Nous avons donné un nouveau souffle à la relation Québec-Mexique, et la rencontre avec le président démontre bien qu'il y a une volonté commune de renforcer nos liens.* On prend des photos avec les employés de la délégation. L'atmosphère est légère. La première ministre est décontractée après une mission tout de même éreintante. Nous sommes prêts à retourner au Québec. Alors que nous soupons dans un restaurant avec les membres de la délégation pour marquer la fin de la mission, la première ministre reçoit sur son téléphone mobile un appel de Nicole Stafford. Madame me fait signe de l'accompagner à l'extérieur. Il y a une impasse au sujet des négociations dans la construction. Elle retire sa boucle d'oreille pour être plus à l'aise. Le patronat voudrait une loi spéciale. La négociation est arrêtée. Tout un revirement. La première ministre est étonnée. Pourquoi tout à coup ce blocage ? Elle ne comprend pas trop ce qui se passe et décide de retourner à l'hôtel. Nous quittons tous les deux le restaurant avant même d'avoir mangé notre plat principal. Il est 21 h 30. Nous faisons le trajet en silence dans le VUS blindé en compagnie de deux gardes du corps. Nous nous installons dans la chambre de la première ministre pour être tranquilles. Mexico la nuit est magnifique. Les lumières des voitures fusent comme des lasers. De si haut, l'illusion est parfaite, on dirait une ville riche… Nous appelons Québec de mon téléphone mobile que je dépose sur la table en mode mains libres. Nous devons parler fort et nous rapprocher de l'appareil pour bien nous faire entendre. Nicole est en ligne. Elle trace le portrait de la situation. Tous les députés de l'Assemblée nationale ont reçu une lettre du patronat demandant une loi spéciale. La première ministre est immédiatement sur ses gardes. Notre statut minoritaire n'est pas étranger à la situation. Une fois le processus enclenché, le Parti libéral et la CAQ pourraient réécrire la loi et l'adopter sans l'assentiment du gouvernement. On comprend que le patronat et les partis d'opposition ont pu manœuvrer ensemble. Le temps court, notre marge de manœuvre est étroite. La perspective que les chantiers de construction restent bloqués encore longtemps est impossible à envisager, et ce serait le gouvernement qui serait blâmé. L'impact sur l'économie est déjà important. L'Assemblée nationale est fermée depuis quelques semaines. Il faudrait rappeler les députés pour qu'ils participent à une séance extraordinaire. Madame propose de convoquer l'Assemblée nationale pour dimanche, même si elle préférerait encore une entente négociée. Mais nous sommes vendredi soir à Mexico… La tournure des événements surprend et déçoit. Nicole répète que chacun est campé sur ses positions. *On est rendu là*, dis-je à Nicole. Et elle de répondre : *Et là, il faut gérer le là*. Visiblement, on ne perd pas notre sens pratique ! Nicole Stafford et moi sommes des opérateurs politiques. Notre rôle est de faire en sorte que la première ministre ait tout en main pour prendre une décision. Nous ne sommes pas là pour décider à sa place ou pour la coincer. Dans la mesure du possible, nous lui présentons un éventail de solutions et mettons en œuvre ses décisions. Ce soir, Madame a l'impression d'être devant un fait accompli. Elle n'a pas vu venir le coup. Et elle n'a pas le sentiment d'avoir en sa possession toute l'information. Il lui manque des éléments pour bien comprendre la situation. *Qui parle aux syndicats ? Qui parle aux patrons ? Qui parle au médiateur ?* À 22 h 30, Agnès Maltais et son directeur de cabinet se joignent à nous en conférence téléphonique. À un moment, Claude Blanchet entre dans la chambre. Il est découragé de nous voir encore au téléphone. Il nous salue et va se coucher. Madame dirige la conversation. *Il faut dès ce soir informer les syndicats et les patrons que, si rien ne bouge, nous convoquerons dès demain matin la Chambre pour une séance extraordinaire ce dimanche.* Le ton de Madame est ferme. Elle pose les mêmes questions à plusieurs reprises. *Que sait le syndicat ? Que comprend le syndicat ? Ses dirigeants savent-ils qu'ils ne gagneront pas avec une loi spéciale ? Réalisent-ils qu'on ne pourra pas contrôler le contenu du projet de loi ?* La première ministre sent de la résistance chez la ministre Maltais. *Il faut absolument appeler le syndicat et le patronat maintenant pour leur dire qu'on convoque la Chambre demain,* répète Madame. On raccroche. Madame me regarde, elle est vidée. Mon téléphone sonne de nouveau. C'est Nicole. Elle est dans tous ses états au bout du fil. *Repasse-moi Pauline, j'ai besoin de me défouler.* Madame s'est servi un scotch. Elle est persuadée qu'on s'est fait avoir. Les libéraux voulaient une loi spéciale depuis le début. Je crois que ce qui déroute le plus Nicole, c'est qu'elle n'a pas été en mesure de sentir le piège. Je vais me coucher.

Samedi 29 juin – Mexico, Montréal et Québec

Lever à 6 h. Je prépare mes bagages pour le retour au Québec et je rejoins la première ministre dans sa chambre à 7 h. Je dois lui faire signer une lettre demandant au président de l'Assemblée nationale de convoquer la Chambre en séance extraordinaire. La lettre stipule que la séance s'ouvrira ce 30 juin à 9 h 45 afin de permettre la présentation d'un projet de loi visant le retour au travail dans l'industrie de la construction. La mécanique est en marche. On revoit la séquence minutieusement. À 9 h, Madame donne son accord pour le rappel du Parlement. Je cours dans les couloirs de l'hôtel avec la convocation signée par la première ministre pour me rendre au secrétariat de la mission et l'expédier à Québec. Simon Lajoie, au bureau du leader du gouvernement, m'attend avec impatience. Tout se met en place. Dès 10 h, un communiqué est diffusé. Quelques minutes plus tard, Agnès Maltais fait un point de presse à Québec. Puis c'est au tour de Madame de faire une déclaration. Avant de nous déplacer vers l'aéroport, la première ministre fait un bilan rapide devant toute la délégation québécoise réunie dans une salle de l'hôtel. Les participants semblent satisfaits de leur mission. Nous aussi. Le vol est prévu pour 13 h 20. Petit blitz de magasinage dans les boutiques de l'hôtel avant le départ. Je lis les journaux dans l'avion. Dans le *Financial Times,* un long article sur le Cirque du Soleil, alors que le *Wall Street Journal* publie un texte sur la folie du déménagement au Québec chaque premier juillet. Madame me dit qu'elle ne se rappelle pas avoir siégé en vingt-cinq ans à l'Assemblée nationale un dimanche.

Dimanche 30 juin – Québec

8 h : Conseil des ministres
8 h 15 : Caucus des députés
9 h 45 : Période de questions à l'Assemblée nationale
10 h 30 : Étude du projet de loi spéciale sur le retour au travail dans la construction

Au Conseil des ministres, Stéphane Dolbec vient s'asseoir à côté de moi. *C'est la première fois en vingt-cinq ans que j'assiste à un Conseil.* Stéphane connaît sur le bout des doigts la joute parlementaire. Madame ouvre le Conseil. Stéphane Bédard présente la procédure qui guidera les élus pour les prochaines heures. Si tout va bien, l'Assemblée nationale entamera la séance à 9 h 45 et elle devrait siéger jusqu'à 6 h 45 demain matin. La loi spéciale propose de maintenir les conditions actuelles des travailleurs jusqu'en 2017, tout en offrant des augmentations de salaires. Le gouvernement étant minoritaire, il faudra être vigilant car les partis d'opposition pourraient imposer des amendements. La première ministre rappelle qu'il faut faire valoir qu'on a donné toutes les chances à la négociation ; que nous sommes un gouvernement responsable ; que nous ne voulons pas profiter de la situation pour avantager l'une ou l'autre des parties. *C'est une démarche raisonnable.* On recommence la discussion au caucus. Les députés applaudissent chaleureusement la première ministre en soulignant sa prestation au Mexique. Agnès Maltais explique le projet de loi aux députés. Nicole me glisse à l'oreille qu'il s'agit encore une fois d'une première : une loi spéciale issue d'un gouvernement minoritaire. Rien ne nous aura été épargné. Les députés se rendent au Salon bleu pour le début des travaux. Nous nous retrouvons une bonne quinzaine de conseillers installés dans l'antichambre du gouvernement. Nous nous préparons pour un long siège. Stéphane Bédard entre en coup de vent. *Je viens de voir les libéraux, ça s'annonce plutôt mal.* Et la CAQ ? *Ils sont fous furieux.* On s'installe dans le petit bureau fermé au fond de l'antichambre pour discuter. On réfléchit aux options. Visiblement, les partis d'opposition ne veulent pas que le gouvernement puisse s'attribuer le mérite d'avoir dénoué une impasse. Après la période de questions, les députés s'entassent dans l'antichambre en attendant la reprise des travaux. Ils ne semblent pas trop déçus d'avoir interrompu leurs vacances pour revenir au parlement. Sylvain Roy, député de Bonaventure, a fait encore une fois en voiture le trajet de plus de dix heures pour Québec. Le député de Gaspé aussi. Simon Lajoie dit à la première ministre que ce serait bien qu'elle aille voir les manifestants. Madame se dirige immédiatement vers la fenêtre. Bien sûr, il n'y a pas de manifestants… *Vous êtes cons, les gars,* s'exclame la première ministre. En milieu d'après-midi, les libéraux rejettent les augmentations salariales que nous proposons. Ils veulent réduire la durée de l'entente à un an, alors que le projet de loi proposait quatre ans. On retourne dans le petit bureau au fond de l'antichambre pour préparer notre réplique. Agnès Maltais est là avec son directeur de cabinet. Stéphane Bédard mène la discussion. Qu'est-ce qu'on fait si l'amendement des libéraux passe ? Bédard pense jouer la ligne dure. *Moi, je pense toujours au pire, madame Marois. On pourrait mettre en jeu la confiance du gouvernement.* Pour réussir l'opération, il faudra cependant que les travailleurs s'activent. Ils doivent faire pression sur les libéraux. Nicole est convaincue que ces derniers ne lâcheront pas. Patrick Lahaie est au téléphone avec les représentants des syndicats. Revirement soudain : les libéraux proposent toujours une entente d'un an, mais avec une augmentation salariale plus importante. Ils se rapprochent donc de la position du gouvernement. Le direc-

teur de cabinet d'Agnès Maltais rapporte que Michel Arsenault de la FTQ se serait engagé à vendre la proposition des
libéraux aux syndiqués. À 16 h 30, les libéraux dévoilent
leur position en point de presse : entente d'une année, augmentation salariale de 2 %. Pourquoi ne pas proposer un
amendement pour allonger l'entente à trois ans ? Bédard va
rencontrer les partis d'opposition et revient une trentaine
de minutes plus tard. *J'ai fait une offre formelle aux libéraux
pour trois ans à 2 % d'augmentation par année.* Autour
de 18 h, on apprend que les syndicats accepteraient deux
ans avec des augmentations de 2 et 2,1 %. Ça se rapproche
encore. Vers 19 h, Bédard réapparaît dans l'antichambre : *Il
y a du « slaque » dans la poulie.* Les libéraux reviennent avec
un an et 2 %. Cela nous ramène à la position du milieu de
l'après-midi. À 21 h, Bédard nous informe avoir parlé à
Couillard qui lui a dit ouvertement avoir parlé aux patrons
et s'être entendu avec eux. Bédard est surpris de l'attitude
intransigeante de Couillard. *Avec ce que je vois, c'est
quelqu'un qui n'hésitera pas à nous renverser à la première
occasion le printemps prochain. Ce gars-là a le sang froid, il
est sûr de lui, il se sent supérieur.* On passe des commandes
à un restaurant St-Hubert. La loi, adoptée au petit matin,
prolonge jusqu'au 30 juin 2014 les conventions collectives
en majorant de 2 % les salaires. Alors que les députés quittent le parquet de l'Assemblée nationale, je vois Bernard
Drainville prendre en photo le calendrier sur table devant
le secrétaire général de l'Assemblée nationale au centre du
Salon bleu. On peut y lire : 1er juillet.

Mardi 2 juillet – Québec

« Fin de grève au goût amer pour les travailleurs et le gouvernement », titre *Le Devoir*. En toute fin de soirée, je

marche vers le Vieux-Port pour aller revoir *Le Moulin à images* de Robert Lepage projeté sur les silos à grains. Soirée chaude et humide.

Mercredi 3 juillet – Québec

Conseil des ministres plus chargé que je ne l'aurais cru pour un début de juillet. Je discute en aparté avec Nicolas Marceau. Il demande si Madame prépare un remaniement. Le Conseil procède à la nomination de Jean-Claude Scraire comme président du conseil d'Investissement Québec. Je ne connais Jean-Claude Scraire que par les souvenirs que j'en ai du temps où il dirigeait la Caisse de dépôt et placement. C'est à lui que nous devons le siège social actuel de la Caisse à Montréal. Scraire, très critiqué à l'époque à cause des coûts de construction, peut aujourd'hui être considéré comme celui qui a rendu possible la relance de tout un quartier de Montréal et donné à la ville un édifice phare. Quelques jours avant sa nomination, je me suis rendu à sa résidence dans un quartier du nord de Montréal. L'idée était d'échanger avec lui sur les défis à Investissement Québec et sur le mandat que la première ministre souhaitait lui confier. Ce premier contact a été chaleureux. Scraire, très bien préparé, avait analysé en détail la stratégie de l'organisme au cours des dernières années et envisageait déjà une façon de relancer les choses.

Jeudi 4 juillet – Montréal

Bernard Drainville présente les esquisses d'une campagne de communication à propos de la Charte des valeurs. Le publicitaire qui vient dévoiler son travail s'interroge à haute voix : *Comment rassembler sur un tel sujet ?* Pour la première fois depuis sa nomination à Hydro-Québec, Pierre Karl Péladeau rencontre madame Marois aux côtés du PDG Thierry Vandal et de Pierre-Luc Desgagnés, responsable de la stratégie de la société d'État. La ministre Ouellet et Jean St-Gelais complètent le tableau. La discussion s'engage au sujet des tarifs d'électricité. Martine Ouellet est d'attaque. Elle trouve les demandes d'Hydro excessives et difficiles à défendre devant la population. Madame laisse la ministre aller au front. Hydro-Québec présente pour la première fois sa stratégie concernant l'électrification des transports. C'est bien, mais c'est encore en pièces détachées. Péladeau est plutôt silencieux. Hasard de l'agenda, c'est Martine Turcotte, de Bell, qui rencontre par la suite la première ministre pour faire le point sur l'acquisition d'Astral Media. Je ne sais pas si le propriétaire de Vidéotron a croisé la patronne de Bell dans le hall d'entrée… Turcotte met toute la gomme pour convaincre que Bell protégera l'intégrité d'Astral comme la prunelle de ses yeux. Le CRTC a donné sa bénédiction à l'acquisition d'Astral par Bell à la fin de juin. Une affaire de plus de 3 milliards.

Vendredi 5 juillet – Montréal

Rencontre stratégique à 9 h. Nicole a rassemblé quelques conseillers internes et externes en l'absence de la première ministre. L'humeur n'est pas à la joie. Le Parti québécois est maintenant derrière les libéraux d'une dizaine de points et son avance chez les francophones est trop faible pour qu'on puisse espérer quoi que ce soit. On a beau se convaincre que Philippe Couillard ne lève pas, les chiffres nous disent le contraire. On craint que s'accrédite la thèse selon laquelle nous pourrions perdre les prochaines élections. *Nous sommes au gouvernement, mais nous sommes constamment sur la défensive. Il faut sortir de là.* Je lunche dans un restaurant japonais près du bureau avec Nicolas Girard. Mise à jour au sujet du prolongement du métro et de l'ajout de voies réservées pour les autobus. Sur ce sujet, il me semble que ça ne finit plus de ne pas arriver, pour paraphraser Gaston Miron. En mi-journée, on se retrouve dans la tour d'Hydro-Québec, boulevard René-Lévesque, pour un briefing sur les incendies de forêt dans la région de la Baie-James. L'ampleur des feux est exceptionnelle cette année. Dans un geste un peu théâtral, Thierry Vandal déplie d'immenses cartes sur la table de travail. Madame écoute studieusement les explications pendant que Nicole et moi faisons les cent pas accrochés à nos téléphones mobiles. Le PDG craint qu'Hydro ne perde des lignes de transport critiques compte tenu de l'évolution de certains foyers d'incendie. Cela mettrait à mal l'alimentation en électricité de centaines de milliers de Québécois. On convoque en soirée une conférence de presse exceptionnelle de la première ministre avec Thierry Vandal et Martine Ouellet pour faire le point. Madame porte une veste rouge écarlate.

III

Du 6 juillet au 16 août

Choc à Lac-Mégantic / La première ministre aux commandes / Les vacances en famille

Samedi 6 juillet – Danville et Lac-Mégantic

Comme tous les samedis matin, je me prépare pour une longue sortie de jogging. À la radio, on parle d'un accident majeur survenu dans la nuit. Un important déraillement de train. Il pourrait y avoir beaucoup de victimes. À peine quelques minutes plus tard, je suis dans ma voiture en direction de Lac-Mégantic. Je traverse rapidement les terres : Asbestos, Saint-Camille, Weedon, Stornoway, Nantes. J'appelle Martin Carpentier et lui demande de venir me rejoindre. Il se met en route immédiatement. J'informe Nicole Stafford que je suis en direction de Lac-Mégantic. Je discute ensuite avec la première ministre sur mon téléphone mobile. Nous échangeons quelques secondes et convenons que je vais communiquer avec elle lorsque je serai sur place. À quelques kilomètres de Lac-Mégantic, j'aperçois une fumée noire s'élevant du centre-ville. J'ai le cœur qui bat vite. Je sais maintenant qu'il s'agit du déraillement d'un convoi et qu'il contenait sans doute du pétrole. Martin Carpentier m'invite à me rendre au poste de la Sûreté du Québec. Réjean Hébert et moi arrivons presque au même moment. Son comté est voisin de celui de Mégantic. Nous demandons à voir la mairesse. On nous dirige vers un petit bureau au fond du poste de police. Elle est debout, un téléphone mobile à la main. Les lignes téléphoniques terrestres ne fonctionnent pas. Son directeur général est assis, complètement dépassé par la situation. Elle discute avec un fournisseur de matériel pour incendie. Elle pose la main sur le microphone de son mobile et demande à son directeur général si la Ville a le budget pour faire venir de Québec un camion de mousse qui combattrait l'incendie. Nous lui disons de procéder. Réjean souhaite aller visiter l'hôpital. Il demande à voir le médecin de garde, qui nous informe qu'il n'y a aucun blessé dans l'établissement. *Aucun, personne,* répète Réjean Hébert pendant que nous marchons dans les couloirs. Le médecin ajoute qu'un camion réfrigéré servant de morgue devrait arriver dans la journée. Réjean n'aime pas ça. *S'il n'y a pas de blessé, c'est qu'ils sont probablement tous morts. Il n'y aura peut-être même pas de corps à récupérer.* J'ai naïvement cru un instant que c'était de bon augure qu'il n'y ait pas de blessés. Des dizaines ? Des centaines de morts ? Le directeur général de l'hôpital nous parle de sa communauté comme le ferait un curé. *Tout le monde se connaît. Nous sommes tissés serré.* Martin Carpentier est arrivé. Comme toujours, il est en contrôle. La première ministre me rappelle. *Comment ça se passe sur place ? As-tu vu la mairesse ? Je veux m'y rendre. J'ai vérifié et je pourrais partir dans les prochaines minutes.* Je lui demande d'attendre. Je crains que sa venue ne soit une distraction pour les services d'urgence. *D'accord, on peut attendre en fin de journée. Mais je veux absolument y aller.* Les déplacements sont difficiles dans la ville. Nous n'avons pas accès au lieu de l'accident. Un centre d'hébergement a été aménagé à la polyvalente. La Croix-Rouge est déjà sur place. En fin de matinée, nous commençons à avoir plus d'informations. Il y aurait soixante-douze wagons impliqués. Environ 1 000 personnes ont été évacuées. Les représentants des médias affluent. Le ministre Yves-François Blanchet arrive lui aussi. En milieu de journée, plus d'une centaine de personnes s'entassent au centre d'hébergement. Le niveau d'anxiété est très élevé. Des hélicoptères survolent la ville. Chacun conjecture sur les événements et sur la perte d'êtres proches. Policiers, pompiers, services médicaux, responsable de la sécurité civile, spécialistes du ministère de l'Environnement sont présents. Le commandement unifié improvise un premier point de presse en début d'après-midi. Lorsque le chef des pompiers prend la parole au beau milieu de la rue Principale, on découvre un homme imposant, plus grand que nature, au visage rassurant. L'évacuation de 1 000 autres personnes est ordonnée. Il y aurait de l'infiltration de pétrole dans les égouts de la ville. Les wagons en feu pourraient brûler pendant vingt-quatre, voire quarante-huit heures. Des maisons ont été pulvérisées. 14 h : conférence téléphonique en présence de la première ministre. Elle n'a pas encore quitté Montréal. On fait le point rapidement sur la situation. Je joins au téléphone le député libéral de Mégantic. Nous ne nous connaissons pas. Il a l'air surpris de mon appel. L'hélicoptère de la première ministre apparaît dans le ciel au-dessus du lac. L'appareil se dirige vers la gauche et revient se poser en biais au bout du quai. Les hélices tournent et nous sentons le vent jusqu'à nous. Nous sommes quelques-uns à attendre : la mairesse et d'autres responsables de la municipalité, des représentants des pompiers et de la Sûreté du Québec. Il n'y a personne des médias. Nous sommes dans la zone interdite. La mairesse se détache du groupe et marche en direction de l'hélicoptère dans un geste instinctif. Les deux femmes s'enlacent quelques instants. Elles marchent toutes les deux vers nous, côte à côte. Le ciel est gris. Les agents de

sécurité suivent à quelques pas. Madame passe son bras
autour des épaules de la mairesse. On n'entend pas leurs
voix, mais on imagine les mots de réconfort de la première
ministre. Nous nous rendons à la terrasse d'un bar au coin
de la rue. Sur les tables, des verres encore pleins. Quelques
chaises sont renversées. Rien n'a été touché depuis l'évacuation du bar dans la précipitation en pleine nuit. C'est
une image d'apocalypse. Le moment où la vie s'est arrêtée.
La première ministre reçoit les dernières informations
de la part des policiers et des pompiers. Dans la voiture
nous menant à la rencontre des journalistes, nous regardons quelques notes que j'ai griffonnées sur un papier…
*Mes premiers mots iront pour… Je veux saluer le travail
des… Les autorités sont à pied d'œuvre pour…* La première
ministre est au milieu de la rue Principale. Plusieurs dizaines
de journalistes l'enserrent. Les ministres Hébert et Blanchet
sont à ses côtés. Le personnel en fonction, les pompiers, les
policiers se placent naturellement derrière la première
ministre. Image forte de solidarité dans la douleur. Madame
fait une courte déclaration, puis répond à quelques questions. Ses mots portent. Elle s'adresse aux familles, aux premiers répondants. Elle rassemble, apaise. *Nous sommes à vos
côtés.* Elle est première ministre. Peut-être pour la première
fois. Elle visite le centre d'hébergement. Marche lentement.
Parle peu. Console les uns et les autres. Elle prend le temps
de remercier les bénévoles. Avant de partir, elle survole le
site en hélicoptère avec la mairesse. 20 h : nouvelle conférence téléphonique de coordination avec la première
ministre. Je retourne à Danville pour la nuit. En arrivant à
la maison, tard en soirée, je vois des images du drame pour
la première fois, à la télévision. Il n'y a qu'une victime
confirmée, on ne parle pour l'instant que de disparus. Des
dizaines de disparus. L'enfer sur terre.

Dimanche 7 juillet – Danville et Lac-Mégantic

Je retourne à Lac-Mégantic. Réjean Hébert multiplie les entrevues avec les médias. Le ministre de la Sécurité publique, Stéphane Bergeron, a interrompu ses vacances. Il viendra sur place dès son retour au Québec. Sa directrice de cabinet, Sandra Boucher, assure en son absence. Je rencontre le ministre fédéral Christian Paradis. Il est secoué. Lac-Mégantic est dans son comté. Nous avions déjà échangé au téléphone hier. *Harper m'a demandé : qu'est-ce que tu vois ? J'ai dit : je vois l'enfer, monsieur le premier ministre. Je vois l'enfer.* Il m'assure que le premier ministre voudra constater par lui-même. *On n'est pas à spéculer sur les aides. On travaille ensemble, c'est la ligne,* répète Paradis. Une trentaine de spécialistes du ministère de l'Environnement du Québec seraient ici. Tôt dans la journée, la rumeur circule que le premier ministre du Canada pourrait venir dans les prochains jours. La Sûreté du Québec est contactée par la sécurité du premier ministre canadien. L'attaché de presse du premier ministre communique avec notre attachée de presse pour obtenir de l'information. Les responsables des déplacements du premier ministre veulent nous parler. Martin Carpentier leur suggère un itinéraire de visite. Les rumeurs s'intensifient durant la journée concernant la présence de Harper, puis nous apprenons qu'il serait en route pour Lac-Mégantic. D'autres ministres québécois se demandent s'ils devraient venir. Je n'en suis pas convaincu. Hébert assure une excellente présence pour le gouvernement. Je ne souhaite pas de surenchère. Je ne veux pas que nous ayons l'air de profiter de la situation sur le plan politique. La première ministre au téléphone. Elle souhaite que nous nous chargions d'accueillir le premier ministre canadien. Le convoi du premier ministre arrive peu avant 16 h. Nous allons à sa rencontre lorsqu'il pénètre dans le centre d'hébergement.

Moi : *Bonjour, Monsieur le premier ministre, je suis Dominique Lebel, du cabinet de la première ministre du Québec. En son nom, je tenais à vous remercier de votre présence.*

Stephen Harper : *Merci. C'était important pour moi de venir. Madame Marois a fait un bon passage hier.*

Moi : *Avez-vous visité le site ?*

Stephen Harper : *En partie. Mais dites-moi, Dominique, si la première ministre n'est pas ici, pourquoi êtes-vous présent ?*

Moi : *Nous suivons les opérations sur le terrain, monsieur le premier ministre. Nous voulons que tout se passe bien et signifier aux gens de Mégantic que nous sommes avec eux.*

Réjean Hébert : *Je suis le ministre de la Santé du Québec. Je peux vous assurer que ce qui se passe ici dépasse tout ce que l'on peut imaginer. Le gouvernement du Canada aura un rôle à jouer dans la reconstruction de tout cela.*

Le premier ministre s'adresse aux médias en compagnie de son lieutenant Christian Paradis. Harper surprend toujours par sa taille. Il semble dépasser tout le monde d'une tête. Il a la démarche carrée, lourde. Où qu'il soit, il ne semble pas à sa place. Conférence téléphonique à 18 h pour faire le point avec Madame, Nicole et Jean St-Gelais. En soirée, le ministre de la Sécurité publique arrive sur les lieux. Bergeron se rend d'abord au poste de la Sûreté du Québec, puis visite le centre de commandement et le centre d'hébergement improvisé dans la polyvalente. Le ministre a le physique de l'emploi. Il mesure plus de six pieds. On le sent très ému. Il passe de longues minutes avec les proches des victimes avant d'échanger avec les médias. On l'interroge sur le transport de pétrole par chemin de fer au Québec. Il ne laisse planer aucun doute : il y aura une réflexion à faire et il faudra tirer des leçons. Une journaliste me confie qu'elle ne sent pas bien. *On nous demande de faire du* human, *on est comme des vautours. C'est tellement triste ici.* À 22 h 30, je suis de retour à la campagne, mais toujours en conférence téléphonique avec la première ministre, Nicole et des gens de la Sécurité publique.

Lundi 8 juillet – Lac-Mégantic

En route vers la ville éprouvée, je réfléchis aux prochaines étapes. Enquête sur le transport du pétrole par train ? Commission d'enquête sur le transport des produits dangereux au Québec ? Je pense à la séquence des prochains jours. La première ministre reviendra sur les lieux aujourd'hui. On prévoit des rencontres avec les autorités. Séance de travail avec la mairesse, rencontre avec le représentant de la Chambre de commerce locale, visite de la caserne de pompiers, retour au centre d'hébergement. La première ministre veut comprendre les besoins. Je reçois un appel de l'attaché de presse de Thomas Mulcair, chef de l'opposition à Ottawa. Il veut rencontrer la première ministre. Il sera ici cet après-midi.

Mardi 9 juillet – Danville et Québec

Jean-Marc Huot, qui est aux côtés de la première ministre depuis des années, vient me chercher à Danville pour me conduire à Québec. Discret, aimable, fiable, Jean-Marc est un aide de camp dévoué et fidèle à Madame. Nous nous connaissons depuis longtemps. Il était fonctionnaire à la Santé lorsque j'y étais avec Madame et Gilles Baril. Il a par la suite choisi de quitter la fonction publique pour suivre Madame. Nous apprenons qu'il y aurait autour de 200 personnes ayant toujours des problèmes d'hébergement à

Lac-Mégantic. Une dizaine de victimes sont confirmées alors qu'on parle d'une trentaine de disparus.

Mercredi 10 juillet – Québec

À Québec, Lac-Mégantic est sur toutes les lèvres. Sur instructions de la première ministre, Jean St-Gelais prépare depuis quelques jours déjà la réponse du gouvernement avec ses équipes. Depuis samedi, Madame est aux commandes pour s'assurer que la réaction du gouvernement est à la hauteur du drame. Elle s'est déjà rendue sur place à deux reprises et elle entend y retourner aussi souvent qu'il le faudra. Elle y a vu le désarroi, la détresse. Elle a aussi senti les attentes des résidents de Lac-Mégantic envers le gouvernement. Elle est prête à mettre à leur service les ressources de l'État aussi longtemps que nécessaire. Réjean Hébert, qui a été présent à Lac-Mégantic depuis le début, est bien placé pour relayer à ses collègues la gravité de la situation. La première ministre est décidée à court-circuiter le système. Elle impose le tempo. On ne peut pas laisser la machine administrative prendre le pas sur nous. Le système n'est pas fait pour ce genre de situation. Pas question de forcer les gens à entrer dans des cases, à s'adapter à nos programmes. Elle est persuadée que si on n'y arrive pas, on va créer un immense ressac dans la population. Les ministres emboîtent le pas. Les mesures prises par le Conseil des ministres lanceront un message puissant : le gouvernement prend acte de la gravité de la situation et se met au service de la population locale. Après le Conseil des ministres, la première ministre fait un point de presse au rez-de-chaussée de l'édifice Honoré-Mercier et annonce une série de mesures immédiates pour Lac-Mégantic. Une aide financière de 60 millions de dollars, dont une première tranche de 25 millions immédiatement. Dès lundi, les familles éva-cuées auront droit à une aide forfaitaire de premier recours de 1 000 dollars.

Jeudi 11 juillet – Québec et Lac-Mégantic

La première ministre retourne à Lac-Mégantic rencontrer les leaders locaux et présenter plus en détail les mesures annoncées la veille à Québec. Avec la mairesse, elle salue les pompiers à la caserne située à l'intérieur du périmètre de sécurité avant de se rendre à proximité de la voie ferrée pour regarder les lieux du drame d'un peu plus près. Un vent léger souffle. Marie Barrette et moi nous tenons en retrait. La première ministre et la mairesse observent la scène dans le silence avant de remonter en voiture. Le convoi nous entraîne à l'extérieur de la zone interdite. Pour nous rendre à la tente spécialement aménagée pour les points de presse, nous marchons lentement à la suite de la première ministre et de la mairesse. Les caméras filment la première ministre en la devançant seulement de quelques pas. À un moment, une femme sur un balcon commence à applaudir. On entend tout à coup des applaudissements de toutes parts. La première ministre quitte la rue et va saluer les gens en bordure. C'est la cohue autour d'elle. *Madame Marois, on va maintenant vous appeler la dame de granite,* lance une femme sur le trottoir. C'est une scène qui illustre toute la charge émotive produite par les événements de Lac-Mégantic. Alors que la première ministre s'ap-prête à donner son point de presse, phénomène exception-nel, la mairesse et elle reçoivent une salve d'applaudisse-ments. Madame rappelle les mesures annoncées hier à Québec. Dans la voiture qui nous ramène, la mairesse me dit : *Je ne sais pas comment je vais faire pour répondre à tout cet amour.* Je me dis qu'au fond les gens s'applaudissent eux-mêmes. Aujourd'hui, Lac-Mégantic est une ville de survivants. Ygreck publie dans *Le Journal de Québec* une caricature qu'il intitule : *Les Dames.* On y voit la première ministre et la mairesse enlacées sur un socle, statufiées vivantes, regardant la ville enfumée. Et il souligne : *La dame de béton et La dame de granite.* L'image est puissante. C'est exactement le sentiment qui se dégage de ces jours de juillet. Un hélicoptère ramène la première ministre à Montréal, alors que Jean-Marc me conduit à Danville.

Vendredi 12 juillet – Danville, Montréal et Danville

Lunch au cabinet avec la première ministre, Nicole et Sylvain Tanguay. Le directeur général du Parti est à planifier la prochaine campagne. Il évoque des candidatures potentielles. Demande l'avis de la première ministre. Nous avons chacun notre travail à faire. Je quitte la rencontre avec une liste de personnes à contacter pour sonder leur intérêt. Stéphane Bédard m'appelle au sujet de l'implantation d'une entreprise dans son comté. Je connais bien le projet. Avec la première ministre, j'en ai rencontré les représentants à Davos. Les régions font du lobbying pour obtenir l'usine. Bédard fait son travail de député. Je lui dis que Madame souhaite que l'entreprise décide.

Samedi 13 juillet – Danville et Pine Point

Comme c'est la tradition, on se lève aux aurores pour se rendre dans le Maine. Le rituel du départ. Il fait encore nuit. On voit le lever du soleil quelque part autour de Sherbrooke. On petit-déjeune de l'autre côté de la frontière. Les enfants sont surexcitées, comme ma famille et moi l'étions nous-mêmes jadis. Nous avons loué une maison pour deux semaines sur le bord de la mer à Pine Point. Le drame de Lac-Mégantic en première page du *Boston Globe* : « Derailment heightens train cargo fears ». Le *Wall Street Journal* publie une photo touchante de la première ministre enlaçant Raymond Lafontaine, un entrepreneur local qui a perdu son fils dans la tragédie. La mère de Valery se joint à nous avec une amie pour la semaine. Le Maine me rappelle mon enfance. Nous y allions quasiment chaque été. Je me revois marchant sur la plage à côté de mon père. Rien ne lui faisait plus plaisir que ces moments de liberté au bord de la mer. Difficile pour moi d'imaginer des vacances d'été sans quelques jours passés ici. Le projet : jogging, *lobster roll*, lecture, marche sur la plage avec les enfants. Le bonheur.

Dimanche 14 juillet – Pine Point

Jogging sur la route longeant la mer. J'attaque *Vie de Napoléon* de Stendhal. *Depuis un siècle, ce n'est pas précisément de bonnes intentions que l'on manque en Europe, mais de l'énergie nécessaire pour renier la masse énorme des habitudes.* Trois faiblesses de Napoléon selon Stendhal : il adore la pompe de la cour ; il choisit des sots comme ministres ; il n'aime pas le talent.

Mercredi 17 juillet – Pine Point

Je sais qu'il y a un Conseil des ministres à Québec aujourd'hui. Je lis David Plouffe, *The Audacity to Win*. Plouffe est l'un des architectes de la première victoire d'Obama. Il vénère littéralement son chef, ce qui ne l'empêche pas de chercher à en comprendre les faiblesses. Obama a de fortes convictions. C'est lorsqu'il y colle qu'il est le plus persuasif. Plouffe parle de l'importance de s'exercer aux *standard non-answers,* ce qui donnera encore plus d'effet lorsqu'on répondra franchement. Obama apprend bien la leçon. Pour espérer gagner, il faut changer les paradigmes, explique Plouffe. Je suis bien d'accord.

Jeudi 18 juillet – Pine Point

Après quelques jours de vacances, j'ai la tête qui bourdonne d'idées. J'écris des plans d'affaires dans mon carnet. Des projets numériques, toujours. Traditionnelle visite à Kennebunkport avec arrêt obligé pour prendre en photo la résidence d'été des Bush.

Dimanche 21 juillet – Portland

Journée de flânerie à Portland. Nous y allons à chacun de nos séjours dans le Maine. Je bouquine dans les librairies de livres usagés pendant que Valery et les enfants parcourent le centre-ville. J'achète le *Financial Times* du week-end. Et le livre de Nicholas Wapshott, *Keynes Hayek: The Clash that Defined Modern Economics.* Ça promet.

Lundi 22 juillet – Pine Point

Je lis *Le Ravissement de Britney Spears* de Jean Rolin. Vraiment inutile. On se demande parfois à quoi l'on pense lorsqu'on achète un livre. Je termine ma journée avec *Doing Capitalism in the Innovation Economy,* probablement pour me faire pardonner. Pas plus passionnant que *Britney*. Le *New York Times* indique que 39 % des Américains sont optimistes sur la situation économique, le meilleur résultat depuis 2008. Bonne nouvelle.

Mardi 23 juillet – Pine Point

Le chef d'entreprise et le ministre. L'entrepreneur et le politique. Il y aurait un livre à écrire là-dessus. Ils ont plus en commun qu'il n'y paraît. Une même folie. Un même refus des conventions. Une même négation du monde tel qu'il est. Une même énergie. De celle qui ne compte ni les heures ni les efforts et qui les éloigne de leurs proches et les rend si vulnérables. Ils voudraient tout accomplir seuls, mais ils n'y arrivent pas. Ils ont donc besoin des autres, mais ils ne l'admettront que pour se grandir eux-mêmes. À la fin, ils auront toujours tout fait tout seuls. Et souvent contre tous. Ce sera l'histoire officielle. Celle qui n'est jamais qu'une réinvention du réel.

Mercredi 24 juillet – Pine Point

Lecture de *War at The Wall Street Journal* sur le rachat du quotidien de la famille Bancroft par Rupert Murdoch. Ma fille Marguerite : *Tu écris toujours des notes, tu vas devenir écrivain plus tard, papa.*

Jeudi 25 juillet – Pine Point

« It's hard to return to our normal life », un témoignage sur Lac-Mégantic publié ce matin dans le *New York Times*.

Samedi 27 juillet – Boston

Nous quittons le Maine en direction de Boston pour y passer notre dernier week-end de vacances. Arrêt à l'université Harvard… histoire d'inspirer un peu les filles ! Nous visitons la John F. Kennedy Presidential Library et l'Institute of Contemporary Art. Nous soupons au Butcher Shop. Les enfants sont bien fières de partager un repas avec nous dans un restaurant d'adultes.

Lundi 29 juillet – Boston et Danville

Voyage de retour vers la campagne. À la sortie de Boston, on voit apparaître le chapiteau de Cavalia. On fait un petit détour pour pénétrer dans Lowell, au Massachusetts, pour voir ce qui reste des *factories* où tant de Canadiens français ont travaillé. C'est aussi la ville natale de Jack Kerouac. Puis on s'arrête à Wolfeboro sur le bord du lac Winnipesaukee en après-midi. On dirait bien qu'on veut étirer le retour. La journée est magnifique. De petits bateaux font des rondes sur le lac. Dans le *Wall Street Journal,* on parle du projet de fusion entre les deux géants de la communication mondiale, Publicis et Omnicom. Ce type de transaction nous est toujours présenté comme inévitable. En fait, les choses vraiment inévitables sont plutôt rares dans la vie, et c'est particulièrement vrai dans les affaires. Il y a toujours un côté irrationnel dans ces mégaprojets. Et beaucoup d'ego aussi.

Jeudi 1ᵉʳ août – Danville

JFK en une de *Paris Match.* Aussi prévisible l'été que la neige en hiver. Un classique comme nous les aimons. Le sentiment de prolonger un peu les vacances.

Vendredi 2 août – Montréal

Je lunche avec Jean-Claude Scraire. Il me fait part de ses doutes au sujet de la Banque de développement économique. Il ne comprend pas notre vision. Le projet a du plomb dans l'aile depuis que les partis d'opposition l'ont rejeté à la fin du printemps. L'idée était de regrouper toutes les fonctions de développement économique du gouvernement au sein d'un même organisme mieux intégré dans chacune des régions. C'était l'un des engagements importants de la dernière campagne électorale.

Samedi 3 août – Danville

Je termine la lecture de *The Partnership* juste à temps pour mon retour au cabinet lundi. On y trace le portrait des différents leaders de la banque Goldman Sachs à travers les ans. Chacun des changements de leadership provoque des modifications structurelles. Et chaque fois il faut bousculer un peu les leaders sortants pour que le changement advienne. Plusieurs ont d'ailleurs fait de la politique par la suite. Je retiens deux définitions. Leadership : écouter, choisir, décider, motiver, inspirer. Management : processus d'amélioration continue pour accroître la performance et diminuer les erreurs. Le moins que l'on puisse dire, c'est qu'au cabinet on a une vision beaucoup plus fantaisiste du management. La politique, c'est toujours un peu le chaos.

Dimanche 4 août – Danville

Je note une citation de François Mitterrand : *Inutile de vous construire un personnage, les gens finissent toujours par vous voir tel que vous êtes.*

Lundi 5 août – Montréal

Rencontre à 10 h concernant Lac-Mégantic avec Jean St-Gelais, Martin Caillé, Hubert Bolduc et Julien Lampron. Nicole est en vacances. Quelques ministres s'adresseront à la presse jeudi pour faire le point sur la situation. St-Gelais souligne la nécessité de dépêcher une entreprise en mesure de coordonner les actions sur le terrain, où on commence à manifester de l'impatience. Que fait-on avec les débris ? Pourquoi ne pas dégager maintenant ? Des appels d'offres sont en préparation pour les travaux de décontamination. Et plusieurs avocats sont dans le dossier. Les choses se corsent. Il y a de la colère à l'égard du propriétaire de la voie ferrée. Un Américain qui a tardé à montrer son empathie à la suite des événements et qui est accusé de tous les maux. Réjean Hébert sera de retour à Lac-Mégantic demain.

Mardi 6 août – Montréal

Rumeur selon laquelle MMA, la société ferroviaire impliquée à Lac-Mégantic, serait en faillite. Je soupe au Comptoir, boulevard Saint-Laurent, avec Steven Guilbault d'Équiterre. C'est notre première vraie rencontre. Inimitable, il entre au restaurant avec ses chaussures de vélo aux pieds. On repasse ensemble tous les grands dossiers qui préoccupent les environnementalistes. Il s'inquiète un peu du processus pour une nouvelle politique énergétique et craint que le débat ne soit parasité par la question du pétrole. Je partage en partie sa lecture. Tout cela me semble bien mal parti. La rencontre est franche, agréable. Guilbeault se dit plus proche d'un Yves-François Blanchet que d'un Breton ou d'une Ouellet.

Mercredi 7 août – Montréal

La journée se passe encore autour des questions concernant Lac-Mégantic. Plusieurs conférences téléphoniques. Je vieillis. Je sais bien que c'est de la folie de le dire, mais je vieillis. Je le sens, je le comprends. Le temps va me manquer. Je n'ai jamais eu ce sentiment auparavant. Je l'ai aujourd'hui. C'est absurde. La peur est souvent absurde.

Jeudi 8 août – Montréal

Alec Castonguay de *L'actualité* souhaite faire une entrevue sur les priorités de la rentrée. J'accepte de lui parler, mais sans être cité. Je reviens sur les blocages des partis d'opposition au sujet de la langue, sur la Banque de développement économique. J'enchaîne avec les grandes lignes des prochains mois : les valeurs québécoises ; l'électrification des transports ; la politique industrielle ; l'assurance autonomie.

Dimanche 11 août – Trois-Rivières

Grand Prix de Trois-Rivières. Je salue le maire dans une loge VIP. Les organisateurs rendent un émouvant hommage aux pompiers de Lac-Mégantic. Un ami très engagé dans les courses nous fait rencontrer Jacques Villeneuve. Il est près du motorisé de son écurie avec ses deux enfants et sa mère. Le champion déchu.

Lundi 12 août – Montréal

Vidéoconférence avec Québec. Jean St-Gelais est en compagnie de la sous-ministre aux Ressources naturelles, Christine Tremblay. Je suis seul de mon côté à Montréal. Suivi des dossiers : éoliennes ; forestière Résolu ; amiante ; les oléoducs d'Enbridge et de TransCanada ; Anticosti ; secrétariat aux Affaires nordiques ; politique énergétique. Tremblay, qui est entré dans ce ministère il y a quelques semaines à peine, ne sait plus où donner de la tête. Conférence téléphonique au sujet de Lac-Mégantic. La pression monte en faveur de l'aménagement d'une voie de contournement pour les trains. Les citoyens souhaitent qu'ils cessent de passer dans la ville. Ce serait prendre une décision populaire, mais nous résistons. Les coûts sont difficiles à évaluer, mais c'est certainement plus de 100 millions de dollars. En outre, il faudrait voir les impacts dans d'autres municipalités. Avec Julien Lampron, on convient de faire dorénavant une conférence téléphonique chaque matin pour établir les messages de la journée. Marie Barrette, Isabelle Monette, adjointe aux communications, et Simon Lajoie participeront avec nous à ce rendez-vous matinal fixé à 7 h 30.

Mardi 13 août – Montréal

Tout juste de retour de vacances, la première ministre se rend au Centre Bell assister à un gala-bénéfice pour Lac-Mégantic. Je m'étais arrangé pour que Madame m'appelle dès son arrivée à l'aéroport en début de soirée. *Oui, Dominique…* Elle sait bien que si je cherche à la joindre d'urgence, c'est que quelque chose se trame. Je lui ai présenté la raison d'être du gala, ajoutant que ce serait une bonne idée qu'elle y assiste. *D'accord, je vais y aller,* m'a-t-elle dit. Je me sens un peu coupable.

Mercredi 14 août – Montréal, Sherbrooke et Montréal

La PDG de Desjardins, Monique Leroux, préside l'organisation des Jeux du Canada qui se tiennent à Sherbrooke. Nous sommes invités à une réception à sa résidence d'été en Estrie avant de nous rendre à Sherbrooke où Madame doit rencontrer les athlètes. L'événement ne passera pas à l'histoire. J'en profite quand même pour me faire photographier avec la mascotte des Jeux. J'envoie la photo aux filles. Toujours un succès.

Jeudi 15 août – Montréal

L'équipe entourant Agnès Maltais planche depuis le début de l'été sur une intervention majeure du gouvernement en faveur de la solidarité. Nous faisons le point sur l'avancement des travaux. Pas d'élus autour de la table. Que des conseillers politiques et des fonctionnaires. Chacun donne ses réactions à chaud. Lorsque nous sommes au cabinet de Montréal, Nicole sort peu de son bureau. Elle est accrochée à son téléphone ou reçoit la porte fermée. Lorsqu'elle ouvre celle-ci, c'est pour se rendre dans l'une des deux salles de rencontre. Celle qui est adjacente au bureau de la première ministre ou l'autre, la plus grande, qui permet de faire des vidéoconférences avec Québec. Les choses ne se passent guère différemment au cabinet de Québec où elle se déplace généralement à l'intérieur d'un triangle bien défini. L'une des pointes représente son bureau, l'autre la salle de rencontre principale et la dernière le bureau de la première ministre. Lorsque la Chambre siège, elle assiste au caucus et parfois, mais très rarement, vient nous rejoindre dans l'antichambre lors de la période de questions. Des jours entiers peuvent se passer sans que certains conseillers du cabinet la croisent.

Vendredi 16 août – Montréal

C'est décidé. Les enfants iront dorénavant à l'école à la campagne. Le changement est effectif… maintenant. Valery s'installe donc en permanence dans notre résidence de week-end. C'est la politique qui nous amène à faire ce choix. Je ne suis jamais à la maison de Montréal. Valery porte donc seule le fardeau d'une vie écartelée entre Montréal et Danville. Ce sera plus simple pour tout le monde de concentrer notre vie de famille à la campagne. Les filles réagissent bien. C'est un nouveau chapitre qui commence.

IV

Du 19 août au 26 octobre

Le dévoilement de la Charte des valeurs
québécoises / Conflit avec les commissions
scolaires / La politique économique /
La remontée dans les sondages / Rumeurs
d'élections

Lundi 19 août – Mont-Saint-Hilaire

C'est le véritable retour des vacances. Rencontre de deux jours du cabinet de la première ministre au manoir Rouville-Campbell à Mont-Saint-Hilaire, sur les rives de la rivière Richelieu. Comme c'est souvent le cas en politique, l'été a fait du bien. L'Assemblée nationale ne siège pas. Les journalistes politiques sont en vacances. Les citoyens ont la tête ailleurs et nous oublient un peu. La rencontre doit servir à revoir les priorités gouvernementales de l'automne et à réfléchir à la prochaine campagne électorale. Notre survie est toujours incertaine. Le printemps a été difficile et nous voulons parer à toute éventualité. Compte tenu des sondages et de l'état de l'opinion, nous n'envisageons pas de déclencher une élection. Nous avons besoin de temps. Et le temps, c'est ce qui manque toujours en politique. Chacun y va de sa lecture de la situation. Le portrait est assez sombre, mais nous sommes dans une meilleure position qu'à la fin de la dernière session. Nous sommes affaiblis principalement sur deux fronts : l'économie et les questions sociales. Dans les deux cas, tout est affaire de perceptions. Mais c'est justement ce qui est le plus difficile à changer. Sur l'économie, nous donnons l'impression d'un gouvernement incapable de faire preuve de leadership et de remplir ses engagements, alors que notre bilan est plutôt respectable. Sur les questions sociales, 2013 a été très difficile jusqu'à maintenant. Nous avons semblé nous renier. Il y a eu la taxe santé, où nous avons paru improviser avant de reculer. Puis le dossier des changements à l'aide sociale est venu renforcer l'image d'un gouvernement auquel on ne peut pas se fier. Le danger de l'éparpillement dans un trop grand nombre de priorités nous guette toujours. *Qu'est-ce qu'on est capable de livrer dans le temps qu'il nous reste ? C'est ça la question,* fait remarquer Sylvain Tanguay, pragmatique comme toujours. *Tentons au moins de ne pas faire de vague là où on ne veut pas en faire,* enchaîne Simon Lajoie. *De toute façon, des élections auront lieu, soit parce que nous l'aurons voulu en mettant de l'avant un enjeu, soit parce que nous aurons fait une gaffe qui permettra à l'opposition de nous défaire,* rappelle Stéphane Dolbec. Tout l'après-midi est consacré à la revue des priorités et du menu législatif ministère par ministère. Un exercice fastidieux, mais qui permet d'avoir une vue d'ensemble et de donner à la première ministre la liberté de faire ses choix. La question de la Charte des valeurs revient à plusieurs reprises dans les discussions. Il y a beaucoup d'hésitation. Certains craignent qu'elle prenne trop de place dans le débat. D'autres se demandent pourquoi présenter un projet qui va aussi loin en matière d'interdictions. La piste d'atterrissage ne semble pas claire. Serons-nous capables de le faire adopter même si nous sommes minoritaires ? Voulons-nous en faire l'enjeu principal de la prochaine campagne ? Nicole elle-même a des doutes. *Alors qu'on remonte la côte dans les sondages, pourquoi se lancer dans ce débat ? Pourquoi prendre ce risque ? Est-ce le bon moment ?* Impossible de prédire si un tel débat serait à l'avantage du gouvernement. Autour de la table, personne ne semble vraiment croire que la machine peut s'arrêter. Peu importe les bémols qui peuvent être apportés, les questions de timing, d'opportunité ou de dosage, il semble que la décision est prise et que Madame ira de l'avant. C'est un engagement du Parti qu'elle veut respecter. Elle croit profondément que seul le Parti québécois peut offrir aux Québécois une réponse aux enjeux soulevés depuis des années par ces questions dans la société. Et elle est prête à assumer le risque. Sur cette Charte, Madame a pris position depuis longtemps. Je ne dis pas qu'elle s'est simplement positionnée. Se positionner, c'est se placer soi-même sur l'échiquier politique de façon à se différencier de ses opposants sans s'aliéner trop de gens. Ce n'est pas entrer dans le cœur d'une question ou mettre en avant une politique complexe. Bien se positionner exige d'être stratégique, opportuniste aussi. Prendre position, c'est tout autre chose. C'est affirmer une conviction, une vision en courant un risque. Lorsqu'on prend position, on prend parti, on se campe clairement d'un côté du débat. En réalité, les politiciens ne prennent pas souvent position, ils se positionnent. À propos de la Charte, Madame prend position. Le soir, on se retrouve une petite dizaine à boire un verre en fumant un cigare devant un feu à quelques pas de la rive. L'équipe semble se resserrer.

Mardi 20 août – Mont-Saint-Hilaire et Danville

Je fais un jogging sur la route longeant la rivière. C'est encore tranquille. On fait le point sur la souveraineté avant de s'attaquer à la planification électorale. Nicole ne voit pas comment nous pourrions mener la prochaine campagne sur la souveraineté. *Ce n'est pas dans le débat. Nous aurions l'air déconnectés. Vraiment, je ne vois pas.* Madame en rajoute : *Je ne crois pas que nous pourrons annoncer la tenue d'un référendum dans le prochain mandat. Le contexte n'est pas là.* Nicole souligne que la peur d'un référendum explique en bonne partie les résultats médiocres du Parti québécois de 2012. La première ministre conclut la discussion en réitérant son plan de match. *On va accentuer la promotion de la souveraineté par le Parti; on va recadrer le discours sur la gouvernance souverainiste; on va avancer avec l'idée d'un livre blanc sur les relations entre Québec et Ottawa.* Nous consacrons de longues minutes à l'analyse des adversaires. La position de faiblesse de la CAQ soulève des inquiétudes. Est-il possible que certains de ses députés rejoignent les libéraux ? Cela consoliderait l'image d'un rassemblement autour de Philippe Couillard. *Comment définir Couillard, ça demeure une question,* souligne Stéphane Dolbec. Je rappelle que le discours *mainstream* libéral est bien relayé dans les médias : *Le PQ détruit l'économie, taxe, renie les démunis, divise.* Le reste de la journée permet de revoir le programme des prochains mois et la planification de quelques tournées ministérielles dans les régions. Les grands thèmes de l'automne seront les valeurs, la solidarité et le développement économique. L'événement de Lac-Mégantic est abordé. On réalise que la tragédie a permis de révéler dans la population une image plus forte de Madame. Aussi, la chaîne de commandement qui a été mise en place par Madame pour orchestrer la réponse du gouvernement a été d'une grande efficacité. Il y a certainement des leçons à en tirer.

Mercredi 21 août – Danville et Québec

Je prends la route de Québec après une nuit à la maison. Je me questionne sur mon utilité. C'est l'une des grandes motivations de la politique : être utile. *La plus haute forme de vertu est la ferme détermination d'être utile*, écrivait Marguerite Yourcenar dans *Mémoires d'Hadrien*. Nicole et moi avons construit nos rôles chacun de notre côté. Cela s'est fait naturellement. Je m'intéresse à tout et tout m'intéresse. Nicole est plus orientée sur un petit nombre de sujets qu'elle juge centraux. Elle est sur le temps long. C'est peut-être pourquoi elle n'est pas intéressée par les détails, ni par les crises existentielles de l'un ou de l'autre. Elle est prête à mener des batailles. À forcer les choses. Mais il arrive un moment où elle suit le rythme et donne du temps au temps. C'est peut-être sa grande force. Elle ne casse pas sous la pression. Elle croit à la force du temps. En fin de compte, je réalise que je suis plus impatient qu'elle. Rencontre du comité des orientations stratégiques dans la salle adjacente à celle du Conseil des ministres. Lisée, Maltais, Drainville, St-Arnaud, Cloutier, Marceau et Bédard. St-Gelais, Nicole et moi. La première ministre indique ses priorités : développement économique ; compassion ; valeurs et défense de nos intérêts. C'est la deuxième rencontre du comité. Les ministres sont plus sereins qu'au mois de juin. Tout le monde pense à la Charte. Serons-nous en mesure de contrôler le débat ? De le baliser correctement ? Tous conviennent que le gouvernement doit marquer des points sur le plan économique cet automne. Justin Trudeau est reçu par la première ministre. Je le vois passer en coup de vent dans le couloir en face de mon bureau. On me rapporte qu'il aurait sermonné la première ministre sur la Charte des valeurs. 17 h : Bernard Drainville vient rencontrer la première ministre au sujet de la Charte. Il est avec sa directrice de cabinet, Louise-Andrée Moisan, et son attaché de presse, Manuel Dionne. Il comprend qu'il aura le feu vert. C'est un saut dans l'inconnu pour lui comme pour nous.

Jeudi 22 août – Québec

Exceptionnellement ce jeudi, c'est jour de Conseil des ministres. Ces derniers seront retenus toute la journée. *Nous sommes une démocratie d'émotions,* affirme Maka Kotto, en parlant de Lac-Mégantic. Long tour de table pour débuter. Madame fait une sortie très sentie pour dénoncer les commissions scolaires qui ont rejeté sur le dos du gouvernement la responsabilité des hausses de taxes. Sur la Charte des valeurs, les ministres sont encore réticents. Madame présente les priorités de l'automne. Certains ministres semblent surpris par leur grand nombre. C'est que Madame ne tranche qu'en partie. Elle souhaite que chaque ministre ait sa place. En aparté, François Gendron y va d'une lapalissade de son cru : *Notre priorité devrait être de proposer des choses qui relèvent du sens commun.* Gendron est le seul député de la cuvée 1976 encore actif. Il a été ministre pour la première fois en 1979. Toujours à fleur de peau, il a un tempérament bouillant qui fait de lui un politicien tout aussi craint qu'apprécié. Avec ses collègues, la relation est souvent orageuse. L'homme a un point de vue sur tout et sait se faire entendre, c'est le moins qu'on puisse dire.

Vendredi 23 août – Québec

Madame est dans son comté. Rencontre sur l'électrification des transports avec quelques conseillers et des hauts fonctionnaires. Je trouve que l'on n'avance pas beaucoup. Je tente de fouetter les troupes. 11 h : conférence téléphonique sur Lac-Mégantic. La question du déplacement de la voie ferrée est de plus en plus présente. Pour l'instant, nous préférons prioriser les travaux urgents qui permettront aux usines locales d'exporter à nouveau leurs marchandises. Je remplace Madame au comité exécutif national du Parti québécois. La rencontre se déroule dans un local minuscule de la rue de l'Église à Sainte-Foy. Échange avec les membres sur la situation politique.

Lundi 26 août – Lac-Mégantic

Nouveau passage de la première ministre à Lac-Mégantic. Cette fois-ci avec Sylvain Gaudreault, ministre des Affaires municipales. Sa directrice de cabinet Claude de Bellefeuille est en liaison pratiquement quotidienne avec les autorités de la municipalité. Des esquisses du nouveau centre-ville commencent déjà à circuler. Point de presse pour faire état de l'avancement des travaux. Nous passerons le reste de la semaine en Gaspésie pour le caucus de préparation de la rentrée parlementaire.

Mardi 27 août – Québec et Carleton-sur-Mer

Vol Québec-Bonaventure. Je fais le trajet entre l'aéroport de Bonaventure et Carleton-sur-Mer avec Jean St-Gelais. Le secrétaire général, c'est le grand ordonnateur du gouvernement. Il a l'oreille de la première ministre et de ses principaux conseillers. La première ministre ne manque jamais de l'écouter, ce qui soulève parfois l'ire de certains ministres. Lorsque je suis à Québec, presque tous les jours, il apparaît à ma porte, l'air d'y passer par hasard. Il s'arrête. On en profite pour échanger sur les dossiers en cours. Rencontre avec les officiers en soirée dans une salle de l'hôtel.

Mercredi 28 août – Carleton-sur-Mer

Je fais du jogging au petit matin sur la route longeant la mer. Le ciel est magnifique. 8 h 15 : la première ministre a convoqué la ministre de l'Éducation, Marie Malavoy, dans sa chambre. Je suis là avec Nicole et Carole Lavallée, directrice de cabinet de la ministre. *Marie, je veux te parler des commissions scolaires,* lance la première ministre. Pour reprendre l'expression de Parizeau, Madame lui lit « l'acte d'émeute ». *Je vais faire une sortie publique pour les dénoncer,* annonce la première ministre devant la ministre médusée. Elle demande que, d'ici là, une lettre soit envoyée leur annonçant une rencontre. La ministre sort de la chambre la mine basse. J'ai rarement vu la première ministre dans cet état. Ancienne ministre de l'Éducation, elle maîtrise ce dossier. Et les commissions scolaires, elle les connaît particulièrement bien. C'est même elle qui les a réformées il y a quelques années en déconfessionnalisant le réseau et en procédant à d'importantes fusions. Aussitôt la ministre de l'Éducation sortie, c'est au tour du député de Roberval, Denis Trottier, de venir rencontrer la première ministre. C'est lui qui aura la lourde tâche d'affronter Philippe Couillard aux prochaines élections. Trottier est adjoint parlementaire aux dossiers forêts auprès de Martine Ouellet. Il est très engagé sur ces questions depuis longtemps. Madame s'entend avec lui pour qu'on organise un grand rassemblement sur la forêt. Elle établit le plan de match. *On va faire ça dans ton comté,* dit-elle. *Notre objectif sera de rétablir le lien de confiance avec tous les acteurs du secteur de la forêt.* La journée peut maintenant commencer… avec la rencontre officielle des députés pour préparer la rentrée parlementaire.

Jeudi 29 août – Carleton-sur-Mer, Montréal et Danville

Tôt le matin, Daniel Breton vient rencontrer la première ministre dans sa chambre. Il se plaint d'Hydro-Québec et de la lenteur des avancées sur la politique d'électrification des transports. Lorsqu'il sort de la chambre, je me dis qu'il vient de rater la chance qu'il avait de présenter sa vision à la première ministre. Je ne suis pas certain que Breton réalise à quel point il a un accès privilégié à Madame. C'est comme s'il ne savait pas saisir les occasions. Avec Julien Lampron et Marie Barrette, on établit une séquence d'entrevues de Madame pour marquer la date anniversaire de l'élection. Le Conseil des ministres se tient à Carleton-sur-Mer, peut-être pour la première fois de l'histoire. En début d'après-midi, avant d'aller prendre notre avion, la première ministre répond aux questions des médias. Interrogée sur les nombreuses priorités du gouvernement, Madame répond avec humour que les femmes ont appris à faire plusieurs choses en même temps. Une dépêche écrite par Julien Arsenault de La Presse canadienne est publiée sur le web dès 16 h 30. « Pauline Marois reconnaît des avantages au projet Enbridge ». Le journaliste tente de faire ressortir des divisions au sein des troupes : *À Carleton-sur-Mer, en Gaspésie, la première ministre Pauline Marois a reconnu, jeudi, que les points de vue étaient variés, mais a tenté de calmer le jeu.* « *Il y a des points de vue différents, a-t-elle dit. Je n'appelle pas ça de la division. C'est normal et sain.* »

Vendredi 30 août – Danville

De retour à la campagne. Conférence téléphonique à propos de Lac-Mégantic. Les négociations avec le fédéral ne vont pas très bien. Alors qu'il s'était engagé à payer la moitié de la facture, le gouvernement de monsieur Harper se fait à présent tirer l'oreille. Jusqu'à maintenant, sur ordre de la première ministre, nous n'avons pas voulu alerter l'opinion publique sur ces difficultés. C'est que Madame veut à tout prix que nous évitions d'avoir l'air de faire de la politique sur le dos des Méganticois. Mais la pression monte à mesure que les factures s'accumulent à Québec. Il est d'ores et déjà acquis que l'engagement de 60 millions de dollars ne sera pas suffisant. Ça pourrait maintenant dépasser les 100 millions.

Samedi 31 août – Danville

« La Charte relance le PQ », titre *Le Devoir.* Le gouvernement retrouve les appuis qu'il avait lors de l'élection de 2012. Depuis une dizaine de jours, des fuites sur les intentions du gouvernement concernant la Charte des valeurs québécoises font beaucoup réagir. Je fais du jogging dans le rang vers la ferme des Guimond. Je prends en photo un panneau routier montrant une motoneige. Je me dis : tout vient à point à qui sait attendre.

Dimanche 1er septembre – Danville et Saint-Félix-de-Kingsey

Je cours vers Saint-Félix pour me rendre chez mes parents. À la hauteur de la ferme des Mastine, je trouve mes foulées.

C'est la distance qu'il me faut pour prendre le rythme. Juste après la forêt de cèdres, sur ma droite, des balles de foin semblent déposées aléatoirement dans la vallée, comme des diamants dans un mouchoir. En haut de la côte, sur la crête délimitant Danville et Saint-Félix, on voit déjà apparaître le village, le clocher de l'église. Les fermes divisent le territoire autant qu'elles lui donnent son harmonie, sa couleur. Il n'y a pas d'autres coureurs que moi sur cette route.

Mardi 3 septembre – Montréal

Rencontre de préparation du Conseil des ministres avec Madame, Nicole et Jean St-Gelais. Briefing sur la rencontre des gouverneurs et des premiers ministres de l'Est qui se tiendra à La Malbaie plus tard cette semaine. Avec Carl Gauthier du bureau de Jean St-Gelais, je rencontre des consultants mandatés pour analyser la situation dans le secteur de l'aluminium et voir les possibilités pour le gouvernement. 18 h 20 : rencontre pour aligner tout le monde en vue du Rendez-vous de la forêt qui aura lieu à Saint-Félicien les 21 et 22 novembre. La première ministre demande au député de Roberval, Denis Trottier, de faire le tour des régions avant le Rendez-vous pour qu'elle puisse bien comprendre les attentes. Diffusion au réseau TVA d'un documentaire d'une heure d'Yves Desgagnés sur Pauline Marois.

Mercredi 4 septembre – Québec, Montréal et Québec

« C'est à cause de moi », c'est le titre d'un article du *Journal de Montréal* sur l'attentat contre Pauline Marois. *S'il était entré* [dans la salle] *et qu'il avait tiré à bout portant sur les gens qui étaient là, ça aurait été un carnage.* Vol pour Montréal après le Conseil des ministres. Pierre Bruneau, chef d'antenne du réseau TVA, s'installe avec son équipe dans le bureau de la première ministre. L'entrevue sera diffusée au bulletin de nouvelles de ce soir. Nous avons revu de nouveau les messages avec la première ministre dans l'avion. *Je suis très fière aujourd'hui en regardant le chemin parcouru. Sur plusieurs fronts le Québec a progressé, le Québec a avancé. On a retrouvé une certaine sérénité. On oublie vite, mais la paix sociale était perturbée avant notre arrivée.* Elle soutient avoir respecté la majorité de ses engagements, contrairement à ce que les adversaires laissent entendre. Lorsque Bruneau l'interroge sur les hausses de taxes que demandent les commissions scolaires, elle ne peut retenir sa colère. *On a un petit rendez-vous qui les attend, elles et moi. Et on va avoir une bonne discussion sur ces questions-là. Les citoyens ont raison d'être mécontents.* Sur la Charte, Bruneau tente de lui faire dire qu'il s'agit au fond d'une façon de préparer la prochaine campagne électorale. Madame résiste. *Nous travaillons sur cet enjeu-là depuis quatre ou cinq ans. Je crois qu'en clarifiant les règles on va permettre de réunir les Québécois plutôt que de les diviser. Je sais qu'on ne pourra faire l'unanimité là-dessus, mais nous pouvons faire un large consensus.* C'est au tour d'Anne-Marie Dussault, de Radio-Canada, d'installer son équipe technique dans le bureau de la première ministre. Sur les modifications à l'aide sociale, Madame dit que si c'était à refaire elle ne le ferait pas. Dussault souligne que Jacques Parizeau a critiqué le gouvernement à propos de son « obsession » du déficit zéro. *Nous voulons garder le cap, mais nous ne ferons pas d'affaires qui n'ont pas d'allure,* rétorque la première ministre. Sur la Charte des valeurs, la journaliste cuisine la première ministre pendant de longues minutes. Debout derrière les caméras, je commence à avoir hâte que l'entrevue se termine. Je regarde ma montre, il y a plus de quinze minutes que ça dure. La journaliste fait admettre à Madame qu'elle considère le voile comme un geste de soumission. *Dans bien des cas,* précise-t-elle. *Pas dans tous les cas, mais dans bien des cas.* La journaliste tente de faire dire à la première ministre que la Charte est au fond une stratégie électorale. Madame se rebiffe, encore. *Ce n'est pas par stratégie, c'est parce que nous sommes convaincus qu'il faut régler ce problème.* Puis c'est au tour de Patrice Roy, chef d'antenne à Radio-Canada, d'interroger la première ministre sur son bilan. Il qualifie cette première année d'exercice du pouvoir de difficile. Lorsqu'il l'interroge sur son état d'esprit à quelques heures du vote un an auparavant, elle soutient qu'elle croyait obtenir un gouvernement majoritaire. *Les résultats n'ont pas été ceux que j'espérais.* Cette fois-ci, elle laisse entendre que l'atteinte de l'équilibre budgétaire pourrait être reportée d'un an si la situation économique l'exigeait. Elle n'était pas allée aussi loin dans ses autres entrevues. Sur la Charte, Roy soulève la complexité de son application dans une ville aussi multiculturelle que Montréal. *N'avez-vous pas peur qu'on marginalise encore plus des femmes déjà marginalisées?* Vol Montréal-Québec. Souper avec Madame dans le Vieux-Québec.

Jeudi 5 septembre – Québec et Montréal

Petit-déjeuner avec Simon Lajoie. Nous discutons de la stratégie législative. Au cabinet de la première ministre, nous sommes très peu mêlés aux stratégies du Parlement. C'est vraiment Bédard et son directeur de cabinet qui ont les choses en main. C'est leur territoire. De notre côté, nous suivons la préparation des projets de loi. À plusieurs moments dans le processus, nous avons l'occasion d'en commenter les contenus. Mais les comités ministériels font généralement le travail sans qu'il y ait nécessité pour la première ministre d'intervenir. Des rapports réguliers de ces comités nous sont acheminés par les fonctionnaires et par des membres de notre cabinet présents à leurs réunions. Par la suite, les projets se rendent au Conseil des ministres où ses membres peuvent toujours apporter des modifications. Lorsqu'ils sont sur le point d'être soumis au Parlement, le rôle du bureau du leader devient critique. C'est cette équipe qui prépare les députés en vue des commissions parlementaires et qui mène les négociations avec les partis d'opposition. Conférence de presse confirmant l'investissement du gouvernement du Québec pour terminer les travaux de la nouvelle aile du Musée national des beaux-arts du Québec conçue par Rem Koolhaas. Je me tiens au fond de la salle alors que la première ministre fait son discours sur la scène dans le grand hall du Musée où l'accompagnent le maire Labeaume et Pierre Lassonde, grand mécène qui préside la Fondation du Musée. De retour au cabinet, Luc Meunier d'Infrastructure Québec et Jean St-Gelais nous briefent sur le réaménagement de l'Hôtel-Dieu de Québec. Je comprends immédiatement que c'est un dossier que nous devrons suivre de près. Vol Québec-Montréal. La première ministre, Marie Barrette et moi nous rendons au journal *Le Devoir* pour une rencontre à la table éditoriale. Nous y allons un peu à reculons. Ce n'est pas un exercice que Madame apprécie. Ils sont tous là : le directeur Bernard Descôteaux, le chroniqueur politique Michel David, la rédactrice en chef Josée Boileau, Marco Fortier, Robert Dutrisac. La discussion va dans plusieurs directions. Les journalistes guettent la faute. Impossible de savoir ce qui en sortira. Tout y passe : finances publiques ; commissions scolaires ; énergies ; oléoducs ; Anticosti ; langue française ; Charte des valeurs ; souveraineté. L'échange dure une bonne heure. Marie Barrette et moi sortons de l'exercice découragés. La première ministre est plus sereine que nous. Durant l'après-midi, je rends visite à une firme de relations publiques pour voir une représentante d'Enbridge. J'espère que personne du *Devoir* ne m'a suivi… La rencontre ne m'apprend rien, sauf que l'entreprise est impatiente de connaître notre réponse. Rencontre des militants du Parti en soirée pour souligner l'anniversaire de la victoire de 2012.

Vendredi 6 septembre – Montréal

Le Devoir publie un article de Robert Dutrisac à la suite de la rencontre éditoriale d'hier. Le titre m'amuse : « L'étapisme pour la Charte des valeurs ». Les journalistes réussissent toujours à nous surprendre. Je ne saisis pas l'interprétation de Dutrisac, mais je trouve qu'elle a au moins le mérite de dédramatiser la situation. Les données sur l'emploi sortent aujourd'hui. Pas très bon.

Dimanche 8 septembre – Danville et La Malbaie

Je prends la route tôt le matin pour La Malbaie. J'emprunte la 362 à partir de Baie-Saint-Paul pour apprécier la vue sur le fleuve. Plusieurs kilomètres après Baie-Saint-Paul, au bas d'une grande côte, juste avant la remontée vers Les Éboulements, j'étire le cou sur ma droite et tente de confirmer la présence du vieux camion de la cantine Chez Georgette. C'est qu'il a l'habitude d'être là, garé sur le côté de la route descendant vers l'île aux Coudres. La tradition est sauve, mais il est trop tôt pour que je mange une poutine. Martin Carpentier, Andrée Corriveau et moi, nous avons prévu une partie de golf en fin de matinée. Il fait un froid de canard et il vente. Je dois m'acheter une tuque à la boutique du club pour m'assurer de survivre. Andrée est la directrice de cabinet d'Alexandre Cloutier. Je me souviens du coup de fil que je lui avais passé pour savoir si elle serait intéressée à reprendre du service. Ç'avait été un oui spontané. Pendant des années, Andrée a travaillé avec Bernard Landry. Conférence des gouverneurs de la Nouvelle-Angleterre et des premiers ministres de l'est du Canada coprésidée par la première ministre du Québec et le gouverneur démocrate Lincoln Chafee, du Rhode Island. Rencontre de préparation en milieu d'après-midi avec le ministre Cloutier et plusieurs fonctionnaires. Michael Sabia fait une conférence en soirée sur la situation économique mondiale. À la table, je suis assis entre le directeur de cabinet de la première ministre de Terre-Neuve et celui du gouverneur du Maine. Le contact est bon avec mon collègue de Terre-Neuve. Il est déjà convenu qu'on se reverra à Québec mardi.

Lundi 9 septembre – La Malbaie et Québec

Petit-déjeuner dans la salle du restaurant Charlevoix réservée aux membres des différentes délégations. Discussion sur l'état du bleuet et la culture de la pomme de terre… Et évidemment un peu d'ironie au sujet des journalistes. La première ministre présente la vision du Québec en matière de promotion des énergies propres. Hydro-Québec a d'ailleurs installé une borne de recharge pour l'occasion à l'extérieur du Manoir Richelieu. Toute la délégation se rend devant l'hôtel admirer la chose. Thierry Vandal et Madame rechargent une voiture électrique sous l'œil amusé de leurs hôtes.

Mardi 10 septembre – Québec

Michel David, dans *Le Devoir,* consacre sa chronique à la Charte. *L'élaboration d'une Charte québécoise de la laïcité, y compris l'interdiction faite aux agents de la fonction publique et parapublique de porter « tout signe religieux ostensible », a été résolue en bonne et due forme lors du congrès péquiste d'avril 2011. Depuis un an, on accuse le PQ de renier ses promesses. Faut-il maintenant lui reprocher de vouloir les tenir ?* Vincent Marissal, dans *La Presse,* souligne que la première ministre a donné des entrevues bilans à presque tous les médias, mais pas à son journal. Il fait un lien avec la Charte des valeurs. *On peut fort bien comprendre que le pouvoir préfère donner des entrevues complaisantes en terrain ami, mais le vrai courage, surtout lorsqu'on propose de jouer avec des matières explosives comme l'identité et les droits fondamentaux, c'est de débattre avec les sceptiques.* Petit-déjeuner à l'édifice Price avec la première ministre de Terre-Neuve. D'un côté de la table : Nicole Stafford, Marc-André Beaulieu, la première ministre et moi. En face, la première ministre de Terre-Neuve entourée d'un conseiller et de son directeur de cabinet, Ross Reid. On convient de relancer les discussions sur les projets hydroélectriques entre les deux provinces. Madame me désigne comme le point de contact à ce sujet. *On commence un nouveau dialogue,* affirme d'emblée la première ministre du Québec. *Oui, nous avons des différends, mais il faut renouer.* La première ministre Dunderdale semble étonnée de l'empressement du Québec et se tient sur ses gardes. C'est aujourd'hui que Bernard Drainville présente officiellement la Charte des valeurs, bien que des fuites dans les journaux en aient éventé le contenu depuis plusieurs jours. Julien Lampron organise une *photo op* dans le bureau de la première ministre : Drainville remettant officiellement à Madame le projet de Charte.

Les images se retrouveront dans tous les médias. Briefing sur le pétrole en après-midi. Beaucoup de sous-ministres présents. Madame donne ses indications. Nouvelle rencontre sur le projet Solidarité que prépare Agnès Maltais.

Mercredi 11 septembre – Québec et Montréal

Jogging ce matin. Je file vers le bassin Louise, le contourne et prends la piste cyclable vers la baie de Beauport. Le temps est brumeux et déjà frais en ce début de septembre. Jour de Conseil des ministres. Lendemain de veille dans les médias sur le dévoilement de la Charte des valeurs québécoises. Avant le Conseil, la première ministre rencontre Marie Malavoy au sujet des commissions scolaires. *Je ne décolère pas.* Madame est d'attaque. Une rencontre devrait avoir lieu le 16 avec les commissions scolaires. Madame donne ses indications pour sa préparation. Rencontre sur l'état des finances publiques avec Nicolas Marceau, Luc Monty, St-Gelais, Nicole et Jean-François Gibeault, directeur de cabinet aux Finances. Madame annonce qu'il faut présenter la nouvelle politique économique au plus tard à la mi-octobre. Elle s'interroge ouvertement sur l'opportunité de relancer un programme spécial à propos des infrastructures pour fouetter l'économie. Monty présente les chiffres. On craint un déficit de 2 milliards en 2013-2014. *Vaut mieux passer à l'offensive. On n'est pas tout seuls sur la planète,* affirme la première ministre. Elle cadre le débat : *On ne trouvera pas 2 milliards. Il faut voir la situation plus largement. Reporter l'équilibre budgétaire d'un an, deux ans, trois ans ? Je vous demande d'évaluer les hypothèses. Ce qui est certain, c'est qu'on ne peut pas augmenter les taxes. Pas question. On n'est pas responsables de tout ce qui se passe sur la planète.* Le moment est grave autour de la table.

Jeudi 12 septembre – Montréal

« La Charte de la honte ». C'est le titre de l'éditorial d'André Pratte ce matin dans *La Presse*. Une charge à fond de train. *Aveuglé par le potentiel électoral de la question identitaire, le gouvernement du Parti québécois a publié mercredi des orientations qui, si elles deviennent loi, feront reculer le Québec d'un demi-siècle. Le débat ainsi lancé, qu'aucune réalité n'impose, divisera le Québec. Certains fossés creusés le resteront longtemps. Les membres de minorités qui contribuent chaque jour à bâtir le Québec se sentiront ostracisés et le feront savoir au monde. La francisation des immigrants sera freinée.* À midi, Madame fait un discours devant la Chambre de commerce de Terrebonne. Une vieille promesse qu'elle avait faite au député Mathieu Traversy. À son retour, elle nous raconte avoir été frappée par l'intervention d'un militant du Parti québécois qui l'invitait à ne pas céder et à aller jusqu'au bout à propos de la Charte. *Les gens ont beaucoup d'attentes à notre égard.* Dany Laferrière est élu à l'Académie française. Premier Québécois parmi les « immortels ». Visite en soirée d'une exposition d'art contemporain à L'Arsenal avec Valery.

Dimanche 15 septembre – Danville

Un ébéniste vient nous livrer la table qu'il a conçue et construite à partir de bois en provenance de vieilles granges sur notre terrain. Véritable œuvre d'art. Seul problème, le meuble est si lourd qu'on se demande comment on va faire pour le déplacer.

Lundi 16 septembre – Montréal et Québec

Jour J pour les commissions scolaires. C'est aujourd'hui que leurs représentants ont rendez-vous avec la première ministre. La rencontre se tient au ministère de l'Éducation, rue Fullum à Montréal. Nous entrons dans la salle du onzième étage. L'atmosphère est à couper au couteau. La première ministre ouvre la discussion. Elle a un ton très dur. *Ce qui a fait déborder le vase, c'est la lettre incendiaire que vous avez envoyée aux citoyens. Vous ne vous êtes pas assumés. Vous ne pouvez pas souhaiter une autonomie de taxation et nous faire porter l'odieux du fait que vous l'utilisez,* affirme la première ministre. Malavoy prend la parole et noie un peu le message. C'est clair que nos interlocuteurs de l'autre côté de la table n'ont pas l'intention de collaborer. Cela se sent dès les premières minutes. *On est habitués aux critiques, mais là on s'est sentis méprisés. On ne s'est pas sentis traités comme un gouvernement local. Et en plus de la part de la première ministre. On a été traités comme des enfants. Oui, on doit assumer. Et si on a refilé la facture aux contribuables, c'est parce qu'on ne peut plus prendre de compressions. On n'est plus capables d'en prendre,* soutient Josée Bouchard de la Fédération des commissions scolaires. *Les politiciens aiment casser du sucre sur notre dos alors que nous sommes les plus performants du secteur public. Nos frais de gestion sont parmi les plus bas.* Je me dis : c'est un déni complet. Bouchard poursuit : *On a un grand nombre de commissions scolaires qui sont en déficit. Les commissions ont pris leurs responsabilités. Les gens ont réfléchi avant d'agir. Ils se sont tournés vers les citoyens parce qu'ils n'avaient pas le choix.* La présidente de la Fédération va jusqu'à nier que la population se soit soulevée contre les hausses. La première ministre prend la parole et remet les choses en perspective. Elle réitère qu'elle veut des solutions et demande aux commissions scolaires de lui faire des suggestions d'ici une semaine. *J'insiste,* dit-elle. *Notre monde a travaillé fort,* répond Bouchard. *J'insiste,* répète Madame avant de fixer un nouveau rendez-vous pour la semaine prochaine à Québec. Bouchard demande s'il est possible de revoir le pacte fiscal entre les commissions scolaires et le gouvernement. *Si c'est pour parler de hausses de taxes, c'est non,* répond la première ministre. *On fait de la grosse politique sur notre dos,* résume Josée Bouchard. *Vous avez un plus gros problème politique que nous,* rétorque la première ministre. Les journalistes sont massés au bas de l'édifice à notre sortie. Madame se contente de sourire. Elle prend la route de Trois-Rivières afin d'y faire des annonces d'investissements, alors que Nicole et moi retournons au bureau avant de nous diriger vers Québec en fin d'après-midi. Caucus des députés au Salon rouge du parlement. Veille de rentrée parlementaire. La mairesse de Lac-Mégantic vient saluer les députés au début de la rencontre. Longue ovation. Alors que les députés prennent la parole à tour de rôle à propos des projets de lois qui seront présentés cet automne, je revois mes notes prises à la suite du lunch de ce midi avec Jean Lapierre au restaurant L'Orchidée de Chine, rue Peel. Lapierre en a toujours long à dire sur les libéraux, comme il en a probablement tout autant à raconter sur le Parti québécois lorsqu'il est avec eux. Il soutient qu'il y a plusieurs groupes à l'intérieur du Parti libéral et que la greffe avec Philippe Couillard est plus difficile à faire qu'il n'y paraît. Sur la Charte, il estime que nous pourrions aller loin si nous avions la CAQ avec nous. Il a probablement raison. Léger met en ligne un sondage. Parti libéral, 36 % ; Parti québécois, 33 % : CAQ, 18 %. Le Parti québécois a regagné six points depuis le printemps. Puis 49 % des francophones se disent favorables à la Charte, contre 34 % qui s'y opposent et 16 % d'indécis. Sur l'île de Montréal, le taux d'opposition est de 49 %.

Mardi 17 septembre – Québec

Début de la session parlementaire. On reprend la séquence habituelle : préparation de la période de questions ; rencontre des officiers ; caucus ; période de questions. Dans l'antichambre, j'aperçois Bernard Drainville qui se prépare pour la période de questions. Ses pages sont pleines d'annotations, de passages surlignés de différentes couleurs, de ratures. Il me dit que ce sont ses vieilles habitudes de journaliste. Drainville a une personnalité riche. Toujours prêt à bondir sur une idée comme le renard sur sa proie. Malgré ses années d'expérience, il fait toujours de la politique avec la passion du débutant. Il a le sens de la formule. Il en abuse même un peu parfois. Il a le goût d'imprimer sa marque. La première question posée par Jean-Marc Fournier, leader en Chambre du gouvernement en l'absence de Philippe Couillard, qui n'a pas encore de siège à l'Assemblée nationale, porte sur l'économie. Après avoir taillé en pièces ce projet qui « divise » qu'est la Charte des valeurs, il exhorte la première ministre à s'occuper d'économie et à cesser de mener une politique qui « détruit les emplois ». Le ton est donné. Nouvelle rencontre sur le projet de réaménagement de l'Hôtel-Dieu de Québec. C'est le seul hôpital restant dans l'arrondissement historique de la ville. Réjean Hébert ne sait pas trop quoi faire de ce projet. La première ministre penche d'emblée pour la construction d'un nouvel hôpital plutôt que pour un réaménagement. On ne conclut rien. Les informations que nous avons sont encore partielles. Il semble être urgent de décider. Mais qu'en est-il vraiment ? Savoir départager les vraies urgences et les fausses : un instinct que les politiques doivent absolument cultiver pour survivre. Rénover ou agrandir ? Coûts réels des différents scénarios ? Qui est pour et qui est contre à Québec ? Comment vont se positionner

les partis d'opposition ? Le maire Labeaume ? Les médecins ? Le Conseil du trésor ?

Mercredi 18 septembre – Québec

Petit-déjeuner avec Mario St-Laurent, directeur de cabinet
aux Transports. Il s'inquiète du financement de la politique
de mobilité durable. Gaudreault en a fait son cheval de
bataille. Il a promis une révolution dans le transport collec-
tif. Conseil des ministres. Comme chaque mercredi, les
ministres doivent laisser leur téléphone mobile dans un
pigeonnier en bois à l'extérieur de la salle. Le secrétaire
général de la Francophonie, l'ancien président sénégalais
Abdou Diouf, est au Québec. Il fait un discours devant l'Assemblée nationale en fin d'après-midi. Souper privé à la
résidence de fonction de Madame. Monsieur Diouf signe
le grand livre dans le salon tout au fond du quatorzième
étage de l'édifice Price, spécialement aménagé pour les
réceptions officielles. C'est un souper rempli d'émotions.
On sent l'amour profond du secrétaire général pour le Québec. Il exécute son dernier tour de piste avant de quitter son
poste. On évite de parler ce soir des rumeurs concernant ses
possibles successeurs. Citation de Diouf : *En politique, ce qui
est le plus difficile à comprendre, c'est souvent ce qui se passe
sous nos yeux.* Ce soir, c'est comme si le temps s'était arrêté.

Jeudi 19 septembre – Québec et La Baie

Vol Québec-Bagotville après la période de questions. Visite
à La Baie avec le député Jean-Marie Claveau. Rencontre de
leaders locaux. Visites d'usines. Soirée militante avec une
centaine de personnes. Madame improvise un discours que

la salle apprécie. Elle fait le bilan des actions du gouvernement. J'ai l'impression de l'entendre roder un discours de campagne électorale. Elle recherche les effets et suscite les applaudissements. Elle semble y prendre plaisir malgré la fatigue. L'ancien ministre Marc-André Bédard est dans la salle. Madame et lui ont siégé ensemble au Conseil des ministres sous René Lévesque. Bédard est un éternel militant.

Vendredi 20 septembre – La Baie, Dolbeau-Mistassini, Roberval, Saint-Félicien et Montréal

Photo de la première ministre en première page de l'édition locale du *Journal de Québec* avec le titre : « Notre obsession, c'est l'emploi ». Rencontre d'un groupe de leaders régionaux à Dolbeau-Mistassini. Martine Ouellet accompagne Madame. Beaucoup de questions concernent la forêt. L'inquiétude est palpable. Je suis en voiture avec la première ministre pour nos déplacements. Elle lit. Regarde l'horizon de longues minutes. Elle est dans ses pensées. Je ne souhaite pas la déranger. Alors que bien des politiciens comblent le vide en faisant des appels, Madame passe très peu de temps au téléphone. Cela étonne au début. Lorsqu'elle utilise son appareil, ce n'est que pour effectuer ou recevoir des appels très courts. D'ailleurs, elle a toujours l'air surprise lorsque son téléphone sonne. Immanquablement, on la voit le chercher au fond de son sac à main. Au bout du fil, c'est bien souvent son mari ou l'un de ses enfants, très rarement des collègues ministres. Visite d'une exposition de machinerie agricole. Comme il fallait s'y attendre, la première ministre finit par grimper dans la cabine d'un immense tracteur et se fait photographier au volant.

Samedi 21 septembre – Danville

Mort du cinéaste Michel Brault. Pierre Duchesne suggère que l'on rende un hommage particulier au réalisateur des *Ordres*.

Dimanche 22 septembre – Danville et Bromont

Dimanche pluvieux sur le site des Jeux olympiques de 1976 à Bromont. On en fait le tour en famille, comme une reconnaissance des lieux en prévision des futures compétitions équestres de Simone.

Lundi 23 septembre – Montréal

Madame passe la journée à Pointe-Saint-Charles. Rares moments tranquilles au bureau de Montréal. De plus en plus de journalistes cherchent à entrer en contact avec moi. Ils souhaitent confirmer une information, comprendre le sens d'une déclaration de Madame, voir venir les événements. Moins ils sont insistants, plus j'ai le goût de leur parler.

Mardi 24 septembre – Montréal et Québec

Discours de la première ministre devant l'Organisation de l'aviation civile internationale. On se rend à Québec tout de suite après. Le dossier de l'Hôtel-Dieu est encore dans l'air. Si on décidait d'opter pour un nouveau site et de transformer l'hôpital existant en dispensaire de services de proximité couplé à de nouveaux bureaux pour les fonctionnaires de la santé, il s'agirait d'un projet de 1,3 à 1,9 milliard de dollars. J'en discute avec le directeur de cabinet du maire de Québec. Il ne se mouille pas. Je vois bien que la Ville souhaite nous laisser la décision en se réservant la possibilité d'appuyer ou non selon les réactions que cela suscitera. Les constructeurs d'éoliennes nous poussent à accélérer. Ils craignent des mises à pied. Même si la première ministre en a fait l'annonce au printemps en Gaspésie, les appels d'offres ne sont pas encore lancés. Madame reçoit les ministres Marceau et Zakaïb sur la politique économique en préparation. Le rapport que nous avons devant nous est volumineux. Il s'agit d'une approche globale incluant la politique industrielle, la politique de Recherche et Innovation, la politique de l'Exportation et celle relative à l'électrification des transports. Certains crédits d'impôt sont également prévus. La politique prévoit une série de mesures à court terme pour accélérer la croissance économique. *On met le pied sur l'accélérateur. Beaucoup de projets peuvent se réaliser,* indique Madame. La commission Charbonneau lève son interdit de publication concernant le témoignage d'un entrepreneur en construction, Paul Sauvé. Il est question d'une subvention de 2,5 millions de dollars obtenue par lui alors qu'André Boisclair était ministre des Affaires municipales en 2003. Souper de travail à l'édifice Price.

Mercredi 25 septembre – Québec

Jour de Conseil des ministres. Paul Journet de *La Presse* rapporte les propos de Jacques Duchesneau sur André Boisclair. *En 2005, M. Boisclair lui-même avouait qu'alors qu'il était ministre, il avait consommé de la cocaïne. La question qu'on se pose : M. Sauvé étant associé aux Hells Angels, et qu'on ait une subvention de 2,5 millions de dollars donnée…*

Est-ce que c'est venu influencer sa décision ? Je ne sais pas.
Duchesneau demande que Boisclair soit démis de ses fonctions. Jean-François Lisée défend le délégué. Louis Côté,
directeur de cabinet du maire Labeaume, me rappelle. Le
maire veut un engagement écrit du gouvernement quant à
l'avenir du bâtiment de l'Hôtel-Dieu advenant la construction de l'hôpital sur un autre site. Rencontre sur l'électrification des transports. La grand-messe. Ministres et députés
sont autour de la table aux côtés de Thierry Vandal, Pierre
Karl Péladeau et plusieurs sous-ministres et conseillers.
Madame présente la politique à grands traits. Daniel Breton
fait état d'un rapport qu'il a préparé pour soutenir la rédaction de la politique en question. Il prend la parole longuement. On ne peut pas dire qu'il pèche par excès de modestie
en présentant ses conclusions, mais à la fin, tout le monde
apprécie sa contribution. Souper chez Boulay, rue Saint-
Jean, dans le Vieux-Québec, avec la première ministre et
Nicole. On discute des grands sujets qui nous préoccupent :
finances publiques ; Charte ; André Boisclair ; commissions
scolaires ; préparation des engagements électoraux et de
l'organisation du Parti pour la prochaine campagne électorale. La première ministre tient à ce que le Parti soit prêt
quoi qu'il advienne. Elle met beaucoup l'accent sur la préparation. Elle est disponible pour rencontrer des candidats
potentiels à tout moment. Elle craint que la situation économique ne se détériore et que des élections ne deviennent
nécessaires dès cet automne. Nicole tente de calmer les
ardeurs électorales de la première ministre. Je suis surpris
de la tournure de la discussion. C'est l'une des rares fois où
je sens une tension entre les deux femmes. Madame semble
décidée alors que Nicole est clairement sur les freins. *Il faut
rendre possible un déclenchement sans trop alerter,* conclut la
première ministre. Nicole rappelle la barre minimale qu'elle
souhaite atteindre dans les sondages avant de recommander

un déclenchement. Lorsqu'on quitte la table, les tensions sont retombées. Bientôt il n'en restera plus de trace. C'est comme ça. L'histoire passe.

Jeudi 26 septembre – Québec

Toute la journée à tenter de cautériser la plaie. Bien qu'injustes, les attaques contre André Boisclair font mal, très mal. Il devient évident que le délégué ne s'en remettra pas. Jacques Duchesneau tire sur l'ambulance. Et il le sait. Le personnage a sûrement de grandes qualités, mais dans l'arène politique il est bien petit. Son ton est hargneux, ses propos caricaturaux. Rien pour relever la classe politique. François Legault refuse de se distancier de son député. Une journée déprimante.

Vendredi 27 septembre – Montréal

La première ministre est à Mirabel pour annoncer un investissement en compagnie de Pierre Moscovici, ministre français de l'Économie. Nicole a organisé une rencontre sur les communications avec un groupe de l'intérieur et de l'extérieur du cabinet. Malgré ses propres doutes, elle veut s'assurer que tout sera en place si Madame décide de déclencher des élections anticipées. Nouveau sondage Léger sur la Charte. Il y a maintenant 61 % des francophones qui y sont favorables. C'est une montée spectaculaire. Une large majorité se dit défavorable à des assouplissements pour les hôpitaux, les municipalités et les universités.

Dimanche 29 septembre – Danville

André Boisclair annonce qu'il poursuit Jacques Duchesneau, François Legault et la CAQ en diffamation. Il demande à être relevé de ses fonctions à New York.

Lundi 30 septembre – Montréal

Rencontre au sujet des nominations à venir. Discussion téléphonique avec Ross Reid, directeur de cabinet de la première ministre de Terre-Neuve, pour assurer le suivi de la rencontre du début du mois. Pendant ce temps, Madame fait une annonce avec Ubisoft avant de se rendre à Saint-Jean-sur-Richelieu pour confirmer un investissement à l'hôpital.

Mardi 1ᵉʳ octobre – Québec

Nouvelle rencontre avec des représentants des commissions scolaires, cette fois-ci à Québec. *On choisit les élèves, notre personnel, les parents,* indique d'emblée Josée Bouchard de la Fédération des commissions scolaires. *On dit non à la proposition du gouvernement.* Je sens la première ministre bouillir. *On est déçus de ne pas arriver à s'entendre avec vous sur des propositions de récupération des sommes que vous avez taxées en surplus,* affirme la première ministre. Elle annonce la création d'un groupe d'experts pour évaluer le financement, la gestion et la gouvernance des commissions scolaires. Madame exige une réduction des taxes au cours des deux prochaines années pour un total de 100 millions de dollars. Josée Bouchard, frondeuse, rejette la demande de la première ministre. *Le message que j'ai à vous livrer, c'est qu'on n'est pas d'accord. Ça va toucher les services aux élèves. On est au bout du rouleau.* Bouchard n'a que le mot compression en bouche. *Nous, on va dire, c'est une réduction de services pour les élèves. On nous crache dessus,* dit-elle. Souper à l'édifice Price avec quelques ministres pour échanger sur la politique économique qui doit être rendue publique la semaine prochaine. La rencontre a été convoquée par la première ministre à la toute dernière minute. Des ministres se plaignent de ne pas avoir été consultés suffisamment dans la préparation de la politique. Aucun ne l'a vue encore dans son ensemble. À son arrivée, Lisée me prend à part. Nous sommes dans le couloir menant au grand salon qui donne sur la rue Sainte-Anne, à l'avant de l'édifice. *Vous êtes à risque. Il y a un manque de respect des élus. C'est un danger pour la cohésion.* Il se plaint de l'attitude trop directive dont aurait fait preuve Nicole dans un dossier. Tout le monde est nerveux alors que le gouvernement entre dans une phase décisive. Je crois que sa mise en garde est sincère et qu'il craint pour la suite. Alors que je reviens à l'hôtel peu avant minuit, les mots de Lisée résonnent encore dans ma tête. Je suis bien conscient que nous bousculons. C'est la réalité de beaucoup de gouvernements aujourd'hui. On le reproche à Stephen Harper, mais on déplorait déjà la mainmise du bureau du premier ministre sous Jean Chrétien. Je me rappelle avoir entendu les mêmes critiques au sujet de Lucien Bouchard, dont Jean-François Lisée était pourtant conseiller. La pression est telle qu'il est de plus en plus difficile de faire de la stratégie ouverte et d'avoir des discussions en profondeur avec un grand nombre de personnes, comme un caucus par exemple. Aussi, la rapidité des décisions à prendre fait qu'on finit par ne consulter que peu de gens. Quoi qu'il en soit, l'exercice de tout pouvoir laisse beaucoup plus de place aux intuitions et à l'improvisation qu'on veut bien le croire. Et le pouvoir exacerbe les qualités tout autant que les défauts de ceux qui l'exercent.

Mercredi 2 octobre – Québec

Jour de Conseil des ministres. Robert Dutrisac, dans *Le Devoir*, écrit un article au titre évocateur : « Les commissions scolaires déclarent la guerre ». Petit-déjeuner à 7 h avec Nicole, Bernard Drainville, sa directrice de cabinet et Julien Lampron. Drainville fait un survol des enjeux entourant la Charte. Il fait cela froidement et sans *a priori*. Il jongle avec plusieurs hypothèses de changements. Passe d'un scénario à l'autre. Il exerce ses réflexes comme un boxeur le ferait en prévision d'un combat. Drainville défend bien son projet dans les médias. L'opposition est féroce, mais il maintient le cap. Il est au front depuis maintenant plusieurs semaines. Il est en parfait contrôle du discours. Souper avec un groupe de députés à l'édifice Price. La première ministre échange avec eux pendant plus de deux heures sur toutes sortes de sujets les préoccupant. Elle rassure, explique, donne la direction.

Jeudi 3 octobre – Québec

Je lunche avec la première ministre et Nicole. Les sondages nous surprennent agréablement. Enfin un peu de positif. On le sent depuis quelques semaines. Madame estime que les partis d'opposition ne voudront pas d'élections cet automne. Elle souhaite tout de même qu'on poursuive les préparatifs. La Charte doit être présentée de nouveau au Conseil des ministres d'ici la fin du mois. La première ministre n'est pas fixée quant aux changements à y apporter. Il y a maintenant plus d'un an que je suis revenu au gouvernement et je réalise que je n'ai encore rien vu de Québec. Je passe mes jours et une partie de mes soirées au parlement et dans nos bureaux. Je traverse la ville en taxi ou dans des voitures de fonction, bien souvent accroché à mon téléphone. Les bâtiments de la ville finissent par défiler sans vraiment se distinguer, un peu comme se marient les paysages quand on est à bord d'un train. Je marche parfois la nuit après avoir quitté l'édifice Price pour rentrer à mon hôtel dans la Basse-Ville. Mais l'un des seuls moments où je m'arrête pour admirer la Vieille Capitale, c'est tout là-haut, sur le balcon de l'appartement de fonction de la première ministre.

Vendredi 4 octobre – Montréal

Lucien Bouchard intervient à propos de la Charte, comme l'a fait Jacques Parizeau il y a quelques jours. Bouchard plaide pour un compromis. Il souhaite que le gouvernement se recentre sur un projet plus proche de ce qui était véhiculé par le rapport de la commission Bouchard-Taylor. *Le compromis est assez simple,* dit Bouchard au chroniqueur Yves Boisvert. *Les signes religieux seraient interdits uniquement pour ceux qui exercent des fonctions coercitives de l'État : juges, procureurs, gardiens de prison, policiers ; les services de l'État seraient donnés et reçus à visage découvert ; les textes réaffirmeraient la laïcité de l'État, la neutralité religieuse, l'égalité hommes-femmes et les règles de sagesse déjà exprimées par les tribunaux.* La première ministre et Jacques Parizeau assistent aux funérailles de Michel Brault à Saint-Mathieu-de-Beloeil en matinée. Nicole et moi rencontrons Richard Le Lay qui souhaite devenir représentant du Québec à Ottawa. C'est un ancien des troupes conservatrices au fédéral. *Il n'y a plus rien à attendre du Canada. On s'assume ou on s'assimile*, affirme Le Lay. En après-midi, rencontre de la première ministre avec les PDG et présidents du conseil d'administration d'Hydro-Québec, d'Investissement Québec et de la Caisse de dépôt et placement. La première ministre présente les grandes lignes de la politique économique qui sera dévoilée lundi. Je remarque que les six messieurs devant nous portent des complets gris. Ça doit être dans l'air du temps. Un seul a enfilé une chemise blanche : Pierre Karl Péladeau. Aucun risque de signes ostentatoires dans la salle…

Lundi 7 octobre – Montréal et Québec

La première ministre et le ministre des Finances présentent la nouvelle politique économique du gouvernement du Québec sur le parquet de la Caisse de dépôt et placement. On a voulu marquer le coup. Donner à cette annonce toute l'ampleur qu'elle mérite. C'est une pièce maîtresse de l'automne. Madame a suivi de très près la préparation de la politique. Une centaine de personnes assistent à l'événement. Quelques autres ministres sont présents : Duchesne, Zakaïb, Ouellet, Lisée. La politique s'intitule : *Priorité Emplois*. En après-midi, *La Presse* met en ligne l'article « Politique économique : offensive tous azimuts du gouvernement Marois ». Le gouvernement vise la création de 47 000 emplois et 13 milliards d'investissements privés d'ici 2017 dans tous les secteurs d'activité. C'est l'aboutissement de mois de travail. Nicole réunit un petit groupe de conseillers externes en toute fin de journée au bureau. Elle veut tâter le pouls. Nos visiteurs se montrent prudents, ils ne voient aucune fenêtre s'ouvrir sur une élection à l'automne. Rien n'indique que le gouvernement en sortirait majoritaire.

Mardi 8 octobre – Québec

Madame me demande d'organiser une rencontre avec quelques économistes pour une discussion sur la situation économique. Elle veut les entendre en privé, en l'absence de représentants du ministère des Finances. Elle a besoin de points de vue indépendants. Guy Laliberté souhaite s'entretenir avec la première ministre. Nous organisons une conférence téléphonique. *Comment ça va, Guy ?* lance la première ministre. Laliberté fait la promotion des Jeux équestres mondiaux à Bromont prévus pour 2018. *Mes trois filles font de l'équitation. Elles veulent faire les Olympiques. Je m'engage là-dedans personnellement et aussi au nom du Cirque.* Madame entre tout de suite dans le vif du sujet. *Combien ?* Laliberté ne veut pas faire de débat. Il souhaite seulement attirer l'attention de la première ministre. Il demande si nous serions prêts à signer une lettre d'engagement conditionnel à l'engagement du fédéral. Je glisse un petit papier à la première ministre sur lequel j'écris : *8,75 M pour le Québec.* Elle dit : *C'est un montant important, Guy, qui est demandé, laisse-nous regarder cela de nouveau.* Madame me demande d'assurer le suivi.

Mercredi 9 octobre – Québec

Mort de Paul Desmarais. Il serait décédé hier à sa résidence de Sagard. C'est une partie de l'histoire du Québec qu'il emporte avec lui. La première ministre en fait l'annonce au caucus en milieu de matinée. Conseil des ministres. Le mandat de Michael Sabia est renouvelé comme PDG de la Caisse de dépôt et placement du Québec. Madame a tranché. C'est un geste de confiance très important du gouvernement. Un nouveau chef de poste du bureau du Québec à

Ottawa est nommé, Richard Le Lay. Un décret annulant la permanence d'emploi qu'avait obtenue André Boisclair est adopté. Rencontre avec Agnès Maltais sur la préparation du plan d'action gouvernemental en faveur de la solidarité. C'est presque prêt. Madame a hâte de voir si l'opération aura l'effet escompté. Elle en doute manifestement.

Jeudi 10 octobre 2013 – Québec

Alec Castonguay de *L'actualité* publie un blogue concernant un sondage Crop révélant que 65 % des Québécois s'opposent à des élections cet automne. Rencontre du cabinet pour préparer la retraite de deux jours des ministres prévue pour la fin du mois. Madame : *Il faut travailler à la fois sur l'hypothèse d'une campagne dans quelques semaines et sur celle d'une élection au printemps.* Elle souhaite se garder un maximum de marge de manœuvre. Elle parle ouvertement de ses craintes concernant la situation économique en se référant au Fonds monétaire international et aux États-Unis. *Le risque d'un dérèglement économique majeur existe,* dit-elle. Sur la souveraineté, la première ministre répète qu'elle ne voit pas comment, dans l'état actuel des choses, on pourrait s'engager pour le prochain mandat. Elle sait bien que l'histoire n'est pas linéaire et fait parfois du surplace avant de s'accélérer à nouveau. Elle est donc prête à provoquer les choses, mais pas au risque de nuire durablement à la cause à laquelle elle a consacré toute sa vie politique. On fait dire à Talleyrand qu'en politique il n'y a pas de convictions, il n'y a que des circonstances. Ce n'est pas tout à fait vrai. Mais il est raisonnable de penser que, sans circonstances, les convictions auront bien du mal à se faire valoir. Parizeau a bousculé les choses pour mener au référendum de 1995, mais il a surtout su profiter des circonstances créées par l'échec de l'Accord du lac Meech. Nous établissons le calendrier des annonces économiques à faire d'ici la fin de l'année et révisons l'avancement des projets prioritaires. Souper du cabinet en soirée.

Vendredi 11 octobre – Montréal

Jean St-Gelais et moi rencontrons des émissaires d'Alcoa venus de Washington. Le ton est sans appel. Ils veulent s'assurer que nous prenons au sérieux la situation vécue par l'entreprise. Ils exigent des modifications importantes au contrat signé avec le gouvernement en 2008, sous peine de fermeture et de pertes d'emplois. Ils veulent une réponse avant la fin de l'année. Donc, le mur, c'est dans trois mois. Rencontre du comité sur la campagne électorale. Nicole présente un sondage interne qui place le Parti libéral et le Parti québécois au coude à coude à 35 %. Le Parti libéral est en baisse de trois points depuis août alors que le Parti québécois est stable. La CAQ est à 12 %. Chez les francophones, le Parti québécois creuse l'écart et atteint 41 %. Plus de 50 % des Québécois estiment que Madame fait bien son travail de première ministre. Le taux de satisfaction à l'égard du gouvernement est stable depuis l'été à 42 %, mais en hausse par rapport au printemps. L'appui à la souveraineté est autour de 35 %, comme au printemps. Revue de l'état de préparation de l'organisation. Présentation de projets publicitaires.

Samedi 12 octobre – Mont-Gabriel

Le Devoir publie un sondage Léger indiquant que l'appui à la Charte se consolide. Week-end en famille chez des amis dans les Laurentides. La première ministre prend une semaine de vacances.

Vendredi 18 octobre – Montréal

Discussion avec la Fédération des producteurs de lait du Québec. Ses membres sont inquiets des négociations sur l'entente de libre-échange avec l'Europe. Je remplace la première ministre en soirée à une réunion du Conseil exécutif national du Parti québécois. Je fais le point sur l'automne du gouvernement. Les membres sont plus optimistes que d'habitude. *La stratégie du gouvernement est la bonne,* disent-ils. Le Parti entre en mode électoral, mais le Conseil exécutif ne semble pas en avoir tout à fait conscience.

Samedi 19 octobre – Danville

Je lis le journal sur le balcon avant de ma résidence de campagne. Il y a des choses plus désagréables que ça. Journée d'automne parfaite. Je publie sur mon compte Twitter une photo du balcon ensoleillé. Vincent Marissal de *La Presse* réplique, moqueur : *Bel automne pour un déclenchement électoral.*

Lundi 21 octobre – Québec

Madame est de retour de vacances. *Les partis d'opposition ne feront rien pour nous renverser cet automne,* prédit-elle. Je réponds qu'il ne faut tout de même pas trop les provoquer… On travaille à l'ordre du jour du Conseil des ministres extraordinaire prévu pour la fin de la semaine :

Charte ; solidarité ; souveraineté ; engagements électoraux ; situation budgétaire. Rencontre du comité des communications sous la direction de Nicole. Toujours sans la première ministre. On passe en revue les grands événements du gouvernement pour l'automne. Nous essayons de voir les pièges susceptibles de nous entraîner vers une élection malgré nous. Nicole fait état des derniers sondages internes. Le Parti québécois devance maintenant les libéraux avec 37 % contre 35 %. Ça continue donc de monter. Nous atteignons 44 % chez les francophones, ce qui est spectaculaire. Si on appliquait ces résultats aux comtés, le Parti serait majoritaire. La satisfaction à l'égard du gouvernement est de 46 %, une nette progression. L'appui à l'indépendance ne bouge pas. Nicole demeure prudente. Elle demande constamment des précisions, s'inquiète de la qualité de la répartition des indécis. Elle se réjouit de la remontée, mais garde la tête froide. Nous n'y sommes pas encore, selon elle. Il manque encore quelques points. Les analyses des sondeurs Pierre-Alain Cotnoir et Pierre Drouilly placent encore le PLQ et le PQ au coude à coude. Fin de journée : Bernard Drainville et sa directrice de cabinet font le point sur la Charte des valeurs. Drainville voit moins de changements à apporter qu'il pouvait le laisser entendre dans les dernières semaines. Il ne travaille pas sur un scénario minimal qui permettrait de rallier la CAQ. Il songe plutôt à entraîner la CAQ vers la proposition du gouvernement. Pour ce qui est des libéraux, il semble bien qu'ils n'appuieront pas le projet quoi qu'il advienne.

Mardi 22 octobre – Québec

Rencontre avec l'équipe des Finances à propos de la situation budgétaire. Ils veulent être fixés sur leur plan de match de l'automne. À quel moment déposer les comptes publics ? Souhaitons-nous une mise à jour économique ? Notre stratégie sur l'équilibre budgétaire ? Réunion du Comité sur la souveraineté en soirée. Une vingtaine de personnes autour de la table. Les discussions sont de bon niveau. Un programme fouillé et détaillé est présenté pour relancer le projet indépendantiste. L'idée d'un livre blanc sur les relations Québec-Canada fait son chemin. Personne ici n'a la tête dans le sable. Le Parti remonte dans les sondages, mais pas la souveraineté. Une analyse de la situation financière du Québec dix-huit ans après le référendum de 1995 est déposée. Chacun mesure la responsabilité qui incombe à la première ministre et personne n'a envie de la bousculer.

Mercredi 23 octobre – Québec

Jour de Conseil des ministres. On n'y traite que des affaires courantes car les membres du Conseil seront réunis à huis clos pendant deux jours à la fin de la semaine. Durant la soirée, la première ministre reçoit le comité des orientations stratégiques à l'édifice Price. C'est leur troisième rencontre, qui réunit de nouveau les Drainville, Maltais, Cloutier, Lisée, St-Arnaud, Bédard et Marceau. Les ministres sont respectueux de la décision qu'aura à prendre la première ministre concernant de possibles élections. *Vous avez la prérogative d'être première ministre. La décision vous revient. Je souhaite que vous gardiez toute la latitude. Nous sommes là pour vous appuyer,* dit Agnès Maltais d'entrée de jeu. Moment de silence. S'enclenche une longue discussion sur la Charte. Beaucoup plus houleuse que prévu. Les ministres argumentent en sachant très bien que les choses vont suivre leur cours. C'est ce qui donne une allure surréaliste à la soirée. On s'interroge encore et encore au cœur de la garde rapprochée de Madame. Pourtant, le Parti québécois débat de cette question depuis des années. Lors de la dernière campagne électorale, il s'est engagé à aller de l'avant. Le projet préparé par Bernard Drainville a été rendu public il y a des semaines. On se quitte sans conclusion car il n'y a rien à conclure. En descendant à pied la côte de la Montagne pour me rendre à l'hôtel, j'essaie d'interpréter ce qui vient de se passer. Il me semble qu'une certaine odeur de fatalisme planait ce soir aux étages supérieurs de l'édifice Price.

Jeudi 24 octobre – Québec et Saint-Michel-des-Saints

Je lunche avec la première ministre et Nicole après la période de questions. Les deux prochains jours seront consacrés à un Conseil des ministres extraordinaire. Ça prendra l'allure d'une retraite permettant de faire le point sur différents dossiers. Peu à peu, dans les dernières semaines, s'est également installée l'idée chez les journalistes, et peut-être même dans la tête de certains ministres, que c'est à ce moment que Madame indiquera sa décision au sujet d'une élection cet automne. Madame a laissé courir la rumeur sans la nier. Je pose la question : *Voulez-vous que les libéraux et la CAQ nous renversent ?* Réponse énigmatique de Madame. *Ce serait à notre avantage s'ils le faisaient. Nous, on prend la décision de ne pas y aller. Je crois que c'est la décision que nous avons prise.* Je dis : *Et si les sondages montent pour nous, si on prenait quelques points encore, qu'est-ce qu'on fait ?* Madame dit : *On y va.* Retour à la case départ. Puis elle reprend comme pour s'en convaincre : *On ne souhaite pas déclencher. On va annoncer nos mesures dans l'ordre. On va nettoyer l'ardoise sur les questions de finances publiques. S'ils forcent une élection, ils en porteront l'odieux.* Nicole suit la discussion sans broncher. Rencontre avec les présidents de l'UPA et de la Fédération des producteurs de lait au sujet des négociations pour le traité de libre-échange avec l'Europe. Ils craignent que le fédéral ne les protège pas suffisamment, notamment sur la question du fromage. La première ministre les assure de l'appui du gouvernement du Québec. Nous arrivons en soirée à Saint-Michel-des-Saints après plusieurs heures de voiture. J'ai pris le temps de réviser les derniers sondages internes du Parti. La remontée est claire, spectaculaire. Nous sommes à égalité avec les libéraux alors qu'ils dominaient par près de quinze points au printemps. Quelques ministres discutent dans le hall de l'hôtel à mon arrivée. Ma chambre est située dans un édifice adjacent au noyau central de l'immense hôtel en bois rond. Le balcon attenant donne sur le lac Taureau. Il fait nuit noire et l'on ne voit rien. Nous sommes au milieu de nulle part.

Vendredi 25 octobre – Saint-Michel-des-Saints

Les camions de retransmission des médias se sont déplacés jusqu'ici. Ils obstruent l'entrée vers l'hôtel. Impossible pour les ministres de pénétrer sans faire face aux caméras. Les journalistes tentent de savoir qui est favorable à un déclenchement hâtif des élections. Les ministres jouent le jeu. Alors que la rencontre débute, j'ai deux *a priori* : au moins la moitié des ministres souhaitent des élections et au moins la moitié des ministres ne sont pas à l'aise avec certains aspects de la Charte des valeurs. Je sais que Madame n'a pas l'intention d'aller en élection maintenant. Même si elle s'est beaucoup interrogée depuis quelques semaines et que sa tentation est réelle, elle est maintenant décidée à repousser sa décision. Pour elle, il n'y a pas de raison objective d'aller en élection. Les mauvaises nouvelles continuent de s'accumuler du côté des libéraux. Si on déclenchait les élections maintenant, la Charte prendrait trop de place et tout ce que le gouvernement a fait jusqu'à maintenant dans ce dossier serait qualifié d'électoraliste. Le Parti ne serait pas assuré d'être majoritaire. Attendre permet de remettre de l'ordre dans les finances publiques. Comme à son habitude, Madame place les choses dès son mot d'introduction. Je l'ai vue procéder de cette façon à de nombreuses reprises dans toutes sortes de circonstances. Elle dit : *Je veux vous entendre, mais je voulais que vous sachiez ce que je pense.* Les ministres débattront longuement ce matin sur l'opportunité d'un déclenchement électoral à court terme. Il y a toujours un risque que les libéraux et les caquistes se lient pour défaire le gouvernement. Ils pourraient prendre prétexte de la situation économique, surtout si celle-ci continue de se détériorer. L'embellie dans les sondages en faveur du Parti québécois se reflète également dans les comtés, et les ministres le sentent. La remontée est constante et fait naître beaucoup d'espoir. Le Conseil aborde quelques dossiers spéciaux. Agnès Maltais présente son plan pour orienter les politiques gouvernementales en faveur de la solidarité alors que Stéphane Bédard et Bertrand St-Arnaud font le point sur le projet de loi visant à récupérer des sommes payées en trop à des entreprises dans le domaine de la construction. On prend une pause. La journée est froide, mais ensoleillée. Plusieurs ministres se retrouvent à l'extérieur et discutent face au lac. Ce lieu inspire à tous une certaine sérénité. L'après-midi s'étire sur un échange autour de la Charte. La première ministre expose avec lucidité les enjeux qui demeurent à l'intérieur du caucus. Les ministres comprennent qu'elle prendra bientôt sa décision sur la mouture finale du projet de loi. Le débat est ouvert, argumenté, réfléchi. Madame ne tranchera pas aujourd'hui. Souper de travail avec tous les ministres autour d'une grande table. La première ministre ouvre un échange sur la souveraineté. L'atmosphère est bon enfant. En fin de soirée, Simon Lajoie, Martin Carpentier et moi terminons les discussions en fumant un cigare sur le balcon surplombant le lac.

Samedi 26 octobre – Saint-Michel-des-Saints et Danville

La discussion reprend autour de la séquence des prochains mois. Encore beaucoup d'annonces à caractère économique à faire d'ici la fin de l'année. Alors que les ministres font leurs bagages avant d'entamer le week-end pour de vrai, la première ministre répond aux questions des journalistes. Elle confirme qu'elle ne souhaite pas d'élections en 2013. Fin du suspense. *Nous avons encore beaucoup de travail à faire et nous voulons poursuivre ce que nous avons commencé.* Plusieurs heures de voiture devant moi pour rentrer à Danville. Les premières dépêches sortent en milieu d'après-midi. Charles Lecavalier du *Journal de Montréal* fait une comparaison amusante avec l'élection du pape. *Fumée blanche au conclave péquiste : Pauline Marois a tranché, il n'y aura pas d'appel aux urnes à l'automne.*

V

Du 27 octobre au 31 décembre

Le report de l'équilibre budgétaire /
Des sondages favorables / Un condo
au Mexique / Nouvelle loi sur les mines

Dimanche 27 octobre – Danville

On se promène dans les rangs entre Danville, Cleveland et Saint-Félix-de-Kingsey. Valery prend de vieilles granges en photo. Elle aime l'élégance de ces constructions d'un autre temps. Nous décidons de nous approcher de l'une d'elles. Nous devons marcher quelques centaines de mètres à travers champs pour l'atteindre. Nous pénétrons à l'intérieur. Nous admirons la structure. L'état intemporel des lieux. Nous portons déjà nos manteaux d'hiver. Le temps change. Au retour, Valery publie un texte et quelques photos sur sa page Facebook.

Lundi 28 octobre – Montréal

Jean St-Gelais et moi rencontrons de nouveau des représentants d'Alcoa. On essaie de gagner du temps. Nous n'avons pas de mandat pour accepter ou refuser leur demande et les ministères sont très hésitants. En après-midi, rencontre de l'équipe rassemblée par Nicole pour préparer la future campagne. Nous sommes une dizaine. Le point sur l'état de l'organisation. Revue du plan de communication. Stratégies publicitaires.

Mardi 29 octobre – Québec

Je vois deux dirigeants du Fonds de solidarité avec St-Gelais. Ils sont inquiets. Leur réputation a été mise à mal quand la FTQ a été éclaboussée par la commission Charbonneau. À cela s'ajoute la baisse des crédits d'impôt annoncée par le fédéral. La rencontre est assez dure. Le Fonds doit se réformer et nous croyons qu'il doit faire preuve de leadership et aborder ses problèmes de front. Nos interlocuteurs ressortent de la rencontre un peu ébranlés. Ils ne s'attendaient pas à cet accueil de notre part.

Mercredi 30 octobre – Québec

Jour de Conseil des ministres. C'est la conclusion du débat sur la Charte. Madame a tranché. Chacun se rallie. Alcoa menace publiquement de fermer des alumineries au Québec. Des milliers de travailleurs risquent de perdre leur emploi. Le projet de loi sur les mines est battu. Il ne passe pas l'étape de l'adoption du principe qui aurait permis qu'on l'étudie en détail. C'était un engagement électoral. J'appelle un représentant d'Alcoa au Québec. Je lui fais part de mon incompréhension. *Nous avions des discussions. Qu'est-ce qui s'est passé ? Pourquoi étaler ça dans les médias ? Toute une région est inquiète aujourd'hui. On ne peut pas travailler comme ça.* Il me dit qu'il est très content de nos rencontres ces derniers temps, mais que les dirigeants attendent depuis trop longtemps. Ils n'ont plus confiance en nos équipes pour régler la situation. Je termine l'appel épuisé. Inquiet. C'est une matinée difficile. La première ministre et Agnès Maltais annoncent le plan gouvernemental en matière de solidarité. Les syndicats ne se réjouissent qu'à moitié. Tout comme les groupes qui représentent les démunis, pour qui les bonifications annoncées ne réparent pas la cassure du printemps. On souhaite avoir tout de même colmaté la brèche. La ministre Maltais pourra enfin relever la tête et passer à autre chose. Nicole a convoqué les directeurs de cabinet pour une rencontre. Je fais un « pep-talk ». *On n'a pas monté dans les sondages pour rien. C'est le fruit du travail de tous. On a été plus disciplinés. Les ministres ont fait preuve de plus de solidarité.* Au même moment, Julien Lampron réunit les attachés de presse.

Jeudi 31 octobre – Québec et Montréal

La première ministre se rend sous la pluie devant la statue de René Lévesque sur les parterres du parlement. Elle est suivie d'une quinzaine de députés. Hommage annuel au père fondateur. Le ministre des Finances présente les comptes publics 2012-2013. J'assiste au point de presse qui se déroule dans une salle du parlement. Les journalistes ont l'air de chercher la nouvelle… sans la trouver. Retour à Montréal en avion avec la première ministre et Nicole. Il pleut encore à notre arrivée. On veille à ne pas glisser sur les marches en sortant de l'appareil. J'ouvre mon téléphone. J'ai reçu des photos de Valery. Simone en hippie, Marguerite en statue de la Liberté et Françoise en vampire.

Vendredi 1er novembre – Montréal

Madame annonce aujourd'hui la politique d'électrification des transports. Un événement important pour elle. C'est une première étape. Tout reste à faire pour que le Québec soit un leader dans ce secteur. Madame y croit. On m'informe que l'émission *Enquête* à Radio-Canada prépare un reportage où il serait question du mari de la première ministre, Claude Blanchet. Ce serait au sujet d'une entreprise qu'il a fondée en 2007, mais dont il n'est plus le dirigeant. Le Fonds de solidarité a investi dans cette entreprise alors que madame Marois était dans l'opposition. Le reportage ferait état de pressions exercées par Michel Arsenault pour que le Fonds investisse dans l'entreprise de monsieur Blanchet.

Samedi 2 novembre – Danville

Dans le magazine *Ski,* je lis un petit article soulignant la qualité du travail du chef David Forbes de l'hôtel La Ferme à Baie-Saint-Paul. Je repense à Lisée citant Parizeau : *Il n'est pas interdit d'être habile.* Nous recevons ma famille à la maison de campagne.

Dimanche 3 novembre – Danville

Valery et moi commençons la journée en allant voter aux élections municipales. Le vote se tient dans la salle des Chevaliers de Colomb. Longue file à l'extérieur. Je suis devant ma télévision à 18 h. Radio-Canada doit diffuser un reportage relatif au dossier préparé par *Enquête* concernant Michel Arsenault, Claude Blanchet et, par ricochet, la première ministre. *Le Fonds a-t-il favorisé Claude Blanchet pour plaire à son épouse Pauline Marois ?* C'est la question posée par *Enquête*. Il est fait état de rencontres entre Michel Arsenault et Pauline Marois alors qu'elle était chef de l'opposition. *A-t-il été question de l'investissement dans l'entreprise de monsieur Blanchet ?* demande le reportage. Le reste est difficile à suivre. Je ne vois pas très bien où l'on veut en venir. Je sais que Claude Blanchet sera en furie contre ces insinuations. Le reportage soulève des doutes mais ne prouve rien. Nous sommes sur le terrain des apparences. Élection de Denis Coderre à la mairie de Montréal et de Michel Plourde à Danville. La première ministre contacte monsieur Coderre en soirée pour le féliciter et pour lui offrir tout l'appui du gouvernement du Québec. C'est une page d'histoire importante qui se tourne à Montréal. Régis Labeaume est réélu à Québec. Il a promis une « révolution » dans les relations de travail lors de sa campagne. Je reçois beaucoup d'appels durant la soirée au sujet d'*Enquête*. Les gens ne comprennent rien au reportage, mais trouvent que ça nuit à l'image de Madame. Je le sais bien.

Lundi 4 novembre – Montréal

La première ministre fait une allocution dans le cadre d'un colloque sur la persévérance scolaire. Michel Arsenault annonce qu'il ne sollicitera pas un nouveau mandat comme président de la FTQ.

Mercredi 6 novembre – Québec

Jour de Conseil des ministres. Conférence téléphonique des premiers ministres en prévision du Conseil de la fédération du 15 novembre à Toronto. Langue de bois. Une bonne trentaine de minutes de phrases alignées les unes derrière les autres, mais qui au final n'apportent rien de nouveau. Il n'y a pas de leadership parmi les premiers ministres. La défense des intérêts de chacun ne crée pas un tout cohérent. Et encore moins une ligne offensive susceptible de convaincre le gouvernement Harper de faire quoi que ce soit. Le gouvernement du Québec déclenche des élections partielles dans Viau et Outremont à la suite du départ de deux députés libéraux. Souper chez Madame à l'édifice Price avec un groupe de députés. Même sous le coup de la fatigue, Madame participe à ces rencontres avec une énergie qui ne se dément pas.

Jeudi 7 novembre – Québec

Philippe Couillard sera candidat dans Outremont. Il souhaite succéder à l'ex-ministre des Finances, Raymond Bachand, qui a démissionné. Rencontre tôt le matin avec Stéphane Bédard et Simon Lajoie. Bédard, qui est aussi président du Conseil du trésor, voit s'accumuler les difficultés pour boucler le budget. Il s'en désole avant qu'on passe au sujet du jour : le dépôt à l'Assemblée de la Charte des valeurs. La CAQ a annoncé ce matin qu'elle appuierait le principe de la Charte. Mais ce n'est pas encore fait. Bédard a une idée à présenter à la première ministre. *Et si nous engagions la confiance de la Chambre sur le dépôt de la Charte… cela forcerait les autres partis à se positionner… tout en démontrant toute l'importance que le gouvernement accorde à ce projet.* Il a l'esprit frondeur. Je lui demande si c'est vraiment ce qu'il propose. Il dit : *Oui, c'est ma proposition.* Madame hésite, réfléchit. Bédard est un stratège parlementaire aguerri. On se déplace vers l'Assemblée. Alors que nous marchons dans les couloirs entre le bureau de la première ministre et la salle du caucus, située entre l'édifice Honoré-Mercier et l'Assemblée nationale, Bédard revient à la charge auprès de Madame. Elle acquiesce. Chaleureuse ovation pour Bernard Drainville au caucus. Les députés acclament leur boxeur s'apprêtant à entrer dans le ring. Rumeurs juste avant la période de questions. Les libéraux refuseraient le dépôt du projet de loi. Si c'était le cas, cela pourrait nous plonger en élection. Fausse alerte. Mais le suspense demeure. Les médias ajoutent à la dramatisation en jouant avec les hypothèses. Rencontre en tête à tête entre la première ministre et Bernard Drainville dans le petit bureau au fond de l'antichambre. Madame porte une robe bleue, classique. Et Drainville une cravate bleue sur une chemise bleue. Dans quelques minutes, le projet de charte sera officiellement déposé à l'Assemblée nationale. Beaucoup de fébrilité dans l'antichambre. La séance s'ouvre. Bédard annonce que la confiance du gouvernement sera engagée sur le dépôt du projet de Charte. Un débat entre leaders s'enclenche. Les libéraux plaident que la confiance ne peut être engagée sur ce type de projet. Drainville commence à lire le préambule de la Charte. Grand moment de solennité. 10 h 30 : dépôt du projet de loi. Adopté en première lecture. Fin du suspense. La sécurité informe les députés qu'un colis suspect a été détecté à l'extérieur de l'Assemblée nationale. Les députés sont confinés à l'intérieur de leurs antichambres respectives, le temps que les vérifications soient faites. Je prends une photo de Sylvain Gaudreault, clémentine à la main, pour l'envoyer à mes enfants. C'est que le ministre leur a déjà raconté que, pour être ministre, il fallait être capable d'éplucher une clémentine d'une seule main. Tout un défi ! Un homme est arrêté près du parlement. Difficile de ne pas faire le lien avec le dépôt de la Charte des valeurs. En fin de journée, Jean St-Gelais et moi avons une rencontre avec les promoteurs du projet de cimenterie en Gaspésie. Le projet McInnis dort dans les cartons depuis quelques décennies et les députés de la région ne manquent jamais une occasion de le rappeler. Cette fois-ci semble la bonne. La famille Bombardier-Beaudoin y est associée. Le gouvernement évalue l'opportunité d'être partenaire. Ce serait un investissement majeur pour la Gaspésie. Mais il y aura des impacts environnementaux.

Vendredi 8 novembre – Montréal

La Presse titre : « Une charte à géométrie variable ». En soirée, au Palais des congrès de Montréal, on teste les télésouffleurs dans la grande salle avec la première ministre, comme on le fait chaque fois que c'est possible avant un discours important. On fait les derniers ajustements au texte avec Claude Villeneuve. C'est Barack Obama qui a démocratisé l'utilisation du télésouffleur. Il a rendu acceptable une pratique jusque-là discutable. Il faut dire que la technologie s'est beaucoup améliorée, et les petits écrans qui permettent à l'orateur de lire son discours tout en regardant la foule le plus naturellement du monde sont devenus presque invisibles. Obama est reconnu comme un excellent orateur. On le dit habile, efficace, naturel devant une foule. Madame n'a pas ces qualités, mais l'utilisation du télésouffleur l'a rendue plus confiante et l'a rapprochée de son auditoire. Elle l'utilise maintenant dans presque toutes ses allocutions publiques importantes.

Samedi 9 novembre – Montréal

La première ministre lit ses quotidiens quelques minutes avant son intervention devant le Conseil national du Parti québécois à Montréal. Nous sommes une dizaine dans la pièce. Chacun a le nez dans les journaux ou sur son téléphone mobile. À son entrée au Conseil national, Bernard Drainville est chaudement accueilli par les militants. En milieu d'après-midi, une dépêche de La Presse canadienne titre : « Le déficit du Québec continue de grimper ». L'atteinte de l'équilibre budgétaire paraît de plus en plus irréaliste à court terme. On estime que les gens commencent à intégrer l'idée d'un report. Jean-Luc Lavallée de l'agence QMI souligne : *Les revenus de taxes et d'impôts qui ont été anticipés par le gouvernement Marois, en début d'année, ne sont tout simplement pas au rendez-vous.* Stéphane Bédard commence à préparer les esprits : *On ne veut pas avoir de lunettes roses et dire qu'on va rattraper l'écart dans les prochains mois, a-t-il déclaré. Je pense qu'il faut être réaliste.*

Dimanche 10 novembre – Montréal

La chef du Parti québécois fait un discours à forte saveur souverainiste devant ses militants pour conclure le Conseil national. Madame répond aux questions des journalistes par la suite. Elle dit qu'il est trop tôt pour conclure sur le report de l'équilibre budgétaire. Quand on lui demande si elle croit que la Charte favorisera la souveraineté, elle répond que non. « Pas de lien entre la Charte et la souveraineté », titre La Presse canadienne à la suite du Conseil.

Lundi 11 novembre – Montréal

Rencontre du comité de préparation de la campagne. On révise les éléments de communication. À la fin de la journée, Nicole réunit de nouveau un petit groupe de stratèges externes pour un échange sur la situation politique. *La prochaine campagne sera sur l'économie,* estime l'un deux. *Normalement, les thèmes de campagne sont imposés par l'opposition,* nuance un autre. Tous s'entendent pour dire que le gouvernement a besoin de temps. *Est-ce que ce serait le bon moment pour tester la CAQ ? Ce parti aussi a besoin de temps. Dans l'état actuel des choses, la CAQ n'a aucun intérêt à souhaiter une élection rapide.* Comme à la dernière rencontre, ils ne voient pas d'urgence à se lancer en élection.

Mardi 12 novembre – Québec

Première neige à Québec. Conseil des ministres restreint pour décider d'un point technique concernant Lac-Mégantic. Six ministres autour de la table. Jean St-Gelais et moi sommes présents à une nouvelle rencontre concernant les alumineries. Et si le gouvernement décidait d'investir directement dans ce secteur pour assurer la position dominante du Québec à long terme ?

Mercredi 13 novembre – Québec

Jour de Conseil des ministres. La journaliste de Radio-Canada Martine Biron cherche de l'information sur la relation entre le comédien et metteur en scène Yves Desgagnés et nous. Il est connu qu'il a soutenu Pauline Marois à la dernière élection. Nous confirmons qu'il lui arrive de collaborer sur certaines questions. Sans plus. Oui, il a déjà obtenu de petits contrats du gouvernement. St-Gelais et moi avons un nouvelle rencontre avec les promoteurs de la cimenterie McInnis à Port-Daniel–Gascons en Gaspésie. Le montage financier a franchi des étapes importantes. La première ministre a convoqué les ministres et sous-ministres concernés par le drame de Lac-Mégantic. Elle veut s'assurer que les suivis sont adéquats. *Il faut que ça marche,* insiste-t-elle. L'enjeu du remboursement par le fédéral des sommes promises commence à inquiéter vraiment. J'assiste à un tête-à-tête entre la première ministre et Martine Ouellet. Madame reparle de la nouvelle loi sur les mines. Il en a été question au Conseil des ministres. Il y aurait une ouverture à des compromis de la part de l'industrie. Nous songeons donc à reprendre le projet, même s'il a été rejeté par les libéraux à l'Assemblée. Bédard doit vérifier l'opinion de la CAQ. Madame veut s'assurer que la ministre fait preuve de flexibilité. *Sinon, ça ne vaut pas la peine d'essayer de nouveau.* Marie Barrette, attachée de presse de Madame, vient me voir dans mon bureau en début de soirée. Elle trouve qu'un journaliste du *Devoir* pose de curieuses questions. Je demande qui est le journaliste. Brian Myles. Je me dis que c'est sérieux. L'histoire concerne un condo acheté par le mari de la première ministre au Mexique. Marie et lui échangent par courriel. Ça ne va nulle part. Je tente de joindre Claude Blanchet. Marie m'explique que Myles a l'intention d'écrire que l'appartement est voisin de celui de Paolo Catania, entrepreneur de construction arrêté par l'UPAC au printemps dernier. Le journaliste cherche des confirmations, mais soutient que l'article sera publié de toute façon. J'informe Nicole de la situation. Je finis par parler à Claude Blanchet. Il est hors de lui. *Je ne connais pas les autres propriétaires du complexe. C'est immense. Il y a plusieurs bâtiments et des centaines de condos. Je ne connais pas Catania. Je n'aurais pas pu le reconnaître dans la rue. Mais je connais mes voisins et ce gars-là n'est pas mon voisin.* C'est impossible. Marie Barrette nie donc l'information auprès du journaliste. Nicole et moi informons la première ministre. Elle est atterrée. *Ils ne nous laisseront jamais tranquilles. Pourquoi cet acharnement ?* Claude Blanchet me rappelle. Il est agité, inquiet. *Sais-tu, Dominique, combien il y a d'enlèvements par année au Mexique ?* Il craint pour la sécurité de sa femme, celle de ses enfants. J'appelle Bernard Descôteaux, directeur du *Devoir.* Je lui indique que l'histoire du journaliste est fausse. Il me dit que le journaliste a des sources. Je rétorque que monsieur Blanchet nie. Je lui parle des questions de sécurité. Je lui dis que je ne veux pas que l'emplacement du condo soit indiqué ni le prix d'achat. Descôteaux me dit qu'il va lire l'article et me rappeler. Il le fait dix minutes plus tard. *Tes arguments de sécurité nous ont interpellés. On ne pourra pas identifier le lieu dans l'article. On ne mettra pas de prix. On va dire : un condo luxueux dans un État du Mexique. En bord de mer.* Je lui demande pourquoi publier un tel article alors que le principal intéressé nie. Il rétorque que si *Le Devoir* ne publie pas, un autre média le fera. C'est le milieu de la soirée. Nous sommes seuls dans le bureau, la première ministre, Nicole, Marie et moi. On se demande ce que l'on peut faire de plus. Nicole décide d'appeler Descôteaux à son tour. Rien n'y fait.

Jeudi 14 novembre – Québec et Toronto

Première page du *Devoir* : « Marois et Catania, voisins de condo au Mexique ». Stéphane Bédard confirme que la CAQ serait ouverte à discuter d'une nouvelle loi sur les mines. On convient de poursuivre la discussion avec ce parti. Coup de théâtre, la députée libérale Fatima Houda-

Pepin fait une sortie contre son parti. Elle dénonce la position du Parti libéral sur la Charte, sans toutefois appuyer la
position du gouvernement. Houda-Pepin, musulmane
d'origine marocaine, est connue pour ses positions contre
la montée de l'intégrisme. Vol pour Toronto en fin de journée pour la réunion du Conseil de la fédération. Madame
Marois n'est pas surprise par la sortie d'Houda-Pepin. *Je
n'étais juste pas certaine qu'elle aurait le courage. Maintenant
c'est fait.* Madame a froid dans l'avion. Elle se couvre les
épaules avec un châle. Elle relit ses revues de presse et ses
notes de briefing. Parcourt quelques articles du *Nouvel
Observateur.* Souper avec la nouvelle responsable du bureau
du Québec à Toronto.

Vendredi 15 novembre – Toronto

7 h 50 : la première ministre donne sa première entrevue du
jour à Hugo Lavallée de Radio-Canada. Nous lui devons
bien cela, lui qui s'est déplacé jusqu'ici… Par ses questions,
le journaliste cherche à donner un sens à cette rencontre des
premiers ministres à Toronto. Les provinces souhaitent
des investissements supplémentaires du fédéral dans les
infrastructures. Encore une fois, le Québec fait bande à part
et préfère un transfert en bloc pour qu'il puisse faire ses
propres choix. J'en profite pour revoir mon homologue de
Terre-Neuve, Ross Reid. Je comprends qu'ils ont eux aussi
leur part de frustrations dans leur relation avec le gouvernement central. En soirée, la première ministre rencontre
Stephen McNeil, nouveau premier ministre de la Nouvelle-
Écosse. L'enjeu énergétique a été au cœur de sa campagne
électorale. Il a dénoncé les ententes passées entre sa province et Terre-Neuve pour l'achat d'électricité. La première
ministre y voit peut-être une occasion pour le Québec. En

fin de journée, nous allons rendre visite à l'équipe du bureau du Québec à Toronto. Madame et Marie Barrette repartent vers Montréal, alors que Marc-André Beaulieu et moi restons à Toronto pour faire quelques rencontres supplémentaires.

Lundi 18 novembre – Montréal

Jean St-Gelais et moi rencontrons un groupe d'experts indépendants venus présenter une analyse de l'avenir du prix de l'aluminium et du niveau de compétitivité des alumineries en sol québécois. La réflexion chemine. 16 h : rencontre de la première ministre avec des économistes. Nous avons réuni les économistes en chef de quelques grandes institutions financières. La rencontre dure une bonne heure. Ils s'entendent pour dire qu'il n'y a pas de croissance importante à attendre dans l'avenir prévisible. Ils estiment que les dépenses du gouvernement demeurent trop élevées, compte tenu des perspectives de croissance à moyen terme et du fait qu'on peut difficilement hausser les revenus. Le gouvernement doit à la fois appuyer l'exportation et attirer des investissements étrangers. Le gouvernement est sur la bonne voie en abaissant le ratio dette-PIB comme il l'a fait dans le dernier budget. Un économiste laisse entendre que le déficit du Québec ne serait pas conjoncturel, mais bien structurel. Une rencontre qui ne laisse pas beaucoup de place à l'espoir.

Mardi 19 novembre – Québec

Les critiques de Fatima Houda-Pepin contre son parti continuent de faire du bruit. Hier soir, un reportage de

Martine Biron de Radio-Canada illustrait à quel point la question divise le Parti libéral. Sur cette controverse, Madame ne veut pas trop en faire. Elle aura d'ailleurs un mot qui me fera bien rire : *Il ne faut pas avoir l'air du chat qui a avalé le canari.*

Mercredi 20 novembre – Québec et Roberval

Crop publie un sondage dans *La Presse*. L'appui des francophones à la Charte est à 55 %, mais le Parti libéral dominerait dans les intentions de vote à 37 % contre 32 % pour le Parti québécois. Il manque de cohérence entre ce sondage et les derniers résultats observés. Jour de Conseil des ministres. Après le Conseil, une rencontre sur l'état des finances publiques enfonce le clou. La situation est préoccupante. La première ministre reçoit par la suite des représentants patronaux en groupe pour la première fois, Yves-Thomas Dorval, Françoise Bertrand, Martine Hébert et Simon Prévost. Madame parle beaucoup. Elle est fatiguée. Lorsque c'est le cas, elle parle longuement, elle cherche le fil. Les représentants patronaux critiquent la façon dont le gouvernement mène ses consultations. Ils font référence à la politique industrielle et à la politique énergétique. Ils souhaitent que le gouvernement défende plus activement le secteur des ressources naturelles. *L'acceptabilité sociale, ce n'est pas l'unanimité sociale,* illustre Françoise Bertrand. Sur la question des finances publiques, ils insistent pour que le gouvernement garde le cap sur l'équilibre budgétaire. Ils proposent de hausser l'âge de la retraite, ce qu'un économiste nous a également conseillé lundi dernier. Vol Québec-Roberval. On s'installe à l'hôtel de la Boréalie de Saint-Félicien en prévision du Rendez-vous de la forêt. Martin Carpentier, Patrick Lahaie, Guillaume Fillion et moi prenons un verre avec quelques sous-ministres dans une chambre de l'hôtel en toute fin de soirée.

Jeudi 21 novembre – Saint-Félicien

Jogging sur la grande route à Saint-Félicien. À la hauteur du pont sur la rivière Ashuapmushuan, mon collègue Patrick Lahaie me laisse tomber. *Je ne pensais pas que tu prenais la course aussi au sérieux...* Je file seul sur la 162, porté par les vols de bernaches qui parcourent le ciel. En compagnie de la ministre des Ressources naturelles et de Denis Trottier, député de Roberval, la première ministre préside la grand-messe sur la forêt. C'est lorsqu'elle a à concilier les idées et les points de vue que Madame se sent le plus à l'aise. On l'a vu au Sommet sur l'enseignement supérieur et on le voit encore aujourd'hui à ce Rendez-vous de la forêt. Il n'y a rien qu'elle apprécie plus que ces rencontres. Elle peut passer dix heures assise à la table à écouter les points de vue des uns et des autres. À relancer les participants afin qu'ils précisent leur pensée. Elle n'a pas son pareil pour faire la synthèse, rallier les gens et créer des consensus. Le gouvernement annonce un investissement de 430 millions de dollars pour le secteur de la forêt. Trois chantiers sont mis en place pour regrouper les intervenants du secteur autour d'enjeux qui les touchent. Philippe Couillard a passé toute la journée assis à la table, sans vraiment intervenir. Tout n'est pas réglé, mais l'humeur générale est bonne.

Vendredi 22 novembre – Saint-Félicien et Montréal

Le Rendez-vous de la forêt se termine en matinée et, durant l'après-midi, Madame participe à Montréal à une annonce d'investissements en électrification des transports en compagnie du président de Volvo, Olof Persson. Martin Carpentier a réussi à faire entrer un autobus Volvo à l'intérieur de la salle du Palais des congrès. De belles images.

Samedi 23 novembre – Danville

Les gens croient facilement que, dans notre métier, nous détenons de grands secrets. Ils ont le sentiment que nous leur cachons des choses, qu'il y a toujours une vérité à laquelle ils n'ont pas accès. C'est un pouvoir immense qu'ils nous attribuent. Nous nous faisons des ennemis pour de faux secrets. Mais les secrets les plus intéressants sont souvent dans l'esprit de ceux qui les imaginent chez l'autre. Une réplique de la série britannique *Yes Minister* me revient en tête : *It was clear to me that if people stop having secrets, they stop having power.*

Lundi 25 novembre – Montréal

Nicole réunit le comité de préparation de la campagne. Nous sommes une dizaine autour de la table. Les gens du Parti font état de l'avancement de l'organisation. Nicole a un nouveau sondage interne en main. Le Parti québécois remonte de façon lente, mais constante, depuis la fin mai. Puis il passe légèrement en tête depuis la mi-octobre, contrairement au sondage Crop du 20 novembre. Pauline Marois devance tous les autres quant à savoir qui ferait le meilleur premier ministre. Du jamais vu. Toutefois, lorsque Pierre Drouilly transpose les résultats du dernier Crop, il n'obtient pas de majorité pour le Parti. C'est plutôt l'égalité, alors que la CAQ ne récolte plus que cinq comtés. On nous présente un scénario de campagne presque complet, incluant la stratégie, les thèmes, la séquence.

Mardi 26 novembre – Québec

Discussion avec Brian Coates d'Osisko concernant le projet de nouvelle loi sur les mines. Il juge la situation catastrophique pour nous en Abitibi. *Je serais nerveux si j'étais Gilles Chapadeau ou Élizabeth Larouche,* me lance-t-il à propos de nos députés sur place. Selon lui, la colère est palpable à l'égard du gouvernement. Il veut que le gouvernement et l'industrie partent sur de nouvelles bases. *L'industrie a besoin d'un signal positif.* Il offre d'aller sur la place publique pour appuyer l'adoption rapide d'une nouvelle loi. La première ministre reçoit Jean-François Lisée et son sous-ministre pour discuter de Montréal. Lisée est pressé d'aller de l'avant à propos du poste d'inspecteur municipal souhaité par le nouveau maire. Madame est hésitante, elle n'a rien contre le principe, mais veut s'assurer qu'on agira pour les bonnes raisons. Lisée pousse le gouvernement à s'engager auprès de la Ville de Montréal pour le 375ᵉ. Souper à l'édifice Price. Madame veut faire le suivi des candidatures pour les prochaines élections. Nicole présente toutes les fenêtres possibles pour des élections au printemps.

Mercredi 27 novembre – Québec et Danville

Jour de Conseil des ministres. Souper à la maison de campagne avec des amis en prévision de la chasse. Un ami chasseur a préparé le repas pour le groupe. C'est littéralement comme si on accueillait un chef à la maison. Le luxe des petits bonheurs. Le guide appelle pour nous confirmer le lieu du rendez-vous du lendemain matin. La nuit sera courte.

Jeudi 28 novembre – Danville et Québec

Lever à 4 h 30. Chasse à Notre-Dame-du-Bon-Conseil. Mélanges d'oies blanches et de bernaches. On voit d'immenses vols d'oiseaux. Ils passent au-dessus de nos têtes dans un vacarme assourdissant. Churchill, le chien d'un ami, est aux aguets. Il est d'une redoutable efficacité pour repérer les oiseaux sur le sol recouvert de neige. Très froid. Je me rends à Québec pour l'heure du midi. Nicolas Marceau fait le point sur la situation économique. Il annonce le report de l'équilibre budgétaire de deux ans, compte tenu de la faible croissance économique. Les esprits avaient été bien préparés. Peu de gens sont réellement surpris de cette décision. Les partis d'opposition la critiquent tout de même sévèrement et attribuent la situation à la mauvaise gestion du gouvernement. Les libéraux laissent entendre qu'ils pourraient renverser le gouvernement. On n'y croit pas. Rencontre avec Alexandre Cloutier, Andrée Corriveau, Stéphane Dolbec, Nicole et la première ministre au sujet de la stratégie sur la souveraineté. Il est question du livre blanc. C'est une proposition qui a émané du Comité sur la souveraineté. Il s'agirait d'un livre blanc sur l'état des relations entre le Québec et le fédéral. *Si je vais plus loin, je crois qu'on se tire dans le pied,* conclut la première ministre. Caucus extraordinaire des députés en soirée pour discuter des engagements électoraux de la prochaine campagne.

Samedi 30 novembre – Danville

Nous recevons la première ministre et Claude Blanchet à la campagne. Nicole est aussi là avec son conjoint et quelques amis. Un après-midi autour de la grande table à refaire le monde… politique. Ma femme trouve tout de même étonnant ce goût que nous avons d'être ensemble. *Vous n'en n'avez pas assez de dîner et de souper ensemble chaque jour ? Vous avez besoin de remettre cela le week-end ?* lance-t-elle non sans ironie. À un moment, je surprends Marguerite, seule avec la première ministre dans la salle de jeux. La petite a décidé de lui montrer ses toiles. Madame prend le temps de les apprécier les unes après les autres. Moments volés.

Lundi 2 décembre – Montréal

Daniel Breton souhaite que Madame revoie son mandat. *Je n'ai pas ce qu'il faut pour travailler. Je n'ai pas d'équipe.* C'est effectivement la différence entre un ministre et un adjoint parlementaire. St-Gelais et moi rencontrons de nouveau des consultants externes sur la question de l'aluminium. Les prix sont tellement bas dans le secteur qu'on se demande si le gouvernement ne devrait pas intervenir pour que le contrôle de l'industrie revienne au Québec. À l'échelle mondiale, c'est l'un des rares domaines d'activité où le Québec est toujours un joueur qui compte. Depuis le rachat d'Alcan par Rio Tinto en 2007, il n'y a plus d'aluminerie contrôlée par des intérêts québécois. C'est une opération de plusieurs milliards comportant une part importante de risque.

Mardi 3 décembre – Montréal et Québec

Simon Lajoie, du bureau du leader, confirme l'entente avec la CAQ pour qu'elle adopte avec nous, sans les libéraux s'il le faut, la nouvelle loi sur les mines. Lajoie fait part de sa stratégie parlementaire afin que le projet ne dérape pas. Un nouvel échec serait mauvais pour tout le monde. En début de soirée, rencontre entre la première ministre et Stephen Harper au Reine Elizabeth à Montréal. Sujet : reconstruction du pont Champlain. Il fait un froid sibérien dans la salle où nous attendons que Madame et Sylvain Gaudreault soient reçus dans la suite du premier ministre. Madame, transie, a gardé son manteau. Elle revient dans la salle après sa rencontre. Elle fait le bilan. Harper refuse nos propositions de collaboration. C'est un pont fédéral et, en conséquence, c'est le fédéral qui s'en occupe, voilà le message qu'elle retient. Harper a des propos surprenants sur la corruption au Québec. Madame ne sait pas trop comment les interpréter. Conférence téléphonique avec St-Gelais, Bédard, Gendron et Ouellet pour faire le point au sujet de notre stratégie sur les mines. Souper au centre-ville avec la première ministre, Sylvain Gaudreault, Nicole, Marc-André Beaulieu et Marie Barrette avant de prendre l'avion pour Québec.

Mercredi 4 décembre – Québec

La première ministre fait le tour des dossiers à l'Environnement avec Yves-François Blanchet avant le Conseil des ministres. Monique Simard devient PDG de la Société de développement des entreprises culturelles au terme d'un long processus. André Boisclair accepte la présidence du Comex, un comité d'examen de la qualité de l'environnement à la Baie-James. Il était hors jeu depuis son retrait du poste de délégué du Québec à New York. C'est Marie Barrette qui est heureuse : les journalistes lui demandaient des nouvelles de Boisclair pratiquement tous les jours ! Révision de la stratégie pour le bilan de fin de session avec la première ministre. Soirée de Noël des députés et du personnel politique.

Jeudi 5 décembre – Québec

Journée spéciale au parlement. Valery me rend visite avec les filles. Je les emmène à tour de rôle dans l'antichambre durant la période de questions. Nous dînons ensemble au Parlementaire. Visite de tous les recoins du cabinet. Les filles s'assoient sur la chaise de Madame dans son bureau. Courent dans les couloirs. Font des dessins dans mon bureau. Bref, la visite VVIP. Rencontre pour mettre la dernière main au bilan que fera la première ministre demain. L'accent est mis sur les trois piliers de l'automne : emploi, solidarité et identité. Nombreuses tractations toute la journée concernant les mines. Des joueurs clés de l'industrie donnent l'assurance qu'ils veulent que la nouvelle loi passe. En fin de journée, nouveau recul à propos de la Loi sur les mines. L'Association minière est déçue de la façon dont les discussions progressent. Je leur demande de ne pas mettre d'huile sur le feu. Caucus des députés en soirée en prévision du bilan de fin de session. Mort de Nelson Mandela à l'âge de quatre-vingt-quinze ans.

Vendredi 6 décembre – Québec

Le ministre Réjean Hébert dépose le projet de loi sur l'assurance autonomie. Dernière journée de session. Les députés sont heureux. Ils se serrent tous derrière la première ministre alors que Madame dresse le bilan d'un automne chargé devant les journalistes. Rien à voir avec les doutes et les hésitations de juin dernier. 16 h 50 : la représentante de l'industrie minière m'assure qu'elle a le mandat de ses membres de faire en sorte que cette fois-ci soit la bonne. D'ici là, on convient qu'elle évitera les médias. En fin de journée, bal à Québec avec Valery. Ce sont des occasions rares depuis mon retour en politique. On est loin du glamour du monde de la publicité.

Samedi 7 décembre – Mont Sainte-Anne

Dans *Le Devoir*, on note que la première ministre trace un bilan positif de la session malgré un report de l'équilibre budgétaire. Se sentant attaqué, Couillard doit défendre son style. Entraînement de l'équipe de ski des filles. On file tôt le matin vers le mont Sainte-Anne. Comme il n'y a pas de neige au mont Gleason si tôt dans la saison, l'équipe a pris l'habitude d'un week-end d'entraînement à Québec chaque début de décembre.

Dimanche 8 décembre – Mont Sainte-Anne et Danville

À Lac-Mégantic, la première ministre rend hommage aux intervenants de la première heure lors du drame. Nous revenons du mont Sainte-Anne épuisés en fin de journée.

Lundi 9 décembre – Québec

Les députés sont de retour au parlement. Ils ont été rappelés pour l'adoption de la nouvelle loi sur les mines. On attend de longues heures dans l'antichambre. Les délibérations s'étirent jusque dans la nuit et donnent lieu à de nombreux rebondissements. À certains moments, nous négocions en parallèle à plusieurs endroits dans le parlement avec les différents groupes concernés. À nouveau, Stéphane Bédard joue un rôle clé pour clore les négociations. Alors qu'on échange tout bonnement à quelques-uns avec la première ministre venue se détendre un peu à l'extérieur de la Chambre, elle fait un de ses rares commentaires sur Jean Charest. *Au fond, il a été bon surtout sur deux choses. L'environnement et la présence internationale du Québec.* Élections partielles. Philippe Couillard est élu dans Outremont et David Heurtel dans Viau.

Mardi 10 décembre – Québec

Matin de neige sur Québec. Préparation avec Madame pour ses entrevues bilans de fin d'année. Madame veut démontrer que le gouvernement a été bloqué dans plusieurs projets à cause de son statut minoritaire. Elle donne l'exemple de la langue. Point positif : la stratégie pour l'emploi. Madame défend le projet de Charte. Elle dit qu'il n'y aura pas de remaniement ministériel. Voilà une chose réglée… Rencontre du cabinet de la première ministre. On utilise la salle du caucus. Nous avons un bilan, mais encore des problèmes de perception. Il faut marquer le coup sur l'économie. En faire plus, toujours plus. *Avoir réussi à adopter la Loi sur les mines avec la CAQ, est-ce que ça ouvre la porte à d'autres alliances ?* demande un conseiller. Discussion sur les priorités et actions gouvernementales de l'hiver. État de préparation de la campagne électorale. Le cabinet du premier ministre canadien offre à la première ministre de se rendre avec lui en Afrique du Sud pour les funérailles d'État de Nelson Mandela qui auront lieu le dimanche 15 décembre. On doit décliner. Madame sera à ce moment en mission en Europe.

Mercredi 11 décembre – Québec

En une de *La Presse* avec une photo de Madame qui occupe un tiers de la page : « Marois gagne du terrain ». Le premier paragraphe du journaliste Denis Lessard se lit comme un poème : *Pour la première fois depuis son arrivée à la barre du PLQ, Philippe Couillard risque de voir le pouvoir lui échapper. Véritable douche écossaise pour celui qui vient d'être élu dans Outremont, un sondage CROP constate que Pauline Marois termine l'année en lion. Si des élections générales avaient eu lieu cette semaine, le PQ aurait formé le gouvernement, peut-être même majoritaire.* C'est un bon matin. Plus loin dans le journal, Alain Dubuc salue la nouvelle loi sur les mines. *Voilà une très bonne nouvelle. Après des années de débats politiques acerbes, l'Assemblée nationale a adopté une nouvelle loi sur les mines. Une loi qui, sans être parfaite, semble réussir à concilier la logique du développement des ressources naturelles, le respect des populations et les exigences de l'environnement.* Conseil des ministres extraordinaire de fin de session. Stéphane Bédard présente la situation financière vue avec les lunettes du Conseil du trésor. Chacun des ministres aimerait croire que cela ne les concerne pas. Entendu : une ministre demande s'il est vrai que des personnes achètent des chaussures sur Internet sans les essayer. J'ai envie de crier ! Visiblement, elle n'a jamais entendu parler de Zappos, qui en vend des millions de paires chaque semaine. La première ministre présente une première version du calendrier politique et des objectifs de l'hiver. La journaliste Dominique Poirier devient déléguée générale du Québec à New York, poste laissé vacant par le départ d'André Boisclair. Tout le monde semble penser que c'est une bonne nomination.

Jeudi 12 décembre – Montréal

Nous recevons une nouvelle mise à jour des consultants concernant les perspectives d'investissements pour le gouvernement dans le secteur des alumineries. Le projet se cache sous un nom de code tant la question est sensible. Lunch au Ritz-Carlton. Jean-François Lisée y reçoit Robert Duffy, lieutenant-gouverneur de l'État de New York. J'y représente le cabinet de la première ministre. Nous sommes une dizaine autour de la table. L'agence de notation Fitch annonce qu'elle met la cote de crédit du Québec sous surveillance. Les autres agences réitèrent leur confiance. Nous sommes à demi soulagés. La première ministre s'envole pour Paris avec Nicole Stafford et Marc-André Beaulieu. Objectif : entente France-Québec sur l'électrification des transports.

Vendredi 13 décembre – Montréal

Discussion avec le député Luc Ferland concernant le Secrétariat au développement nordique. Il trouve qu'on y fait du surplace. J'ai de la difficulté à lui donner tort. À la télévision, images de la première ministre rencontrant son homologue Jean-Marc Ayrault à Matignon. Alain Laforest rapporte que la question de la Charte des valeurs a poursuivi la première ministre jusqu'à Paris. Ayrault souligne qu'il y a des points communs entre ce que défendent le Québec et la France. *Ce qui a fait dire à Pauline Marois que c'est de la musique à ses oreilles,* note le journaliste de TVA. Alain Laforest est devenu au fil des ans une référence en matière de journalisme politique au Québec. Manifestant la régularité d'un métronome, il présente ses reportages aux nouvelles de TVA avec sobriété et professionnalisme. Il y a un côté artisan dans son travail. Il prépare ses reportages avec le soin d'un orfèvre.

Samedi 14 décembre – Danville et Tingwick

Je tombe sur le billet « Mots et maux de la politique » de l'éditorialiste du *Devoir* Antoine Robitaille. C'est une sorte de journal que tient Robitaille en fin observateur de « l'espèce » politique. *Une expression de 2013 d'un ministre du gouvernement Marois est en passe de devenir proverbiale. Deux fois cette année, lorsque talonné par les oppositions au sujet d'une décision imminente, le ministre de la Culture, Maka Kotto, a utilisé l'expression pléonastique « incessamment, sous peu ». Des attachées de presse reprennent l'expression dans des courriels, en l'accompagnant d'un sourire.* J'aime bien.

Dimanche 15 décembre – Danville

À la maison de campagne, je termine *Les Aigles foudroyés* de Frédéric Mitterrand. L'histoire comme un grand roman. De belles pages pour ce récit de la fin d'un monde. La politique de François-Joseph, cet empereur de la dynastie des

Habsbourg qui régna pendant plus de soixante ans : *Ne rien changer pour que rien ne change.* Très intéressant état des lieux juste avant que l'engrenage de la première guerre ne s'enclenche. *Il fait beau en Europe à l'été 1914 et l'ensemble de la classe dirigeante est en vacances alors que la mécanique de guerre se met en place.* Ça me fait penser au fameux ouvrage de Stefan Zweig, *Le Monde d'hier.* Un livre qui m'a beaucoup marqué et qui illustre avec intelligence ce basculement du monde qui a amené la fin des empires. Le terrain est complètement recouvert de neige. Le chien s'amuse à faire des roulades. Les lumières de Noël sont installées dans les arbres derrière la maison.

Lundi 16 décembre – Montréal

L'histoire d'un mandat s'écrit jour après jour. Et souvent, on ne comprend que bien plus tard ce que l'on a fait.

Mardi 17 décembre – Montréal

Entre deux téléphones, je suis attentivement la dernière journée de mission de Madame en Europe. Sous la plume de Paul Journet, *La Presse* souligne l'appui de François Hollande au projet de Charte des valeurs. *C'est presque un appui officiel à la charte péquiste de la laïcité. Même s'il ne veut pas s'immiscer dans la politique québécoise, le président français François Hollande affirme que l'interdiction des signes religieux est souhaitable. Permet-elle d'apaiser les tensions dans une société plurielle ? « Oui », a-t-il clairement répondu à cette question, lors d'une conférence de presse à l'Élysée.* Journet relève ensuite la complicité entre le président de la France et la première ministre. *M. Hollande [...] n'a pas abordé la laïcité dans sa déclaration d'ouverture, mais il*

*n'a pas non plus cherché à éviter les questions sur le sujet.
Mme Marois ne cachait pas sa joie. « Je vous jure, je vous écoutais, François, c'est formidable… Je vous jure que je n'ai pas
mis ces mots dans sa bouche, mais ce sont exactement les
mêmes que j'utilise au Québec lorsque je parle de notre proposition », a-t-elle lancé aux journalistes.*

Mercredi 18 décembre – Montréal

Retour d'Europe de la première ministre. Conférence téléphonique Québec/Terre-Neuve. Ross Reid, directeur de
cabinet, est avec la secrétaire générale de la province alors
que je suis avec Jean St-Gelais. Ordre du jour : les projets
hydroélectriques de Churchill Falls et Muskrat Falls ;
les réserves de pétrole Old Harry dans le golfe du Saint-
Laurent ; l'assurance emploi. 15 h 30 : Conseil des ministres
téléphonique. Le dossier de la cimenterie de Port-Daniel est
à l'ordre du jour, mais la première ministre trouve qu'il
est trop important pour ne pas être traité dans un Conseil
normal. Ma journée se termine par un appel de Denis
Trottier, député de Roberval. Avec son sens habituel de
la mesure, il exige que j'intervienne immédiatement
pour faire de la rivière Ashuapmushuan une réserve aquatique protégée. *C'est un dossier majeur qui ne peut plus
attendre.*

Jeudi 19 décembre – Montréal

Plusieurs heures au téléphone. On dirait que tous se
sont donné le mot pour tenter de régler leur dossier avant
les Fêtes. Je vais aux bureaux du Parti québécois en fin
de matinée. Les agents de liaison de chacune des régions

font état de la situation comté par comté. Je fais un « pep-talk » aux troupes.

Vendredi 20 décembre – Montréal et Danville

Lunch de Noël avec des amis suivi de la traditionnelle visite dans un bar à cigares de la rue Sherbrooke. Bonheur. Je fais une razzia à la Maison de la presse afin de me constituer une collection de magazines pour le temps des Fêtes. Jean-François Gibeault, directeur de cabinet de Nicolas Marceau, m'appelle pour faire le point sur quelques dossiers. Je roule en direction de la campagne. Les filles entameront demain leur camp d'entraînement de ski qui durera deux semaines.

Dimanche 22 décembre – Danville

Plusieurs centimètres de nouvelle neige ce matin. L'hiver est bien lancé. Jean d'Ormesson, *Un jour je m'en irai sans en avoir tout dit.* Un livre écrit comme si ce devait être le dernier. Beau et triste, désespérant et lumineux. Dans la marge du livre j'écris quelques lignes. *Tout change. Rien ne change. Les choses se passent entre l'ordinaire et le sacré. Le simple et le complexe. La douceur et la violence. Les choses n'arrivent jamais vraiment. Les lignes bougent et fuient.*

Mercredi 25 décembre – Danville

Journée de raquette et de motoneige. Les discussions politiques sont totalement différentes de celles de l'année dernière. Tout le monde croit que le Parti québécois sera réélu facilement. Cela ne fait l'objet d'aucun débat. Même les plus libéraux en sont convaincus.

Vendredi 27 décembre – Danville et Stoneham

Eugénie Bouchard nommé athlète féminine canadienne de l'année par La Presse canadienne. Sortie de ski à Stoneham, près de Québec. Plusieurs centimètres de nouvelle neige.

Mardi 31 décembre – Danville

La première ministre m'appelle. Elle est au Mexique avec toute sa famille. Je lui demande comment ça se passe. *C'est certain qu'après quatre jours de pluie… les tensions sont parfois un peu plus importantes vu le grand nombre de personnes que nous sommes,* répond-elle pour me faire rire. Elle souhaite connaître les dernières nouvelles. Elle suit les médias de là-bas. On convient qu'il ne se passe pas grand-chose. Je l'informe des nouveaux éléments concernant la préparation de notre passage à Londres dans les prochaines semaines. On reçoit des amis à la maison pour la nuit du Nouvel An. J'ai de la difficulté à faire baisser mon niveau de stress.

2014

I

Du 1er janvier au 4 mars

Londres et Davos / Pauline Marois
et Laurent Beaudoin / Pétrolia / Le crescendo
électoral / Négociations avec Alcoa /
Le deuxième budget Marceau

Dimanche 5 janvier – Danville

Frédéric Mitterrand, *La Récréation*. Il y raconte son passage comme ministre de la Culture dans le gouvernement de François Fillon. Très belle lecture. Sarkozy : *Arrête d'écouter tout le temps ton cabinet. À force de se laisser conseiller, on ne ferait plus rien du tout.* Ou encore : *On cesse d'être ministre d'un jour à l'autre. Quand on a la chance de l'être, c'est 24 sur 24.* C'est un livre écrit sans prétention, ce qui est plutôt étonnant compte tenu de la réputation du personnage. Puis Mitterrand cite Hubert Védrine, secrétaire général de l'Élysée du temps de son oncle : *Il est arrivé à tout le monde de devoir prendre une décision en sachant qu'elle est mauvaise. Il n'y a qu'une solution, l'assumer comme si elle était bonne.* Je note.

Lundi 6 janvier – Danville et Stowe

Départ pour le Vermont avec Valery. Nous emportons une bonne dizaine de magazines et quelques livres. Rien ne nous fait plus plaisir.

Mardi 7 janvier – Stowe

Conditions de ski misérables. J'abîme si sérieusement mes skis que le préposé à l'entretien refuse de les réparer. Je devrai finir la semaine avec des skis de location. Sortie au cinéma : *The Wolf of Wall Street*. Je réussis enfin à ralentir mon cerveau.

Vendredi 10 janvier – Stowe et Danville

Lu le *New York Times* et suis tombé sur un article présentant le chef québécois Jacques Lacombe, qui dirige le New York Symphony Orchestra ce week-end. Dans la voiture sur le chemin du retour, Valery prend le volant alors que je suis au téléphone durant tout le voyage. Je remarque à peine les paysages ruraux du Vermont que nous traversons. Très longue conférence téléphonique sur Pétrolia avec Jean St-Gelais, quelques fonctionnaires et des conseillers externes. Les négociations sont entrées dans une phase finale. Les discussions avec Pétrolia se sont accélérées depuis la fin du printemps 2013, quand nous avons créé un groupe chargé de la question. Ces derniers mois, nous avons eu des rencontres sporadiques avec l'équipe qui mène les discussions. La première ministre a indiqué dès le départ ses attentes. Elle souhaite avec Pétrolia une entente qui rende possible l'exploration du sol de l'île d'Anticosti afin de connaître une fois pour toutes avec exactitude l'état des réserves de pétrole et de gaz. Les principes devant guider nos négociateurs sont les suivants : le gouvernement doit récupérer une partie appréciable des profits d'exploitation (si exploitation il y a) et il doit être partenaire à part entière du projet ; Pétrolia devra s'associer avec une entreprise expérimentée dans la mise en œuvre de ce type de projet ; les travaux d'exploration seront sous la surveillance du ministère de l'Environnement ; la population locale devra être considérée ; tous les travaux d'exploitation de la ressource devront être précédés d'une analyse rigoureuse des impacts environnementaux. La première ministre a suivi de très près les discussions des derniers mois. J'ai eu de nombreux échanges avec elle à ce sujet. Aujourd'hui, nos négociateurs nous indiquent être arrivés à un point de rupture avec Pétrolia dans les discussions. Ils ont donc besoin d'orientations précises du gouvernement pour sceller l'entente.

Dimanche 12 janvier – Danville et Tingwick

Je suis au chalet du mont Gleason et je fais des listes de gens à appeler lorsque je serai de retour au bureau.

Lundi 13 janvier – Montréal

Nous organisons un rendez-vous téléphonique entre la première ministre et le nouveau CEO de Pages Jaunes, Julien Billot. Elle lui souhaite la bienvenue au Québec. Billot est un Français tout juste arrivé ici pour diriger l'entreprise en difficulté. Il note qu'elle a plus de 1 000 employés au Québec. Madame lui parle de la qualité de nos ressources en technologies de l'information et lui offre le soutien du gouvernement du Québec. Le siège social canadien de Pages Jaunes est à Montréal. C'est donc sur l'écran radar de la première ministre. Durée de l'appel : dix minutes. Lunch avec la première ministre et Nicole pour une mise à jour des dossiers. Goldcorp offre 2,6 milliards de dollars pour acheter la québécoise Osisko. Le CEO Sean Rosen et Brian Coates m'appellent d'urgence. Ils veulent s'assurer que le gouvernement saisit la gravité de la situation. *Nous voulons créer un leader à partir de Montréal. On n'a pas fini de bâtir. Le siège social doit rester au Québec. On a une vision. On ne voit pas la valeur de l'offre de Goldcorp.* Coates jure qu'Osisko veut demeurer à Montréal. Il indique avoir déjà parlé à Martine Ouellet.

Mardi 14 janvier – Montréal

Je lunche dans un restaurant St-Hubert... avec le président et fondateur de St-Hubert. Je découvre un homme totalement engagé dans son entreprise. En le quittant, je m'interroge sur l'avenir de celle-ci. Il ne semble pas être dans une logique de transfert intergénérationnel. Une situation qui allume toujours un feu orange dans ma tête. Rencontre du comité de campagne convoqué par Nicole. Chacun a son idée et ses doutes pour la suite. Devons-nous déclencher des élections rapidement ? Immédiatement après le dépôt d'un budget ? La CAQ est en difficulté. Philippe Couillard ne lève pas. Dans les derniers sondages, le Parti québécois peut espérer une majorité pour la première fois depuis longtemps. Simon Lajoie croit que nous pourrions avoir l'appui de la CAQ pour adopter un budget. Nous avons peut-être encore plusieurs mois devant nous, mais ce sera difficile d'être en meilleure position dans les sondages que maintenant. Les questionnements ne sont pas très différents de ce qu'ils étaient à l'automne. Nicole s'interroge sur l'opportunité de déclencher une élection rapidement. Elle souhaite faire réagir. Tour de table. On regarde les dates possibles advenant un déclenchement. Il faut être prêt à répondre à l'appel de la première ministre. Sa décision ne doit pas être influencée par l'état de préparation des troupes. Il faut lui laisser un maximum de liberté. De nouvelles propositions de thèmes électoraux sont soumises. Quelle sera la place de la chef dans la campagne ? Dans les sondages, la cote de Madame a rarement été si élevée. Elle est en position de force face à Legault et Couillard. Des inspirations pour des photos de campagne sont étendues sur la table. Madame est au centre de tout. Les médias rapportent que Drainville ne démontre pas beaucoup de flexibilité à l'ouverture de la commission parlementaire sur la Charte. Il lance l'idée que son acceptation dépend de la CAQ. Il tente ainsi de déplacer la pression sur elle. Il se fait prendre à son propre jeu. D'une chose à l'autre, il finit par donner l'impression que nous sommes rigides, peu enclins aux discussions. C'est un jeu risqué. Politiquement, les Québécois sont des modérés. Même s'ils soutiennent très fortement le projet de Charte dans les sondages, sont-ils prêts à en faire un enjeu électoral ?

Mercredi 15 janvier – Québec

Préparation du premier Conseil des ministres de l'année avec la première ministre, Nicole et Jean St-Gelais. Françoise Bertrand de la Fédération des chambres de commerce au téléphone sur Osisko : *On n'a rien contre Timmins en Ontario, mais on aime mieux le Québec.* Rencontre sur les finances publiques avec Nicolas Marceau et son équipe. La situation ne s'améliore pas. Les Finances font des scénarios pour le prochain budget. Décision du Conseil des ministres sur l'appui au projet de cimenterie en Gaspésie. La première ministre souligne le sérieux de l'engagement du groupe Beaudier, le holding des familles Bombardier et Beaudoin. *La balance des avantages et inconvénients m'amène à appuyer le projet.* Par définition, une cimenterie, c'est polluant. Mais les émissions de celle qui nous occupe seront bien en deçà de celles des cimenteries déjà existantes au Québec. Et la Gaspésie a drôlement besoin de projets créateurs d'emplois et de richesse. Le gouvernement confirme un investissement de 100 millions de dollars en capital-actions de l'entreprise et un prêt avec intérêt pour un montant maximal de 250 millions.

Jeudi 16 janvier – Québec, Saguenay et Montréal

Inauguration de la nouvelle aluminerie de Rio Tinto Alcan à Arvida. Un investissement de 1,3 milliard de dollars. Dans l'avion nous menant à Saguenay, la ministre Élaine Zakaïb en profite pour parler des enjeux dans son comté à la première ministre. Projet par projet. En long et en large. Visiblement ennuyée, Madame y va chaque fois de sa phrase passe-partout : *Je pense qu'il faut le regarder.* De retour à Montréal à l'heure du lunch. Nicole nous a conviés à une rencontre de cabinet. Une vingtaine de personnes autour de la table, dont la première ministre. On convient qu'il y a des dossiers à peaufiner avant les élections. Nicole reste floue quant à l'hypothèse d'élections anticipées. Madame ne dévoile pas le fond de sa pensée.

Vendredi 17 janvier – Montréal

Rencontre avec des représentants d'Alcoa. L'idée est de préparer le rendez-vous de Davos entre la première ministre et la haute direction de l'entreprise. Daniel Cruise est venu de New York pour épauler ses collègues Daniel Brière et Nicolas Dalmau, dirigeants locaux d'Alcoa. Je suis accompagné de Jean St-Gelais et du sous-ministre Éric Ducharme. Cruise souhaite qu'au terme de la rencontre de Davos on convienne de travailler ensemble à une solution dans un délai très court. En fait, nos interlocuteurs veulent geler les prix actuels et échapper à la hausse prévue dans leur contrat pour les sept à dix prochaines années. Actuellement, ils ferment toutes leurs usines non rentables dans le monde. *Plus on attend, moins le Québec est attrayant. Nous pourrions fermer à 100 % au Québec et rouvrir lorsque les prix seront meilleurs. C'est ce type de scénario qui est actuellement imaginé à New York,* indique Cruise. Nous déterminons les points de discussion de Davos et les assurons de l'ouverture de la première ministre. Vol Montréal-Londres avec la première ministre en soirée. Avant de m'endormir, je lis sur la théorie de « l'inaccessibilité du but ». *Le but étant souvent inatteignable, ce qui importe, ce sont les moyens de s'en approcher. Des moyens immoraux rendent le but immoral.*

Samedi 18 janvier – Londres

Arrivée tôt le matin au Sofitel St. James. Une heure de jogging après avoir dormi quelques minutes. Je traverse Westminster Bridge, me rends jusqu'à Waterloo Bridge et reviens en longeant la Tamise jusqu'à Lambeth Bridge. Marche dans Londres en après-midi avec la première ministre, le délégué général Stéphane Paquet, Marc-André Beaulieu et les gardes du corps. Paquet nous amène à Liberty, très beau magasin à l'intérieur en bois sur plusieurs étages que je ne connaissais pas. Je prends la photo d'une bougie Astier de Villatte nommée Québec. Élégamment installée à côté de celles qui portent les noms d'Alger, Anchorage, Brasilia, Cabourg et Kobé, elle fait de l'effet. Comédie musicale *Billy Elliot* en soirée. Je pleure beaucoup… ce doit être la fatigue du voyage… L'histoire d'un jeune garçon qui souhaite devenir danseur de ballet dans le contexte des grèves ouvrières du secteur minier au début des années 1980. Vraiment très bien. Très grinçant sur Margaret Thatcher.

Dimanche 19 janvier – Londres

Jogging revivifiant dans Hyde Park. Je prends des photos de jeunes filles suivant un cours d'équitation. Je pense à Simone. Je brunche avec mon ami financier à Londres et sa femme au club privé Home House. Œufs bénédictine. Café. Il croit que plusieurs fonds d'investissements pourraient être intéressés par le Québec compte tenu de la situation économique en Europe. Je retourne au Sofitel en passant à travers Mayfair. Briefing avec la première ministre. Relecture du discours pour la Chambre de commerce. Tout au long de la journée, Valery m'informe des résultats des courses de ski des filles à La Tuque. Premier podium pour Françoise. Préparation des rencontres économiques. Le président d'Investissement Québec se joint à nous. Lorsqu'on coupe dans le texte d'un discours ou d'un communiqué, Madame s'amuse en disant : *Ça, c'est des décisions faciles à prendre, alors on les prend !* Puis, après deux heures de travail sur le discours une fois la première ministre partie, l'ordinateur nous laisse tomber et nous perdons toutes nos corrections… Souper chez Scott's. C'est moi qui ai suggéré ce restaurant. Je me rappelle y être allé avec Claude Lessard et d'autres dirigeants de Cossette il y a cinq ou six ans. On revient à pied avec la première ministre. Température parfaite à Londres ce soir. En arrivant à l'hôtel, nous retrouvons au bar deux financiers québécois avec qui nous devons faire une annonce d'investissements le lendemain.

Lundi 20 janvier – Londres

Troisième jogging en trois jours à Londres. Je reçois une photo de la une du *Journal de Montréal*. « Le PQ majoritaire » en lettres immenses. On y dévoile un sondage : PQ, 36 % ; PLQ, 33 % ; CAQ, 17 %. Meilleur premier ministre : Marois, 27 % ; Couillard, 20 % ; Legault, 13 %. Que peut-on demander de mieux ? Madame a un large sourire. Rencontre avec les dirigeants de LN Gaz qui ont un projet d'investissement au Québec. L'entreprise est contrôlée par un immense holding qui possède plus de vingt terminaux dans le monde et est actif dans toutes sortes de secteurs, dont l'élevage de saumon en captivité… *Au Québec vous avez des industries qui ne sont pas desservies en gaz naturel par des pipelines et nous pourrions répondre à ce besoin avec notre projet d'usine de liquéfaction de gaz naturel,* indique le président Bjørn Torkildsen. Les dirigeants prétendent avoir une solution pour Sept-Îles et se présentent comme des partenaires potentiels de Gaz Métro. Je remarque la montre au poignet du président. Un très beau modèle IWC. Madame leur parle du crédit de taxes pour les grands investissements que le gouvernement a établi. On se déplace par la suite avec Investissement Québec qui annonce son appui à un fonds d'investissements en technologies qui sera basé à Montréal, Londres et New York et qui est lancé par deux Québécois. Allocution de Madame devant la Chambre de commerce Canada–Royaume-Uni. Annonce de l'implantation de Cinesite à Montréal et de la création de 200 emplois. Nous visitons le studio de la société avec les journalistes pendant de longues minutes. Conférence téléphonique avec Nicole Stafford qui est à Montréal. Elle trouve que les libéraux sont embêtés avec la Charte. *Laissons-leur le dossier, ce n'est pas le temps d'en rajouter de notre côté.* Les journalistes québécois qui nous accompagnent à Londres ne s'intéressent qu'à ça, la Charte. Ils tentent même de recueillir de quelques représentants britanniques des commentaires sur une charte dont ils n'ont jamais entendu parler… Nicole nous dit avoir lu en bandeau à RDI : *Des libéraux remettent en question le leadership de Couillard.* Événement à la délégation du Québec en fin de journée. En arrivant, nous avons la surprise d'apercevoir Jean-Martin Aussant parmi les invités. Il est installé depuis quelques mois à Londres où il a repris le travail dans le secteur financier. Souper au Cinnamon Club avec Madame, Marc-André Beaulieu, Martin Carpentier et Marie Barrette. C'est le restaurant indien préféré de bien des parlementaires britanniques. Il est à deux pas du parlement, sur Great Smith Street. Je reviens à pied avec Martin et Marc-André. Photo devant la grille du 10 Downing Street.

Mardi 21 janvier – Londres, Zurich et Davos

Rencontre de préparation dans une salle du Sofitel St. James avant notre départ pour Zurich. Fatima Houda-Pepin quitte le caucus du Parti libéral du Québec. Couillard s'empêtre dans la Charte. Le départ est retardé à cause du brouillard. J'en profite pour marcher dans les rues entourant l'hôtel. Je m'engouffre dans une librairie. À l'entrée, je

lis sur l'affichette *Hatchards : Booksellers since 1797*. Finalement, après maintes démarches, Martin Carpentier indique
que le départ se fera de Heathrow plutôt que de London
City. Apprenant que Monique Leroux est dans la même
situation, Martin organise aussi son transfert d'aéroport.
S'improvise par la suite une rencontre de travail avec elle à
l'aéroport pour parler du Sommet des coopératives mis sur
pied par Desjardins. Leroux parle d'un plan d'action pour
le développement des coopératives au Québec. Elle informe
Madame de sa volonté de consolider Capital régional et
coopératif Desjardins avec l'appui du gouvernement. Vol
Londres-Zurich. À l'arrivée, on prend connaissance d'enregistrements rendus publics par la commission Charbonneau concernant le président de la FTQ. On l'entend faire
état d'un « deal » avec Claude Blanchet. Je passe de longues
minutes au téléphone avec le Québec.

Mercredi 22 janvier – Davos

Briefing tôt le matin dans une salle spécialement aménagée
de l'hôtel de Davos où nous nous installons pour une
deuxième année consécutive. 8 h 30 : rencontre avec le CEO
de Glencore Xstrata, Ivan Glasenberg. Madame rappelle
l'importance de Glencore au Québec. Le patron se tourne
vers son collègue et lui demande combien l'entreprise a
d'employés chez nous… On sent rapidement qu'il n'est pas
familier avec le Québec. Il déplore que les gouvernements
aient tendance à modifier leurs pratiques de taxes et redevances lorsque les entreprises commencent à faire de l'argent. *Il faut qu'on nous laisse du temps pour faire de l'argent.*
Madame ne semble pas impressionnée. Elle lui rappelle que
la question est réglée au Québec et que la situation des redevances est claire. Elle lui indique qu'il nous arrive de prendre

des participations dans des entreprises. *Good to know,* rétorque-t-il. Le dirigeant québécois qui accompagne le CEO fait dévier la conversation pour parler du port de Québec. Il souhaite que nous soyons attentifs à ce qui s'y passe car c'est névralgique pour l'industrie. Il fait référence aux différends entre les autorités du port et le ministère de l'Environnement. À la fin de la rencontre, le grand patron invite Madame à visiter avec lui la mine Raglan dans le nord du Québec. Point de presse avec les journalistes québécois sur les questions intérieures. Avec Marie Barrette, on convient de faire réagir immédiatement la première ministre concernant les révélations sur son mari. Madame réfute les allégations et soutient que la relation entre son mari et le Fonds de solidarité était une simple relation d'affaires. Madame se déplace ensuite pour participer à un atelier du Forum économique mondial. J'en profite pour me sauver et faire du jogging. Je prends un chemin de traverse et je sors de la petite ville. Décor féerique. Neige, soleil et montagnes. Au retour, j'emprunte la piste de ski de fond durcie. Une petite pancarte indique qu'on peut y accéder. De retour en ville, je m'arrête dans une boutique de sport et vois des bottes Moon Boot qui seraient parfaites pour Françoise. Il y en a de toutes les couleurs. Davos est un lieu très civilisé. Madame revient du Forum. Il y avait 300 dirigeants dans son atelier. Elle blague un peu à propos de son anglais. Charles Sirois, Pierre Beaudoin et le patron de Total, Christophe de Margerie, étaient présents. Elle a aussi eu un échange avec la première ministre de l'Alberta. Madame lui a dit que nous allions présenter des exigences à Enbridge à la fin du printemps ou à l'automne. Elle s'est donné du temps. Rencontre avec le PDG de Villar Mir, Javier Lopez Madrid, pour son projet FerroAtlantica. Très chaleureux à nouveau. Les choses ont beaucoup progressé depuis l'an dernier. Le dossier est maintenant prêt à être annoncé. Il s'agit d'un investissement de 375 millions de dollars et de la création de 300 emplois. *Nous sommes très, très contents de notre investissement au Québec. Notre choix du Québec est basé sur la localisation, la stabilité, l'énergie et la main-d'œuvre.* Madame avance qu'il est très agréable de faire des affaires avec des Espagnols. *C'est pour ça que vous avez été élue. Vous êtes charmeuse,* rétorque Lopez Madrid. Leur choix semble s'être arrêté sur Shawinigan pour leur usine, mais ils ne veulent pas le dire maintenant. *Votre choix sera notre choix,* lance Madame. Je prends quelques minutes avant qu'ils ne se présentent devant la presse québécoise pour leur expliquer certains sujets : le projet d'indépendance du Québec, la Charte des valeurs, la sensibilité des régions quant au lieu où sera installée leur usine… Ils rigolent. *Le Québec est un bon endroit pour investir,* insiste Lopez Madrid devant les médias. Réception du Québec. Une cinquantaine de personnes se pointent à l'hôtel. Pierre Beaudoin de Bombardier est présent. Son entreprise a annoncé des mises à pied ce matin à Montréal. Mauvais timing. Beaudoin doit se livrer à une mêlée de presse pour expliquer la situation. Souper privé avec Michael Sabia, Monique Leroux, le sous-ministre adjoint aux Relations internationales Alain Proulx et Mario Albert d'Investissement Québec. Petite marche dans la ville avec Martin Carpentier en fin de soirée. Au Québec, après Claude Blanchet, c'est au tour d'Élaine Zakaïb de se retrouver sur le gril en raison d'écoutes électroniques dévoilées à la commission Charbonneau. Les faits remontent à l'époque où elle travaillait aux Fonds régionaux de la FTQ. Avant de m'endormir, je me dis que nous devons rester concentrés sur la mission et ne pas distraire Madame avec ces questions. Échange de courriels avec des collègues à Québec tard dans la nuit.

Jeudi 23 janvier – Davos

Rencontre avec le PDG de Tata Sons. La question de l'accès au port de Sept-Îles revient encore sur le tapis. 10 h : Mark Kleber de Climate Group. Nous l'avions rencontré à la conférence de La Malbaie en septembre. 10 h 30 : de Renault, Jérôme Stoll et Thierry Bolloré. Petit quiproquo, Madame a confondu ce dernier avec Vincent Bolloré qui, incidemment, est un compétiteur de Renault dans l'électrification. Selon Renault, le marché électrique évolue plus vite que l'hybride à ses débuts. Le constructeur a un projet d'assemblage de véhicules en Amérique du Nord. Madame se fait très convaincante. Autant je trouve parfois qu'elle ne saisit pas suffisamment les occasions, autant je la trouve efficace ce matin. Elle se montre intéressée par l'installation d'une usine au Québec. 11 h 15 : Novartis. *Québec nous cause des problèmes.* Le porte-parole critique avec force les changements que nous avons apportés dans le budget Marceau à la protection des produits pharmaceutiques innovants. *On se questionne sur un investissement de 160 millions de dollars. Il y a de l'incertitude au Québec sur la politique du prix. Le Québec a toujours été important pour nous en matière d'investissements, mais les conditions favorables n'existent plus. Pourquoi continuer à investir au Québec ?* Madame est surprise par la charge. Elle encaisse. *C'est un problème entre l'industrie et le Québec. Ce n'est pas seulement Novartis,* poursuit notre interlocuteur. *Dans notre industrie, les cycles de développement sont longs. Avant de faire un investissement, il faut avoir des raisons raisonnables de croire que les conditions seront favorables dans l'avenir. En ce moment, le Québec nous inquiète et on a de plus en plus de problèmes d'accès à vos marchés. On comprend les enjeux budgétaires à court terme des gouvernements. Mais nous, nous sommes sur le long terme.* Madame se reprend. Elle remonte au filet. Elle s'engage à les aider le plus possible pour leur investissement à Boucherville et elle termine avec un pitch bien senti sur les avantages du Québec. *Ne vous laissez pas distraire par vos conseillers qui font un portrait exagérément sombre de la situation. Le Québec a fait plus que sa part pour l'industrie dans le passé,* lance avec fermeté la première ministre. À l'heure du lunch, je passe quelques minutes seule avec elle pour discuter du cas Zakaïb. Je veux tester ses réflexes afin de m'assurer qu'elle reste ferme avec les médias. 14 h : Yves Guillemot, cofondateur d'Ubisoft. L'entreprise est prête à annoncer la création de 100 nouveaux emplois à Québec, ce qui établirait le compte à 425 dans la capitale. À Montréal, Ubisoft peut compter sur plus de 2 500 employés. On nous informe d'un incendie dans une résidence pour personnes âgées à L'Isle-Verte dans le Bas-Saint-Laurent. Une soixantaine de résidents. Trente disparus. 16 h 10 : conférence téléphonique avec Nicole et Julien Lampron à Montréal. Véronique Hivon sera sur place demain. Il y a maintenant neuf décès confirmés à L'Isle-Verte. Madame indique tout de suite qu'elle est prête à revenir plus tôt. Elle pourrait se rendre à Zurich dès demain en fin de journée et rentrer à Montréal samedi matin. Je demande à Martin Carpentier de vérifier les possibilités et de coordonner le tout. Madame est décidée : *Je vais devancer mon retour au Québec.* Avec Marie Barrette, on convient que nous annoncerons vendredi matin un réaménagement de l'horaire de la première ministre et sa décision de retourner au Québec. 16 h 45 : rencontre avec Schneider Electric. Le président mondial est accompagné du directeur général québécois. Le grand patron est venu de Paris pour cette rencontre avec la première ministre du Québec. Schneider est une entreprise de 150 000 employés qui a 24 milliards de chiffre d'affaires. Le Canada représente 1 milliard pour elle. Le directeur général souligne qu'il aime beaucoup « les Canadiens du

Québec ». Son entreprise projette de construire une usine
à Brossard. Elle aura bientôt 900 employés au Québec. De
plus, Schneider est partenaire de BMW dans le domaine
des voitures électriques. *Nous avons besoin de travailler avec
les politiques pour faire avancer les projets d'électrification,*
souligne le patron. 17 h 50 : ArcelorMittal. Mittal père est
venu cette fois avec son fils Aditya, qui a étudié un an à
McGill et qui a fêté ses trente-huit ans la veille. Il est arrivé
en voiture de sa résidence de Saint-Moritz. Il est souriant.
Il complimente Madame. *Votre décision sur les redevances a
été pragmatique. Nous pensons augmenter la production au
Québec. Nous sommes très contents,* affirme Mittal d'emblée.
*Lorsque vous êtes arrivés au pouvoir, je croyais que vous étiez
socialistes,* lance Mittal dans un grand rire. Il nous relate
qu'il vient de sortir d'une rencontre avec des leaders du
monde minier. Les investissements seront rares. *On aura
besoin d'aide du gouvernement.* Madame y va de son habituel : *On va regarder ça.* Mittal laisse entendre que Jean
Charest lui avait fait des promesses. Il revient lui aussi sur
l'enjeu du port de Sept-Îles et sur l'accès au gaz naturel. Il
se demande comment baisser ses coûts d'énergie à son
usine de Contrecœur. Moqueuse, Madame lui dit qu'elle ne
voudrait pas lui faire des promesses comme son prédécesseur… *Aussi longtemps que vous serez pragmatique, je serai
au Québec,* dit-il en riant. Souper en soirée dans la montagne de Davos. Petite route sinueuse de plusieurs kilomètres pour se rendre à un restaurant centenaire construit
en bois. C'est Martin Carpentier qui a repéré l'endroit.

Vendredi 24 janvier – Davos

Jogging à 6 h 15 avec Alain Proulx, sous-ministre adjoint.
Proulx a bien failli ne pas être du voyage. Lors de son embar-

quement à Londres, les douaniers refusaient de le laisser passer car son passeport n'était plus valide que pour deux mois… À nouveau, Martin Carpentier a dû faire preuve de sang-froid afin de négocier son passage. À cause du drame de L'Isle-Verte, on condense l'agenda. 8 h 30 : Medtronic, qui a déjà 450 employés au Québec. Le haut dirigeant François Monory est le fils de René Monory, ancien président du Sénat français. Je remarque sa tenue très stylée. Complet rayé bleu. Chemise et cravate bleues. Chaussures de suède brun, double boucle. Chaussettes mauves. Madame, elle, découvre une maille dans son bas. Discrètement, elle y pose sa main. Medtronic hésite entre le Québec, l'Irlande et le Mexique pour de futurs investissements. L'entreprise déplore que les appels d'offres du gouvernement du Québec ne soient basés que sur le prix sans égard pour l'innovation. 9 h 15 : rencontre avec Hans Vestberg, directeur général d'Ericsson. La rencontre est prétexte à des félicitations pour l'investissement majeur qu'a fait Ericsson à Montréal dans la dernière année. *Lorsqu'une première ministre s'intéresse à nos affaires, c'est un gros avantage,* lance le patron. 10 h 15 : Volvo. *Québec est un partenaire dans l'électrification des transports,* affirme Olof Persson. Il connaît bien le Québec. C'est un ancien de Bombardier. Il souligne que les mentalités ont changé depuis deux ou trois ans à propos des voitures électriques. Il invite la première ministre à visiter Göteborg, la ville où Volvo fait ses expérimentations. Fin d'après-midi : Alcoa. Nouvelle rencontre avec Klaus Kleinfeld que nous avions vu l'année dernière. Il est avec Robert Witt et Daniel Cruise. *The market is bad,* commence-t-il. *Les prix ne sont pas fixés par les fondamentaux. La Chine fausse le marché. La reprise économique débute, mais les prix de l'aluminium baissent. Le stock mondial est très élevé. Tous les coûts sont donc importants. Traditionnellement, le Québec était compétitif, mais ce n'est plus le cas. On perd de l'argent*

au Québec en ce moment. Et les coûts d'énergie vont augmen-
ter si l'entente avec vous n'est pas modifiée. Il rappelle qu'Alcoa a radié beaucoup d'actifs récemment et qu'elle devra
le faire encore. Puis Kleinfeld propose qu'on travaille pour
en arriver à une solution avant le 15 février. Il ne pourra
attendre plus longtemps. Il s'inquiète de ce que les modifications doivent passer par le Parlement. J'interviens
pour dire qu'il s'agit plutôt d'une décision du Conseil des
ministres. *On va trouver une solution. C'est important pour*
nous. Mais vous devez comprendre que c'est beaucoup d'ar-
gent, affirme la première ministre. *Les investisseurs voient où*
on perd de l'argent, c'est pourquoi c'est difficile de maintenir
des installations non rentables, réplique Kleinfeld. En termi-
nant, il offre son soutien à la première ministre dans le
drame de L'Isle-Verte. Madame fait par la suite un saut au
Forum pour une rencontre privée avec Pierre Moscovici,
ministre français de l'Économie. De retour à l'hôtel, elle
reçoit une Indienne à la tête d'une immense fondation. Sa
famille a fait fortune dans les banques, le pétrole, l'industrie
pétrochimique. Elle parle tout doucement. Madame et elle
échangent donc en se tenant très proches l'une de l'autre.
On a l'impression de les déranger. La famille de la visiteuse
a quitté l'Iran en 1979. Madame lui demande si elle envisage
d'investir au Québec. Elle dit : *Oui, bien sûr. Tant que nous*
en récoltons des bénéfices mutuels. Elle parle beaucoup de la
promotion des femmes, de *women empowerment.* Elle souhaite créer des banques conçues spécialement pour soutenir
les femmes en affaires. À la fin de l'entretien, lorsque la première ministre lui demande où elle habite, elle répond :
Londres, Paris, Mumbai, Monaco et Genève. Madame part
pour Zurich en fin de journée avec Marie Barrette, Martin
Carpentier et les gardes du corps. Marc-André Beaulieu et
moi allons rentrer comme prévu dimanche.

Samedi 25 janvier – Davos et Zurich

Dernière journée à Davos avant de retourner à Zurich en début de soirée. Nous décidons de nous louer chacun un équipement et partons à l'assaut des pentes de ski de Davos. Un funiculaire va du village jusqu'à mi-montagne. Là-haut, c'est véritablement le paradis. Nous skions au-delà de la ligne des arbres. Les conditions de neige sont idéales. C'est la première fois que je skié dans les Alpes. Nous passons de longues minutes étendus sur des chaises à prendre du soleil. On a du mal à le croire. Toute la journée, il a été possible de filer dans des pentes encore vierges. À Zurich, en soirée, Marc-André et moi avons une rencontre avec Michel Côté, délégué du Québec à Munich.

Dimanche 26 janvier – Zurich, Montréal et Danville

Jogging dans les rues de Zurich. Je me rends au bord du lac. Je m'enfonce dans de petites rues étroites du quartier Hochschulen. Vol Zurich-Montréal avec Swiss Air Lines. Je fais des listes. Les gens à appeler. Les dossiers à régler. Article sur le président du Mexique dans le *Financial Times*. Ses priorités : éducation, santé, lutte contre la criminalité, réforme du secteur financier et infrastructures. Et nous, est-ce que nos priorités sont aussi claires pour tout le monde ? Je rentre a Danville à mon arrivée.

Lundi 27 janvier – Danville et Montréal

Petite neige. Je laisse les enfants à l'école et poursuis ma route vers Montréal. Une fois sur place, je rejoins la première ministre à une rencontre qui a déjà débuté avec Nicolas Marceau, Luc Monty et Jean St-Gelais. Les Finances sont entrées dans la préparation accélérée du budget. Les décisions que propose le sous-ministre semblent plus douloureuses les unes que les autres. Monty dramatise les enjeux. *Comment passer un budget sans être décoté tout en étant crédible en campagne électorale ?* se demande Marceau. *Et les partis d'opposition peuvent dire n'importe quoi, même si ce n'est pas dans l'intérêt du Québec,* ajoute la première ministre. Le ministre des Finances attend les instructions de la première ministre pour l'orientation finale du budget. Rencontre à l'heure du lunch avec quelques conseillers externes pour discuter de stratégies électorales. La tendance dans les sondages est à la hausse. Nous avons trois options devant nous : déclencher une élection immédiatement ; déposer un budget et se faire battre ; faire une alliance avec la CAQ pour nous assurer de faire passer le budget et ainsi éviter des élections ce printemps. Les stratèges hésitent, mais tous conviennent que les conditions pourront être difficilement plus favorables dans un avenir prévisible. *On a atteint un excellent niveau ; 36 % favorables au Parti québécois, on n'a pas vu ça depuis trois ans,* souligne l'un d'eux. Cependant, on note que la situation auprès des jeunes demeure difficile, alors que nous sommes nettement majoritaires auprès des 45-65 ans. Plus la discussion avance, plus les options se rétrécissent : on déclenche rapidement ou on fait une entente avec la CAQ ? L'important, souligne un participant, c'est d'être en hausse en début de campagne car ça créera un effet d'accélération. Legault serait prêt à discuter, selon nos informations. Pour illustrer le sentiment de la CAQ face aux élections, un stratège lance : *Il n'y a pas beaucoup de dindes qui ont hâte au repas.* En après-midi, rencontre avec Madame et St-Gelais. Madame donne ses indications sur plusieurs dossiers.

Mardi 28 janvier – Québec

Rencontre du cabinet de la première ministre. *On cherche une fenêtre. Je n'ai pas pris ma décision. Nous sommes en bonne position. Mais on va prendre les choses une à la fois.* C'est de cette façon que Madame ouvre la rencontre. Tout le monde demeure prudent. *L'appui à la Charte, c'est bien. Mais est-ce assez solide pour qu'on se lance en élection là-dessus ?* demande un conseiller. Personne n'a de réponse. Nicole souligne que nos stratégies auprès des jeunes ne fonctionnent pas. *Mais en gros, ce qu'on a mis en avant marche : Charte, politique économique, resserrement de l'équipe.* On prépare le prochain caucus important qui se tiendra à Shawinigan. On cherche l'histoire. Qu'est-ce que l'on souhaite que les gens retiennent à la sortie du caucus ? En après-midi, au sujet d'Osisko, nous sommes quelques-uns à penser que Madame pourrait réaffirmer publiquement l'importance de garder les sièges sociaux au Québec. Quatrième rencontre du comité des orientations stratégiques en soirée au quatorzième étage de l'édifice Price. Tous les ministres semblent en faveur d'élections rapides. La question qui demeure est de savoir si celles-ci doivent se tenir avant ou après le dépôt d'un budget. Sur la souveraineté : consensus pour proposer un livre blanc sur les relations Québec-Canada. Nous pourrions lancer l'idée rapidement pour tester le message. Personne ne recommande d'y aller de front sur la question nationale en s'engageant à tenir un référendum au cours du prochain mandat.

Mercredi 29 janvier – Québec

Jour de Conseil des ministres. Un émissaire m'appelle tôt le matin. Un avocat montréalais, proche de la CAQ, lui aurait laissé entendre que la CAQ pourrait appuyer le budget. L'entourage immédiat de Legault y serait favorable.

Jeudi 30 janvier – Montréal

Important discours de la première ministre devant 850 personnes réunies par le Conseil des relations internationales de Montréal. Michael Sabia au téléphone : *Madame était en forme ce midi pour son discours.* La première ministre reçoit Matthew Coon Come en fin d'après-midi. Puis elle poursuit ses rencontres avec des candidats potentiels pour l'élection. En général, c'est Sylvain Tanguay du Parti qui fait les premières démarches. Si le candidat hésite ou s'il s'agit d'une candidature clé, une rencontre est aussitôt organisée avec la première ministre.

Vendredi 31 janvier – Montréal, Bonaventure, Montréal

Vol Montréal-Bonaventure pour l'annonce de la cimenterie de Port-Daniel–Gascons. Mario Albert fait le voyage avec nous. Pour cette région, il s'agit de l'une des plus importantes annonces d'investissement de son histoire. Sur le tarmac de l'aéroport de Bonaventure, je remarque tout de suite l'avion personnel de Laurent Beaudoin. En arrivant à Port-Daniel, nous nous rendons au sous-sol de la mairie pour une rencontre de briefing avant de nous rendre sur les lieux de l'annonce. Pauline Marois et Laurent Beaudoin. La première ministre et le capitaine d'industrie. La chef du mouvement indépendantiste et l'une des figures les plus emblématiques du fédéralisme québécois. Deux conquérants. Deux personnes profondément engagées dans le développement du Québec et aujourd'hui réunies pour la

Gaspésie. Un risque politique, bien sûr. Mais aussi un risque financier à la fois pour le gouvernement, la Caisse de dépôt et la famille Bombardier-Beaudoin. Juste avant de partir, je demande à Laurent Beaudoin s'il est préparé à répondre à des questions sur la Charte ou sur la souveraineté. Il me fait signe de ne pas m'inquiéter. Quelques minutes plus tard, lorsque la première ministre et Laurent Beaudoin se mettront debout pour la poignée de mains officielle, chaque personne présente aura le sentiment d'assister à un moment historique. En apercevant Sophie Cousineau, reporter du *Globe and Mail,* ici à Bonaventure en plein milieu de l'hiver, je me dis que cet investissement n'a rien de banal. Durant le vol du retour, la première ministre se dit très heureuse d'avoir réussi à mener à bien ce dossier. *On peut être fiers, Dominique. On aura fait mentir bien du monde.*

Samedi 1er février – Jay Peak

Virée de ski au Vermont avec les enfants. J'ai le sentiment qu'il s'agit de l'une de mes dernières journées tranquilles avant longtemps…

Lundi 3 février – Danville et Montréal

Annonce de l'agrandissement du Musée d'art contemporain de Montréal avec le nouveau directeur général John Zeppetelli et le président du conseil d'administration Alexandre Taillefer. Briefing à l'heure du lunch en préparation de rencontres avec les chefs syndicaux. 13 h 30 : Daniel Boyer, président de la FTQ. Échange autour de la gouvernance du Fonds de solidarité. 14 h 30 : Jacques Létourneau, président de la CSN. Madame annonce son intention de changer les règles de gouvernance des fonds de travailleurs, ce qui touchera également le fonds que possède la CSN. Létourneau approuve les principes de la Charte des valeurs, mais se demande comment on va négocier avec les employés qui portent déjà des signes religieux. À propos d'Alcoa, la CSN semble convaincue qu'elle va fermer l'aluminerie de Baie-Comeau s'il n'y a pas d'investissements. *Est-ce qu'on baisse trop vite les bras sur la modernisation de Baie-Comeau ?* se demande la CSN. 17 h : Jean St-Gelais et moi recevons le PDG de l'entreprise forestière Résolu, Richard Garneau. *On est les otages des environnementalistes,* lance d'emblée Garneau avec son sens de la formule. Garneau est un personnage controversé. Craint par ses compétiteurs, méprisé par les environnementalistes, il exaspère tout le monde sur son passage, des fonctionnaires des différents ordres de gouvernement jusqu'aux nombreux députés dont le territoire accueille des entreprises liées à Résolu. Greenpeace menacerait de faire des campagnes mondiales contre Résolu en dénonçant ses pratiques. L'entreprise se débat comme un poisson échoué sur la berge pour se sortir des griffes du groupe activiste. *Comment le gouvernement va nous défendre ?* demande-t-il.

Mardi 4 février – Montréal et Shawinigan

Ces jours-ci, la première ministre est préoccupée par les attaques personnelles de François Legault contre son mari Claude Blanchet. Les attaques concernent des investissements passés du Fonds de solidarité dans une société liée à Blanchet. Pas simple pour un individu de se défendre contre un chef de parti alors qu'on est le conjoint de la première ministre. Tout le monde comprend que Legault cherche à écorcher la première ministre et que Blanchet est une victime collatérale. Difficile donc de remettre le couvercle sur la marmite. Madame se sent impuissante. Nicole et moi tempérons, tentons de la calmer du mieux que nous pouvons. Elle aurait le goût de monter au front, de défendre son mari haut et fort. Mais nous savons bien, et elle aussi, que cela n'aurait pour effet que de souffler sur les braises et de faire durer le supplice. Position délicate pour tout le monde. Avec Stéphane Gobeil, revenu dans l'entourage en prévision de la campagne à venir, on revoit le discours que Madame prononcera devant les militants à Trois-Rivières demain soir. C'est un discours majeur. Nous prenons un hélicoptère en fin d'après-midi pour faire le trajet vers Shawinigan où se tiendra le caucus des députés. Je suis assis à l'avant avec la première ministre. La vue est saisissante. Nous survolons le port de Montréal, puis nous nous retrouvons au-dessus du fleuve pendant de longues minutes. À la hauteur de Berthier et en aval s'alignent les cabanes colorées des pêcheurs sur glace. Des chapelets de cabanes. Madame admire en silence le spectacle. Le temps est littéralement suspendu. On voit clairement la séparation des lots datant du régime seigneurial. Puis l'appareil survole les terres autour de Louiseville pour se diriger vers le nord et Shawinigan. La rivière Saint-Maurice apparaît déjà à l'horizon. Nous devons nous poser tout près de la tour de la Cité de l'énergie. Les hélices géantes battent l'air alors que le pilote fixe la terre en s'assurant de se poser comme sur un lit de plumes. Quelques personnes semblent nous attendre. L'hélicoptère est maintenant à quelques mètres du sol. Très clairement, nous serons accueillis par des journalistes et des photographes, trop heureux de capter la scène. Rencontre des officiers à l'arrivée à l'auberge Gouverneur. Souper avec les députés et le personnel politique au Trou du diable en soirée.

Mercredi 5 février – Montréal et Shawinigan

Le caucus débute tôt le matin. En première page du *Nouvelliste*, le quotidien de Trois-Rivières, une immense photo de la première ministre arrivant en hélicoptère… J'appelle Françoise pour lui souhaiter bon anniversaire. Huit ans. Les ministres se regroupent à midi pour tenir un Conseil. En soirée, la première ministre fait un long discours devant des partisans à Trois-Rivières. Nous avons travaillé ce texte pendant plusieurs jours. Claude Villeneuve et Stéphane Gobeil y ont mis beaucoup de temps. L'idée est de tester nos messages en prévision d'une possible campagne. Madame fait un bilan détaillé de l'action du gouvernement, critique ses adversaires et parle pour la première fois publiquement du projet de livre blanc du gouvernement pour refaire le point sur l'avenir politique du Québec et les relations Québec-Canada. Je fais les cent pas derrière la scène. Je ne vois pas Madame, mais j'entends chaque réaction de la foule. Lorsque débute le passage qui mènera à la proposition de livre blanc, je fais signe à Sébastien Bovet, qui est tout près de moi, de prêter attention. *Je vous l'annonce ce soir : au cours du prochain mandat, nous allons recommencer à réfléchir collectivement. En reprenant, à notre façon, la démarche choisie par René Lévesque, toute la population sera invitée à prendre la parole. Dans un prochain mandat, un gouvernement du Parti québécois va présenter un livre blanc sur l'avenir du Québec.* Les quelques centaines de militants réunis à Trois-Rivières comprennent bien le message. La salle rugit et acclame la première ministre.

Jeudi 6 février – Shawinigan

Ce matin, l'enjeu est de maintenir le message concernant le livre blanc. Ce n'est pas un exercice sur la souveraineté, mais bien sur l'avenir du Québec. La ligne est fine. Robert Dutrisac, dans *Le Devoir*, présente le document comme un premier jalon vers la souveraineté. Fatima Houda-Pepin souhaite présenter un projet de loi contre l'intégrisme. Elle a appelé Stéphane Bédard pour s'assurer de notre accord. Elle aimerait aussi présenter son point de vue au caucus du Parti québécois. Retour à Montréal.

Vendredi 7 février – Montréal

Rencontre du comité de campagne. La discussion porte de nouveau sur les thèmes de la prochaine campagne. Deux thèmes offensifs : l'économie et l'identité. Deux thèmes qu'il faut exploiter : assainissement des finances publiques et intégrité. 13 h : conférence téléphonique sur le projet d'un sommet des pays nordiques. Une variété de fonctionnaires, de conseillers politiques et d'élus au bout du fil. L'événement pourrait se tenir à l'hiver 2015. Jean St-Gelais m'informe que les choses semblent finalisées avec Pétrolia. Il est à préparer les documents pour le Conseil des ministres. Nous aurons besoin de parler à nouveau de quelques détails avec la première ministre. En soirée, un émissaire m'appelle pour m'informer que la CAQ souhaite ouvrir un canal de discussion avec le gouvernement. Il est minuit moins une. Comme plusieurs, j'ai la conviction que la première ministre a déjà pris sa décision, même si elle se laissera une porte de sortie jusqu'à la toute fin. Il m'apparaît aussi assez clairement que la population préférerait qu'il n'y ait pas d'élections maintenant. Mais si la CAQ ne craignait pas de perdre, souhaiterait-elle une alliance de circonstance avec le Parti québécois ?

Lundi 10 février – Montréal

Marcel Aubut m'appelle de Sotchi pour m'annoncer qu'il change de cabinet d'avocats. Il en a choisi un de taille moyenne. *Au lieu d'accepter une offre d'un gros bureau très payant pour moi, j'ai préféré protéger mon équipe en les amenant dans un bureau qui était prêt à les prendre.* Je dis : *C'est tout de même un bon bureau.* Il dit : *Ils vont être meilleurs avec moi, Dominique.* Les Finances publient le rapport du Groupe de travail sur la protection des entreprises québécoises. Le sujet tombe pile au milieu des discussions entourant la volonté de prise de contrôle hostile d'Osisko par Goldcorp. Je reçois une offre d'emploi dans le secteur privé. Drôle de *timing*, même si certains jours je ne pense qu'à y retourner le plus vite possible. Les rencontres se poursuivent pour le choix des candidats du Parti aux prochaines élections. Fête de Simone. Onze ans.

Mardi 11 février – Québec

Ouverture de l'Assemblée nationale pour la session d'hiver. Simon Lajoie passe à mon bureau et me remet un exemplaire du feuilleton de la journée que diffusent chaque matin les services de l'Assemblée nationale. *Garde ça en souvenir. C'est le retour à l'Assemblée nationale de Philippe Couillard comme député.* Nicole au sujet de la période de questions : *L'art d'étouffer l'autre en souriant.* Le caucus est fébrile. Tout le monde se demande combien de temps la session durera. L'attitude de la première ministre ne laisse pas beaucoup de doute dans la tête des députés. Fin d'après-midi : un ministre demande à rencontrer Madame. Faisant écho aux rumeurs, il demande si Pierre Karl Péladeau sera candidat. Il met en garde la première ministre contre un candidat très à droite. Il laisse entendre que son arrivée pourrait brouiller l'équipe en place. *Vous avez réussi l'équilibre au sein du Parti, pourquoi mettre cela à risque ?*

Mercredi 12 février – Québec

Conseil des ministres. À l'ordre du jour : « Décision sur la prise de participations du gouvernement dans une coentreprise avec Pétrolia et d'autres partenaires visant l'exploration, puis l'exploitation des réserves de l'île d'Anticosti ». Les ministres sont soufflés. L'effet de surprise est complet pour la majorité d'entre eux. Ils sont médusés par l'audace de Madame. Le projet a été piloté dans le plus grand secret par le ministère du Conseil exécutif. Elle fait exactement ce qu'elle avait promis. Mais le risque politique est élevé. Certains y voient un moment historique. Encore une fois, Madame surprend. Un briefing parallèle est organisé avec Scott Mckay et Daniel Breton, deux députés très engagés dans les questions environnementales. Jean St-Gelais rappelle aux ministres que Pétrolia est une entreprise publique et qu'ils sont donc tenus à la plus stricte discrétion pour éviter les délits d'initiés. 17 h 30 : la mairesse de Longueuil vient rencontrer la première ministre. En soirée, souper à l'édifice Price avec Madame, Nicole et Sylvain Tanguay. On revoit les candidatures, comté par comté. L'hypothèse la plus plausible : déclenchement d'élections le 5 mars pour leur tenue le 7 avril. Lorsque je rentre à l'hôtel, j'ai l'estomac noué. La perspective de se retrouver en élection dans les semaines qui viennent paraît plus réelle que jamais.

Jeudi 13 février – Québec, Montréal et Québec

Conférence téléphonique avec les dirigeants américains de General Cable qui veulent fermer leur usine dans le comté de Madame. Ils semblent bien décidés. Ce n'est donc pas une astuce pour aller chercher le soutien du gouvernement dans un contexte préélectoral. Échange avec Louis Côté, directeur de cabinet du maire de Québec, sur nos intentions pour Québec dans le prochain budget. Il appuie nos choix. Il promet de me rappeler si le maire voit les choses différemment. Vol Québec-Montréal pour faire l'annonce concernant le pétrole alors qu'au même moment la Bourse de Toronto arrête les transactions sur les titres des pétrolières Pétrolia et Junex. Dès ce moment, les médias comprennent que le gouvernement jouera gros. La première ministre révise ses notes durant le vol. Elle espère ce moment depuis longtemps. Dès l'élection, c'est un projet qu'elle a souhaité mettre en marche. À l'atterrissage, je commence une série d'appels. J'informe Lorraine Richard, députée de la Côte-Nord. L'entreprise aura beaucoup d'impact dans son comté. J'entre en contact avec des représentants du patronat et des mouvements environnementaux pour les informer. Dans la voiture nous menant à la Fonderie Darling où se fera l'annonce, Madame est silencieuse. Le gouvernement investira 70 millions de dollars et détiendra 35 % de la nouvelle entreprise par l'entremise de Ressources Québec. Trois partenaires privés – Pétrolia, Corridor Ressources et Maurel et Prom – en détiendront 21,67 % chacun. De plus, le gouvernement annonce en être venu avec Junex, aussi présent sur l'île, à une entente similaire conditionnelle à l'engagement d'autres partenaires. L'entente avec Junex pourrait signifier un investissement de 45 millions de dollars supplémentaires. Ainsi, le gouvernement contrôlerait la quasi-totalité des ressources de l'île.

Nicolas Marceau, Martine Ouellet et Yves-François Blanchet prennent part à l'annonce avec la première ministre. *Le Québec reprend ses droits sur des ressources naturelles qui lui appartiennent collectivement et qui doivent profiter à tous les citoyens,* déclare la première ministre. *Le modèle d'affaires que nous avons choisi permet au gouvernement de jouer un rôle central dans le projet et de veiller aux intérêts des Québécois.* Je retourne à Québec tout de suite après l'événement. Souper avec Daniel Cruise d'Alcoa.

Vendredi 14 février – Québec, Montréal et Danville

Matin de tempête de neige sur Québec. *Le Devoir* titre : « Feu vert à l'exploration pétrolière ». Les médias soulignent que le gouvernement assume une bonne partie des risques. C'est vrai. Et c'est ce qui lui permet de prendre le contrôle de l'opération. Denis Lessard de *La Presse* dévoile la date du dépôt du budget. « Un budget le 20 février, des élections ensuite », titre le journal. Journée de négociations avec Alcoa. Chacun a fait son travail ; les conditions semblent réunies pour une entente. Maintien pour quinze ans des emplois à Baie-Comeau, et Alcoa investira 100 millions de dollars sur cinq ans pour moderniser l'usine de Baie-Comeau et 150 millions pour faire de même à Deschambault et Bécancour. En retour, le gouvernement assouplira les exigences d'investissement de l'entreprise et modifiera les échéances pour les augmentations des tarifs d'électricité. Tout de suite après la rencontre, je file vers Montréal rejoindre la première ministre pour une rencontre avec... Rio Tinto Alcan. Jacynthe Côté voit la lumière au bout du tunnel. La position du secteur aluminium dans Rio Tinto s'améliore. Madame Côté nous fait part de ses craintes concernant les discussions en cours avec Alcoa. Elle ne voudrait pas être pénalisée par ce que nous pourrions négocier. Nous comprenons très bien sa position. Claude Blanchet diffuse en fin d'après-midi un communiqué de presse pour dénoncer les attaques dont il fait l'objet depuis que son nom a été évoqué dans des enregistrements rendus publics par la commission Charbonneau. On y entendait Michel Arsenault faire référence à un « deal » à propos de Blanchet. Devant la commission, Arsenault a par la suite minimisé l'importance de ses propos. C'est une diversion dont on se serait bien passés.

Dimanche 16 février – Danville, Québec et Danville

Je me rends au ministère des Finances à Québec pour une révision du discours sur le budget. Nous sommes une quinzaine autour d'une grande table. C'est l'exercice de lecture du budget une ligne à la fois, un processus bien connu aux Finances. Je l'avais déjà expérimenté au début des années 2000 lors du passage de Madame aux Finances. Une personne fait la lecture et dès que quelqu'un a un commentaire à faire, on arrête. L'exercice dure des heures. À la fin, tout le monde devrait être d'accord à propos du texte. Je représente le bureau de la première ministre à la table. Il y a plusieurs sous-ministres présents.

Lundi 17 février – Montréal

J'apprends que Daniel Breton fait une sortie publique concernant le pétrole. On nous en informe seulement trente minutes à l'avance. 9 h 45 : comité de campagne. Des dizaines de projets publicitaires sont étalés sur la table. Débat animé autour des thèmes de campagne dans une atmosphère bon enfant malgré la pression qui s'abat peu à peu sur nos épaules. À l'issue de la rencontre, je me fais une liste des dossiers que je dois suivre de près dans le contexte préélectoral.

Mardi 18 février – Québec

Sondage Crop dans *La Presse* : « Le PQ prend une confortable avance ». Le Parti québécois est à 40 % et le Parti libéral à 34 %. Chez les francophones, le Parti domine à 50 %. Pauline Marois est de loin la chef la plus populaire. 10 h : rencontre hebdomadaire avec les officiers. Madame fait part de sa satisfaction quant à la performance du gouvernement dans les dernières semaines. Elle reçoit par la suite Daniel Breton et lui souligne que personne n'était informé de sa sortie publique. Il a voulu bien faire. Il visait à expliquer aux médias pourquoi lui, Daniel Breton, environnementaliste engagé, était en faveur du projet du gouvernement dans Pétrolia. On sent de l'amertume. Il aurait souhaité participer aux discussions. *Je suis le plus compétent du gouvernement. Je ne suis jamais consulté sur les grandes questions d'énergie. Les gens m'ont appelé toute la fin de semaine pour connaître mon point de vue.* On se rend au caucus pour midi. Fatima Houda-Pepin vient faire une présentation aux députés du Parti québécois. C'est un événement inouï. Elle-même n'a certainement jamais cru que cela pourrait se produire un jour. La première ministre se lève et la présente en toute simplicité. *Nous avons bourlingué ensemble pendant longtemps dans la défense de l'égalité et du droit des femmes. Félicitations pour ton courage. Nous qui faisons de la politique depuis longtemps, nous savons le courage que ça prend pour parfois défendre nos convictions.* Fatima Houda-Pepin se lève et prend la parole. Pas un mur-

mure ne viendra la déranger. *Je suis fédéraliste et encore libé-rale. Je ne fais plus partie du caucus, mais ça c'est la volonté du chef.* Elle vient défendre son point de vue. Elle demande aux députés du Parti québécois s'ils sont intéressés à reprendre des éléments de son projet de loi après les élec-tions. Madame dit : *Oui, c'est possible.* Fin de journée : brie-fing de la première ministre sur le projet d'entente avec Alcoa. Demain sera la date limite pour déposer des projets de loi advenant le déclenchement d'élections ; on fait donc un Conseil des ministres extraordinaire pour en discuter. Les ministres s'entendent notamment sur le dépôt d'un projet au sujet des régimes de retraite. Souper du Comité sur la souveraineté. *Avec le livre blanc, on a ouvert des portes et il ne faut pas les refermer,* affirme Jean-François Lisée. Rencontre de travail à l'édifice Price en toute fin de soirée. On s'interroge à propos des chiffres dévoilés ce matin par Crop. Les résultats paraissent plus élevés que ceux que nous donnent nos analyses internes.

Mercredi 19 février – Québec

On réalise que, dans sa hâte, l'équipe des Finances n'a pas attaché toutes les ficelles avec les ministères. Plusieurs ministres laissent ainsi entrevoir leur déception face au budget à venir. La tension est forte. Tout le monde est ner-veux alors que la pression électorale est à son maximum. Il était pourtant bien difficile de faire des miracles compte tenu de l'état des finances publiques. De plus, malgré un déclenchement électoral imminent, la première ministre n'a aucune intention de lâcher du lest dans la gestion serrée du budget. En marge du Conseil des ministres, j'assiste à une altercation entre quelques ministres concernant un dossier régional. Chacun veut pousser ses dossiers à la veille d'un possible déclenchement. Depuis quelques semaines déjà, Philippe Couillard y va de charges bien senties contre les indépendantistes qu'il accuse de vouloir détruire le Canada. Cela fait dire à Jean-François Lisée que les libéraux brûlent déjà leurs vaisseaux. *Le dernier argument des libéraux, c'est toujours de dire non aux séparatistes. Parce que, après cela, il n'y a plus d'autres cartes. Ce qui est incroyable, c'est que Couillard utilise les dernières cartouches avant même que la campagne débute.* Michel Labrecque est nommé PDG de la Régie des installations olympiques en remplacement de David Heurtel, qui s'est fait élire aux dernières élections partielles pour le Parti libéral. En soirée, je prends un verre avec Jean Lapierre au Savini. *Votre défi sera de rester sur vos messages. Les attaques personnelles seront terribles, surtout en provenance de Legault qui n'a plus rien à perdre.*

Jeudi 20 février – Québec

Lors du caucus précédant le dépôt du budget par le ministre des Finances, la première ministre décide de laisser pénétrer dans la salle un groupe d'élèves du primaire faisant une visite guidée du parlement. Scène très touchante. Madame, au beau milieu des enfants, demande à ses collègues d'applaudir cette si belle jeunesse. Dépôt du budget par le ministre des Finances. *Maîtres et prospères chez nous,* c'est le thème du document. Jean Lapierre à TVA affirme que ce n'est pas un budget électoraliste, mais que tout est prêt pour une campagne électorale. *Le gouvernement n'avait pas le choix de déposer un budget, sinon l'opposition l'aurait accusé de cacher les chiffres. On n'y trouve pas d'engagements spectaculaires, car le gouvernement n'en avait pas les moyens.* Alec Castonguay de *L'actualité* va dans le même sens. *Le budget Marceau qui vient d'être déposé n'est pas électoraliste au sens*

traditionnel du terme. Il n'y a pas de bonbons sucrés pour faire
plaisir aux électeurs dans les prochaines semaines. Adoption de la Loi instituant le nouveau Code de procédure
civile. Un bel exemple de la complicité existant parfois entre
les députés de différentes formations politiques. Bertrand
St-Arnaud a de quoi se réjouir, lui qui a pu compter notamment sur l'appui du député libéral de Fabre, Gilles Ouimet.
Après des semaines de tergiversations, les partis d'opposition s'entendent finalement entre eux pour mêler de force
le mari de la première ministre au débat politique. Ils
conviennent de le convoquer en commission parlementaire
afin qu'il s'explique sur ses relations avec le Fonds de solidarité de la FTQ alors qu'il dirigeait une petite entreprise il
y a plusieurs années. La manœuvre est non seulement iné-
légante, mais illustre un type de partisanerie qui ne semble
plus avoir de limite. Le meilleur et le pire de la politique
dans une même journée.

Vendredi 21 février – Montréal

Journée de tournage dans le Vieux-Port de Montréal. Une
publicité électorale de la première ministre. Madame fait
preuve de beaucoup de patience alors qu'une bonne dizaine
de personnes s'activent autour d'elle pendant des heures. Je
termine l'après-midi en prenant un verre avec un candidat
potentiel pour la prochaine élection. C'est la troisième fois
que je le rencontre. Il a déjà eu un tête-à-tête avec la première ministre. Il hésite encore. Il n'est pas très à l'aise avec
la Charte. Et il voudrait être certain d'être ministre.

Samedi 22 février – Grand-Mère

Kathleen Lévesque dans *La Presse* publie un article où elle regroupe les annonces récentes d'investissements : « Gouvernement Marois : 2 milliards d'annonces préélectorales ». On peut remettre en question sa méthode pour arriver à une telle conclusion, mais l'image est forte. Très forte. Les choses se compliquent dans le dossier Alcoa. Les autres joueurs de l'industrie exercent une forte pression. Nous sommes à la station de ski Vallée du Parc, en Mauricie, pour une compétition des filles qui s'étale sur deux jours. On loge chez Patrick Lahaie, qui y possède un chalet. On se fait une partie de hockey sur le lac en fin de journée. Moment de magie dans cet hiver que je ne vois pas passer. Patrick ne tient pas en place devant la perspective de se trouver de nouveau candidat dans quelques semaines. Il portera encore une fois les couleurs du Parti dans Maskinongé.

Dimanche 23 février – Grand-Mère

Je passe un coup de fil à la première ministre pour qu'elle reparle avec le candidat rencontré la veille. Je crois qu'il est mûr. Conférence téléphonique à 16 h 15 avec le directeur général du Parti québécois.

Lundi 24 février – Montréal et Danville

Comité de stratégie pour la campagne. On convient du *modus operandi*. Conférence téléphonique stratégique tous les matins à 7 h, comité technique à 7 h 45. Je serai dans l'autobus de campagne avec la première ministre alors que Nicole dirigera les opérations à partir de la permanence du Parti. Conseil des ministres téléphonique en après-midi avec Stéphane Bédard, François Gendron, Martine Ouellet, Alexandre Cloutier, Nicolas Marceau, Yves-François Blanchet et Sylvain Gaudreault. Un seul sujet : Alcoa. Je vais rejoindre en vitesse les gens du Parti qui assistent à un groupe de discussion sur l'image de Madame et les thèmes de campagne. Deux groupes d'une dizaine de personnes ont été réunis. Nous sommes six ou sept derrière la fenêtre opaque à écouter les échanges. Comme souvent dans ces exercices d'une autre époque, on n'apprend pas grand-chose. De toute façon, on a tendance à entendre ce que l'on veut entendre.

Mardi 25 février – Danville, Saint-Hubert, Baie-Comeau, Montréal et Danville

Jean-Marc Huot vient me chercher à la campagne à 5 h 45. Nous rejoignons Martine Ouellet à l'aéroport de Saint-Hubert où nous prendrons un avion en partance pour Baie-Comeau. Après des mois de discussions, nous y voilà. Le gouvernement annoncera ce matin une entente avec Alcoa pour le maintien de ses opérations à Baie-Comeau. 6 h 50 : conférence téléphonique avec Jacques Létourneau et Michel Forget de la CSN. Je leur présente les grandes lignes de l'entente. Ils réagissent bien. J'envoie un message à Jean Lapierre : *En direction Baie-Comeau*. Il répond : *Annonce Alcoa ?* 7 h 05 : j'informe Rio Tinto Alcan et Alouette que nous procédons ce matin. 7 h 30 : l'avion décolle. La rumeur court déjà. En ondes avec Paul Arcand, Jean Lapierre affirme que le gouvernement pourrait bien annoncer aujourd'hui s'être entendu pour le maintien des emplois à Baie-Comeau... À notre arrivée à l'aluminerie, les dirigeants québécois d'Alcoa nous accueillent : *La pérennité d'Alcoa est assurée*. Le point de presse, organisé au beau milieu de l'usine, donne l'image forte de centaines de travailleurs entourant la première ministre. Retour à Montréal en avion avec Madame. Il y a maintenant plus d'un an que j'exerce cet étrange métier de conseiller auprès de la première ministre, et je ne réussis pas encore à considérer cela comme un métier normal.

Mercredi 26 février – Danville et Québec

« Électricité : Alcoa annonce une entente sur les tarifs », titre *Le Soleil*. Je reconduis les filles à l'école avant de me rendre à Québec pour le Conseil des ministres. Madame raconte à ses collègues la rencontre avec les employés d'Alcoa. *C'était émouvant*, dit-elle. Elle félicite Nicolas Marceau pour le dépôt du budget. *Opération réussie.* Marjolain Dufour, député du comté de René-Lévesque où se trouve Baie-Comeau, prend la parole. *Je veux vous remercier et je veux souligner la complicité avec Dominique Lebel.* Je sais que je ne devrais pas, mais ça me fait plaisir. En marge du Conseil, un autre ministre confie ses craintes à l'égard de Pierre Karl Péladeau que toutes les rumeurs amènent au Parti québécois. *Il ne durera pas trois mois au Conseil.* Je passe le reste de la journée au téléphone. Plus les rumeurs d'élections s'intensifient, plus les gens sont pressés de régler leurs dossiers.

Jeudi 27 février – Montréal et Danville

La première ministre passe la journée en Outaouais. Comité de campagne en matinée. Comité des communications en après-midi. Revue des publicités, photos, affiches. Aperçu du plan de tournée. Je rentre à la maison en soirée.

Lundi 3 mars – Québec

Denis Lessard de *La Presse* révèle que Gaétan Barrette, président de la Fédération des médecins spécialistes du Québec et ex-candidat de la CAQ, se présentera comme libéral. Je me rappelle l'avoir rencontré il y a quelques semaines avec la première ministre. Il s'était montré intéressé à accepter un poste de direction dans un grand hôpital. La discussion n'a pas eu de suites, jusqu'à ce matin. Je suis à Québec, où Valery et les filles m'ont accompagné en cette semaine de relâche scolaire. Simone passe la journée avec moi au bureau. Avec Nicole, on fait le tour des candidatures. Seuls quelques comtés demeurent libres. Revue du calendrier de la campagne. Le rôle des conseillers politiques durant la campagne est maintenant déterminé. Le Parti est en mode alerte dans tous les comtés. Les journalistes appellent presque à chaque heure pour obtenir la confirmation du déclenchement des élections. Les sondages continuent à être solides. Tout semble en place. Je reçois un appel de Nicole Stafford en début de soirée. Un analyste d'une grande banque aurait publié une analyse négative advenant la réélection du Parti québécois. Il indiquerait que l'élection d'un gouvernement majoritaire du Parti constituerait un risque. J'appelle le président de la banque au Québec. Il me rassure immédiatement. Ce n'est pas un avis de la banque. Il ne connaît pas l'analyste en question. *Il y a des analystes égarés un peu partout,* précise-t-il avec un sourire dans la voix. Ça n'ira pas plus loin. Nous révisons les discours de début de campagne de la première ministre. Le programme électoral est fin prêt. Nous confirmons aux médias sous embargo que les élections seront déclenchées mercredi matin. Nous ne pouvons plus retenir l'information car les médias doivent préparer le matériel pour les autobus de campagne. 21 h 30 :

Nicole me téléphone de nouveau. Pierre Karl Péladeau sera candidat. Dans Saint-Jérôme.

Mardi 4 mars – Québec

Avec Nicole et Sylvain Tanguay du Parti, on convient de ne rien confirmer au sujet de Péladeau avant dimanche. Le candidat a besoin de ce temps pour préparer son arrivée. Péladeau a beaucoup hésité avant de faire le saut. C'est peut-être ce qui explique les nombreuses rumeurs qui ont circulé dans les dernières semaines. On le savait tenté par l'aventure. Mais jusqu'à hier soir, personne n'avait la certitude de sa candidature et rien ne pouvait être tenu pour acquis. Le plan est de l'annoncer à Saint-Jérôme dimanche, au lendemain du lancement officiel de la campagne. Il devrait rencontrer les membres de l'organisation du comté samedi soir. On doit lui trouver un attaché de presse pour la campagne. Je réunis le groupe qui sera dans l'autobus : Marie Barrette, attachée de presse ; Éric Gamache, conseiller ; Martin Carpentier, chargé de la logistique de terrain ; Jean-Marc Huot, responsable de l'accompagnement. Discours de Madame en soirée pour la candidature de Dominique Payette. Nicole et moi nous rendons dans Charlesbourg pour sentir l'ambiance. C'est concluant. Les journalistes sont déjà en mode campagne. Souper au Louis-Hébert : Madame, Nicole, Julien et moi. Très détendu. Les dés sont maintenant lancés. Madame rendra visite demain au lieutenant-gouverneur du Québec pour lui demander de dissoudre l'Assemblée nationale et de convoquer des élections pour le lundi 7 avril. En toute fin de soirée, nous obtenons les résultats du sondage qui seront publiés le lendemain : 37-35-15-8. Nous partons en avance. Avec ces résultats, nous devons dominer largement chez les francophones.

II

Du 5 mars au 7 avril

Faux départ / Pierre Karl Péladeau / La perte de contrôle / La chute

Mercredi 5 mars – Québec, Deschambault, Saint-Raymond-de-Portneuf et Trois-Rivières

Je remets mes valises à Jean-Marc Huot en arrivant au bureau. Il se charge de les ranger dans l'autobus. Pour la première fois, je ferai campagne auprès du chef. Léger stress. La première ministre fait venir Marie Malavoy à son bureau. Elle estime qu'elle ne s'est pas investie suffisamment dans son rôle à l'Éducation. *Si tu te représentes, tu ne seras pas ministre. Tu peux revenir, mais tu seras députée. J'aime mieux te le dire maintenant.* Madame nous raconte la scène avec un tremblement dans la voix. Marie Malavoy est son amie. Pour Marie Malavoy, je ne peux pas croire que ce soit une surprise. Il y a déjà plusieurs semaines que les gens du Parti lui envoient des signaux de moins en moins subtils. Dernier Conseil des ministres du gouvernement. Premier point à l'ordre du jour : « Prendre les décrets concernant la dissolution de l'Assemblée nationale du Québec et la tenue d'élections générales au Québec ». Les ministres ont hâte d'être sur le terrain. Après le Conseil, la première ministre fait une déclaration aux médias au rez-de-chaussée de l'édi-

fice Honoré-Mercier pour une dernière fois avant le scrutin.
Elle ne devrait pas revenir sur la colline parlementaire d'ici
l'élection. Les élus du Parti québécois sont massés derrière
elle, sourire aux lèvres. À sa sortie de l'édifice, alors qu'elle
marche pour se rendre chez le lieutenant-gouverneur,
elle doit se frayer un chemin entre les caméras. On finit par
s'engouffrer dans les bureaux du lieutenant-gouverneur.
Nous ne sommes plus que quatre : la première ministre,
Nicole, Marie Barrette et moi. Signature des décrets par le
lieutenant-gouverneur. À notre sortie, l'autobus est déjà
dans la rue des Parlementaires. *Déterminée*, peut-on lire en
grosses lettres sur le véhicule électoral. Nous voilà sur la
route avec, à nos trousses, comme le veut la tradition, un
autobus de journalistes. Après une quarantaine de minutes,
nous faisons un premier arrêt. Nous sommes dans la cour
de l'usine Alcoa à Deschambault. Madame salue les travailleurs et se dit fière d'avoir pu assurer l'avenir de leur
entreprise au Québec pour de nombreuses années. Le candidat local est à ses côtés. On remonte rapidement dans
l'autobus. Lunch à Saint-Raymond-de-Portneuf. Puis visite
du local électoral de Patrick Lahaie dans Maskinongé.
Patrick était conseiller au cabinet jusqu'à la semaine dernière. C'est la troisième fois qu'il est candidat dans ce comté.
Il est convaincu que cette fois sera la bonne. Certains journalistes commencent à noter qu'ils n'ont pas eu la possibilité d'interroger la première ministre. On ne réagit pas.
On se dit qu'ils auront l'occasion de le faire chaque jour
jusqu'au scrutin. On croit que la déclaration de lancement
du matin est suffisante. De retour dans l'autobus, je suis au
téléphone pendant une bonne heure. Événement dans un
bar de la rue des Forges à Trois-Rivières avec le candidat
Alexis Deschênes en soirée. La salle est survoltée. Le candidat parle avec aplomb, sans micro, debout sur une chaise.
C'est un ancien journaliste de la télévision. Madame fonde

beaucoup d'espoir sur lui, mais le fait qu'il ne soit pas de Trois-Rivières peut être un handicap. Difficile à dire. En fait, il y a autant d'exemples de parachutages réussis que d'autres ratés. Nous terminons la soirée dans un resto du centre-ville. Madame montre des signes d'impatience. *On aurait dû répondre à leurs questions.* Au téléphone avec Nicole et Simon Lajoie, nous sommes inquiets de ce qui ressortira de cette première journée. Visiblement, les journalistes auraient préféré un point de presse en bonne et due forme, alors que nous pensions que le déclenchement de l'élection allait être suffisant en soi pour nourrir la nouvelle de la journée. Erreur d'aiguillage de notre part. Je note mon bilan du jour : Couillard plus agressif que prévu ; Marois sur la défensive ; Legault absent.

Jeudi 6 mars – Trois-Rivières, Drummondville, Saint-Hyacinthe, Longueuil et Montréal

Jour 2 de la campagne. Vincent Marissal donne le ton. *C'est quoi l'enjeu, déjà ? Serait-ce la Charte de la laïcité ? Les questions identitaires ou linguistiques ? Ou alors l'économie ? La santé ou peut-être la préservation des programmes sociaux ? À moins que ce ne soit l'emploi ou le rôle de l'État dans le développement économique ?* Conférence téléphonique du matin. On a pleinement conscience d'avoir raté le départ. 8 h 30 : Couillard promet 250 000 emplois. On se dit qu'il ne pourra pas répéter cela tous les jours. Madame trouve que ça débute mal. *On aurait dû répondre à leurs questions hier,* répète-t-elle. En route vers Drummondville, je reçois un appel de ma femme. Elle s'est rendue avec les enfants là où doit se tenir notre point de presse. Elle doute d'être à la bonne adresse. *Qu'est-ce qui se passe ?* Elle me dit : *Je suis dans le stationnement et il n'y a personne.* J'appelle l'équipe

des tournées à Montréal. On m'explique qu'il a fallu demander une mobilisation modérée car la salle est petite. J'appelle l'agent de liaison régional. Il me dit avoir reçu l'ordre
de ne pas mobiliser. Tabarnak ! Je discute avec Yann Langlais-Plante et Sarah Magnan, nos attachés de presse installés dans l'autre autobus. Je m'informe de l'état d'esprit. *Pas
très bon*, me dit Yann. Je ne suis pas étonné. On va corriger
le tir dès ce matin. Gamache et moi travaillons les messages
du jour avec Madame. Lorsque nous arrivons à Drummondville, les médias nous attendent déjà à l'intérieur.
Marie Barrette nous devance auprès des journalistes et
revient chercher Madame. Elle confirme que l'humeur est
mauvaise. Madame sort de l'autobus et se dirige vers la
porte d'entrée. Je la suis de quelques pas comme à mon
habitude. Elle s'arrête. Toutes les caméras sont braquées sur
elle alors qu'elle se penche pour saluer des enfants avant de
continuer son chemin. Je réalise alors qu'elle vient de saluer
mes filles. Si les journalistes savaient… Je suis debout à
l'arrière de la salle. La première ministre est entourée de ses
deux candidats de la région : Yves-François Blanchet et
Daniel Lebel. Je trouve le fond de scène affreux. Trop petit.
Les lettres ne sont pas au bon endroit. Les couleurs ressortent mal. La première question porte sur le refus de
répondre de la veille. Madame savait que c'est ce qui arrive-
rait. Le climat est très tendu. Madame a tendance à parler
beaucoup pour réchauffer l'atmosphère. Très long point de
presse. Trop long. Nicole, qui a regardé l'intervention à RDI,
a un commentaire qui me fait sourire. *Peux-tu bien me dire
pourquoi Blanchet avait une telle tête d'enterrement derrière
Pauline ?* L'autobus se dirige vers Montréal. Bain de foule
dans un centre d'achats de Saint-Hyacinthe avec notre
député local, Émilien Pelletier. Nous recevons les notes pour
le discours de ce soir à Verdun. C'est bon. En milieu d'après-
midi, arrêt sur la Rive-Sud pour appuyer Sophie Stanké.

Quelques candidats sont présents, dont Pierre Langlois, ex-directeur de cabinet d'Élaine Zakaïb, et les députés Alain Therrien et Martine Ouellet. Devant les journalistes, Madame rend hommage au travail de Marie Malavoy. *Marie a choisi de passer le flambeau et je respecte sa décision. Elle a été une députée et une collègue appréciée. Je tiens à la remercier.* Discours enflammé de Madame en soirée à Verdun où la femme de théâtre Lorraine Pintal se présente comme candidate. La salle réagit très bien. Après avoir hésité, nous avions décidé d'utiliser le télésouffleur pour Madame. Un bon choix. Elle est très à l'aise. De retour dans l'autobus, nous sommes tous un peu dissipés après une première vraie journée de campagne. *Au moins, on n'a pas l'autobus triste,* lance Madame. Je note mon bilan du Jour 2 : Couillard, 250 000 emplois ; Marois et les journalistes ; Legault, 1 000 dollars par famille.

Vendredi 7 mars – Montréal, Sainte-Thérèse, Laval et Montréal

L'annonce du trio économique du Parti libéral a été réussie. L'arrivée des Coiteux, Leitão et Daoust a fait son effet. Nous voulons marquer le coup en présentant plusieurs femmes candidates dans la même journée. Pour commencer, petit-déjeuner dans un restaurant Cora avec l'ex-leader étudiante Martine Desjardins qui fait le saut au Parti. Puis c'est l'annonce des candidatures de l'ancienne présidente de l'Ordre des infirmières, Gyslaine Desrosiers, et de celle de l'Ordre des pharmaciens, Diane Lamarre, dans le comté de Marie Malavoy. On présente aussi trois candidates d'origine maghrébine, Yasmina Chouakri, Évelyne Abitbol et Leila Mahiout. Problème du jour : les statistiques de l'emploi sont mauvaises pour février. Madame est sur la défensive. Dans l'autobus, je fais une liste de candidats pour Madame. Je lui suggère de les appeler pour prendre le pouls. Elle appelle Pierre Duchesne, Jean-François Lisée, Alexis Deschênes, Nicolas Marceau, Dominique Payette et Bernard Drainville. Madame commente ses notes de discours pour le grand lancement de la campagne qui doit se tenir demain. Un long discours. En fin d'après-midi, je quitte l'autobus pour une rencontre préparatoire en vue de l'arrivée de Pierre Karl Péladeau. Puis, je rejoins la caravane pour une assemblée publique dans le comté de Laurier-Dorion où l'on doit officialiser la candidature de Pierre Céré. J'ai l'impression de faire un retour quarante ans en arrière... Ce militant aux accents révolutionnaires d'un autre temps me donne littéralement la frousse. Pendant son discours, je fais les cent pas derrière le grand rideau séparant en deux la salle du Centre communautaire Lajeunesse. Heureusement, on est vendredi soir et à cette heure les journalistes ont déjà terminé leurs topos. Les caméras tournent, mais personne ne semble réellement prêter attention. À mon retour dans l'autobus, Madame se moque de moi. Elle connaît mon aversion pour ce type d'envolée lyrique. Mon bilan du jour : Couillard attaque sur l'emploi ; Marois répond sur l'emploi et la Charte ; Legault attaque les capacités de gérer de Marois. Pas une grande journée pour qui que ce soit.

Samedi 8 mars – Laval et Montréal

Conseil national du Parti à Laval. Adoption du programme électoral dans l'allégresse. Présentation des candidats dans une mise en scène spectaculaire d'Yves Desgagnés. Nous avions beaucoup rigolé avec lui au sujet du scénario proposé. Un immense drapeau servant de fond de scène derrière la première ministre durant son discours allait, au moment opportun, s'abaisser d'un coup et ainsi dévoiler l'ensemble des candidats bien alignés sur les planches. C'est ce que Desgagnés appelle l'« effet kabuki », un genre théâtral japonais. Au final, ç'a été un immense succès. Retour à Montréal en autobus. Nous avons déjà nos habitudes. Derrière, tout au fond, il y a une petite zone fermée réservée à la première ministre. Elle n'y est allée que très rarement jusqu'ici. On y trouve trois fauteuils et un lieu de rangement pour ses vêtements. Devant, les sièges sont disposés comme dans un train, par groupes de quatre, se faisant face. Les sièges sont en vis-à-vis, deux contre deux chaque côté du couloir. J'occupe le dernier siège à gauche, côté couloir, dos au mur. Bien souvent, Martin Carpentier s'assoit près de moi de l'autre côté du couloir. La première ministre s'installe devant moi pour lire, réviser ses notes ou faire des téléphones. Lorsque des candidats nous rejoignent, nous les invitons à prendre place avec nous. Madame en profite pour s'informer de leur campagne, puis on procède aux différents briefings. Dans les espaces devant nous, il y a Éric Gamache qui s'installe sur ma droite et Marie Barrette sur ma gauche. Lorsqu'il fait le trajet avec nous, Yves Desgagnés s'assoit généralement avec Marie. Jean-Marc Huot, qui est dans l'entourage de Madame depuis des années et qui m'a souvent servi de chauffeur dans les derniers mois, est généralement à l'avant de l'autobus avec le conducteur. Arrivé à l'hôtel Intercontinental, je saute dans la voiture de fonction de la première ministre. Nous sommes seuls tous les deux. Nous nous dirigeons vers le prochain rendez-vous. Secret, celui-là. Je dis : *Demain, ce sera un deuxième « effet kabuki »*. Nous entrons dans la salle. Pierre Karl Péladeau est déjà arrivé. Sylvain Tanguay, Nicole Stafford, Julien Lampron. Alexandre Ramacieri, conseiller politique de Marceau qui a été réquisitionné pour le reste de la campagne, sera attaché de presse de Péladeau. Autour de la table, l'atmosphère est électrique. On fait les derniers préparatifs. On revoit les notes de Madame. Péladeau nous présente son projet de discours. Rien à redire. On teste quelques questions difficiles avec le candidat. Il semble bien préparé. Nous revoyons le scénario en détail. Il se joindra à nous dans l'autobus quelques kilomètres avant Saint-Jérôme et arrivera donc avec la première ministre à la vieille gare de la ville.

Dimanche 9 mars – Montréal, Saint-Jérôme et Montréal

Jogging tôt le matin dans le Vieux-Port avec Yann Langlais-Plante. Le journaliste Louis Lacroix a confirmé l'arrivée de Péladeau sur son fil Twitter en toute fin de soirée hier. La Presse canadienne a produit un texte dans la nuit, puis Alain Laforest de TVA confirme la nouvelle dans son intervention à *Salut Bonjour*. Le départ de l'autobus des journalistes est prévu pour 9 h 50 et celui du nôtre pour 10 h. Comme c'est normalement le cas, les journalistes seront donc sur les lieux avant nous et assisteront à notre arrivée. Julien Lampron et Simon Lajoie sont à Saint-Jérôme pour s'assurer que tout est en place. On se parle au téléphone pour fignoler le scénario. Il ne faut pas manquer notre coup. Sur la route 117, un peu après Blainville, l'autobus s'arrête dans la cour d'un motel. Pierre Karl Péladeau monte à bord. Il est suivi du jeune président du comté de Saint-Jérôme. Contre toute attente, Péladeau a l'air détendu. Serein. Il s'assoit avec nous à l'arrière. Il échange avec Madame. C'est le moment de lui faire signer sa carte du Parti québécois. Je remplis le formulaire pour lui. Je le lui tends pour qu'il le signe. J'immortalise la chose en photo. L'autobus approche tranquillement de la vieille gare de Saint-Jérôme. Des dizaines de personnes attendent à l'extérieur. Lampron et Lajoie ont fait en sorte que se forme une sorte de haie d'honneur qui permettra à la première ministre et à son candidat vedette de marcher ensemble vers la gare en saluant les militants de chaque côté. La porte de l'autobus s'ouvre. Péladeau descend le premier, puis il accueille Madame. Tous deux marchent ensemble vers la gare sous les applaudissements nourris. À l'intérieur, il n'y a pas assez de place pour tout le monde. La première ministre prend la parole et présente son candidat. L'arrivée de ce candidat dans la course suscite visiblement beaucoup d'enthousiasme. Lorsque Pierre Karl Péladeau prend la parole, je vois des gens essuyer des larmes. Péladeau, candidat du Parti québécois. Ça me semble suffisant pour aujourd'hui. Retour à Montréal. C'est la fin de la journée de travail pour Madame. Je me rends à la permanence du Parti. Il y a des ajustements à faire. Sur le plan technique, les installations ne sont pas adéquates lorsque nous nous arrêtons dans les comtés. Il faut revoir non seulement les fonds de scène, mais aussi l'éclairage, le soutien que l'on donne pour l'installation des caméras, etc. Du côté du contenu, les annonces de Madame manquent de substance. Nous n'avons pas encore réussi à accrocher les journalistes avec nos messages. Nous sommes à la traîne. L'arrivée de Péladeau devrait nous permettre de reprendre l'avantage. Depuis le début, la souveraineté est très présente dans la campagne. Ce qui n'était pas le plan de match. Déjà, hier, André Pratte dénonçait ce qu'il a appelé l'« agenda ouvert » de Pauline Marois. Il trouve inadmissible que le Parti québécois ne puisse préciser s'il y aura ou non un référendum durant le prochain mandat. Couillard marque plus fort que prévu. Le Parti libéral remonte dans les sondages. Les grands rendez-vous de la campagne se mettent en place. Nous avons accepté les termes d'un débat à Radio-Canada le 20 mars. Les discussions avec TVA ne sont pas terminées. Première réaction de Couillard à l'arrivée de Péladeau. Pour lui, la question est maintenant claire : *Le 7 avril, voulez-vous vous diviser ou voter pour l'économie ?* Les images de Péladeau tournent en boucle à la télévision. C'est son engagement à faire du Québec un pays qui retient l'attention. Radio-Canada dévoile un sondage Crop démontrant qu'une majorité pour le Parti québécois sera difficile à obtenir. Le Parti libéral et le Parti québécois sont à égalité à 36 %. Même si le Parti québécois domine à 42 % chez les francophones, le taux de satisfaction à l'égard du gouvernement n'est maintenant que de 37 %. Nous n'avons plus le vent en poupe depuis le déclenchement des élections. Mon bilan du jour : Péladeau.

Lundi 10 mars – Montréal, Saint-Bruno-de-Montarville, Sutton et Sherbrooke

En référence à l'arrivée de Péladeau dans la course, *La Presse* titre : « Le grand saut ». Simon Prévost candidat dans Montarville. Il neige. Le scénario prévoit un point de presse à l'extérieur. On décide de ne pas changer les plans. C'est une autre candidature économique d'envergure. Prévost était président de l'Association des manufacturiers et exportateurs du Québec. On l'interroge à propos de ses déclarations passées sur la langue française en entreprise. Puis de ses critiques du dernier budget. Il patine. Bienvenue en politique. Pierre Karl Péladeau est à ses côtés. Le sujet du jour : ses actions dans Québecor. Les vendra-t-il ? Peut-il être ministre et propriétaire de médias ? Péladeau et Madame ont été préparés pour répondre à ces questions, mais ils ne réussissent pas à franchir le mur. Ils paraissent sur la défensive. L'expérience politique de Péladeau n'a pas encore vingt-quatre heures. Couillard tire à boulets rouges et va jusqu'à remettre en question la liberté des journalistes de

Québecor. Ce sera une longue journée. En route vers Sherbrooke, on fait un détour vers le sud, jusque dans la petite municipalité de Sutton. Je me demande bien à quel moment un chef du Parti québécois s'est rendu à Sutton en pleine campagne électorale. Accueil chaleureux de la part d'une trentaine de personnes. Important événement partisan à l'hôtel Times de Sherbrooke en soirée. Une salle de 400 personnes s'avère rapidement trop petite. Des dizaines de sympathisants restent à l'extérieur. Léo Bureau-Blouin et Martine Desjardins animent la soirée. Sébastien Bovet de Radio-Canada publie un blogue en milieu de soirée. Il parle du « tremblement de terre » Péladeau. Il note que la deuxième journée du candidat a suscité toutes sortes de questions concernant ses actions dans Québecor, ce qui a monopolisé l'attention. Il souligne que l'arrivée de Péladeau a mis les projecteurs sur la souveraineté. *Autant la présence de M. Péladeau pourrait stimuler les militants souverainistes parce qu'il en parle beaucoup et semble vouloir la faire relativement rapidement, autant des électeurs qui souscrivent aux politiques du PQ (charte, vision économique, programmes sociaux, etc.) mais qui ont peur d'un référendum pourraient se réfugier ailleurs,* écrit-il. Souper chez Auguste avec le groupe de l'autobus. Valery et les enfants sont venues me rejoindre. La première ministre fait du coloriage à table avec Marguerite. Le temps est suspendu. Nous sommes un lundi soir du mois de mars à Sherbrooke. Dans vingt-sept jours, ce sera le 7 avril. Une éternité. Mon bilan du jour 6 : Couillard critique Péladeau ; Marois défend Péladeau ; Legault critique Péladeau.

Mardi 11 mars – Sherbrooke, mont Mégantic, Victoriaville, Bécancour et Québec

« Péladeau fait de l'ombre à Marois », titre *Le Devoir*. Le journaliste Marco Bélair-Cirino souligne que la controverse sur les actions de Péladeau occupe le devant de la scène. Il neige sur la route entre Sherbrooke et le parc du Mont-Mégantic. Je passe quelques minutes à l'avant de l'autobus, juste à côté du conducteur. Le chemin semble se rétrécir à mesure que l'on avance. La neige forme un brouillard. C'est comme si nous nous enfoncions dans le sol. Au bout de près de deux heures de route, nous arrivons à l'Observatoire du Mont-Mégantic. Il n'y a rien ni personne. Nous sommes littéralement au milieu de la forêt. À quelques kilomètres seulement du nord du Maine. L'autobus des journalistes est dans le stationnement, et ses passagers attendent à l'intérieur. Ils doivent se demander autant que nous ce que nous faisons là. Yves Desgagnés descend de notre autobus pour s'assurer que tout est prêt à l'intérieur de l'Observatoire. Les journalistes en profitent pour le questionner de nouveau sur son rôle. Je me dis que ce n'est certainement pas dans le but d'en tracer un portrait positif. Madame fait une déclaration avec à ses côtés la candidate locale. Elle est sur la scène devant un immense écran qui donne l'impression de l'écraser. Elle parle de tourisme. Ses propos semblent venir de nulle part. Les journalistes commencent à faire la file au micro. Ils ont préparé leurs questions. Marie Barrette tente d'imposer à chacun seulement une question et une sous-question. Ils sont dix, quinze, vingt à vouloir interroger la première ministre. Je note rapidement les sujets : l'impact de la souveraineté sur le tourisme, la présence ou non de douanes entre le Québec devenu pays et les provinces canadiennes, la question du passeport québécois et autres choses connexes. Je ne me méfie pas. Il me semble ne rien avoir entendu de nouveau, même si je comprends bien que la déclaration sur le tourisme est déjà loin. Discussion téléphonique de la première ministre avec son homologue français Jean-Marc Ayrault. Nous sommes dans un autobus de campagne roulant dans les rangs en direction des Bois-Francs, et Madame s'entretient avec le premier ministre de France. L'image est à la fois belle et absurde. Sujet : inquiétudes du gouvernement français à propos des mesures touchant les étudiants étrangers dans le dernier budget. *On ne modifiera pas unilatéralement l'entente que nous avons entre nos deux États. Pas de changement sans que nous travaillions les choses ensemble. Je veux vous rassurer, Jean-Marc, et rassurez le président pour moi,* signifie Madame d'emblée. L'échange dure quelques minutes. *Comment va votre épouse, Brigitte ?* s'enquiert Madame auprès du premier ministre. Je fais le point avec Simon Berthiaume et Martin Caillé sur le contenu à venir. L'histoire du tourisme n'a pas été un grand succès. Mais cela, ils le savent déjà. Madame joint Péladeau au téléphone. Elle veut le rassurer. *Ça va bien aller.* Elle compte sur lui. À Victoriaville, on fait un arrêt à la fromagerie Victoria pour s'approvisionner en poutines. *Comfort food* : rien de mieux lorsque l'on cherche ses points de repère. *La Presse* met un article de Tommy Chouinard en ligne en fin d'après-midi. Titre : « Marois veut "détruire le Canada", tonne Couillard ». Annonce en fin de journée concernant le Fonds de diversification économique du Centre-du-Québec et de la Mauricie. Rien de nouveau pour les journalistes. Mon bilan : Couillard annonce l'ajout de 2 000 infirmières ; Marois défend Péladeau ; Legault critique les syndicats.

Mercredi 12 mars – Québec

« Marois rêve d'un pays sans frontière », titre *Le Devoir*. On ne réussit pas à entrer en contact avec les journalistes qui suivent la campagne. C'est comme s'il y avait deux campagnes. Celle que Madame met en avant dans ses déclarations, souvent en compagnie de candidats, et celle qui se construit à partir des questions des journalistes. En matinée, à Québec, sortie sur la responsabilité dans la gestion des finances publiques et sur le plan de réduction de la dette en compagnie notamment de Clément Laberge et de Stéphane Bédard. Un journaliste demande alors si un Québec indépendant utilisera la monnaie du Canada. Madame rappelle que c'était l'une des recommandations de la commission Bélanger-Campeau. Fallait-il refuser de répondre à la question ? Comment le refus de répondre aurait-il été interprété ? TVA annonce qu'une soirée de « face à face » entre les chefs aura lieu le 27 mars. Arrêt à l'Université Laval à l'heure du dîner pour un discours devant une centaine d'étudiants. 15 h 15 : conférence téléphonique sur les communications pendant que nous sommes dans un comté de la banlieue de Québec. Nous sommes à égalité dans les sondages, mais 54 % des Québécois pensent que nous allons gagner. Nous devons absolument recentrer le message vers l'économie, la solidarité, l'environnement. La place que les médias nous accordent est correcte, mais le ton n'est pas bon. Nous sommes sans arrêt sur la défensive. Aucune de nos annonces de contenu n'a retenu l'attention jusqu'à maintenant. Aucune. Des publicités radios débuteront dans les prochains jours. En fin de journée, on fait un saut dans le comté de Madame dans un bar près de Château-Richer.

Jeudi 13 mars – Québec, Saint-Nicolas, Lévis et Montréal

Conférence de presse dans une entreprise de Saint-Nicolas près de Québec avec les candidates de la région. Péladeau est au côté de la première ministre. Le thème du jour : l'entrepreneuriat. Les questions des journalistes portent sur la souveraineté et sur les actions de Péladeau dans Québecor. Ce n'est pas une surprise, même si nous espérons toujours autre chose. Il fait froid dans l'usine. Le propriétaire est fier de présenter son entreprise à Péladeau. Je remarque l'aisance du candidat en discussion avec des entrepreneurs comme lui. Entre ses relations avec eux et ses relations avec les médias, le contraste est frappant. De retour dans l'autobus, on comprend rapidement que le problème est ailleurs. Ce qui est analysé par les commentateurs, ce sont les images de Pauline Marois reprenant le micro pour répondre à une question alors que Péladeau est à l'avant-scène. « PKP remis à sa place par Marois », titre TVA Nouvelles. Visite du chantier naval Davie en après-midi. Tout le monde s'amuse à se faire prendre en photo avec des lunettes et des casques de sécurité, journalistes compris. C'est comme une trêve dans la campagne, les journalistes ayant eu suffisamment de matériel pour la journée avec l'événement Marois-Péladeau. Tout le reste est oublié. Rassemblement militant en soirée dans une salle du Centre des congrès de Lévis. Madame livre un bon discours devant quelques centaines de militants. Radio-Canada résume la journée. *Aux côtés de Pauline Marois pour présenter la politique du Parti québécois sur l'entrepreneuriat, Pierre Karl Péladeau a été la cible de la majorité des questions, jeudi, à Saint-Nicolas, notamment sur ses liens d'affaires, sa position sur les finances publiques, mais surtout la souveraineté. Chaque fois, il a refusé de répondre.* Mon bilan : Couillard sur la souveraineté ; Marois tasse Péladeau ; Legault contre Labeaume.

Vendredi 14 mars – Montréal, Repentigny et Montréal

7 h 15 : entrevue de Madame avec Marie-France Bazzo. Correcte, mais je ne suis pas encore satisfait de la réponse sur la souveraineté. 7 h 30 : conférence téléphonique avec le siège du Parti. La CAQ s'effondre à Québec, ce qui bénéficie aux libéraux. Mauvais pour nous. Le Parti québécois semble se stabiliser, mais les libéraux montent. La campagne prend un tour référendaire. Nicole Stafford repense à 2012. La journée débute dans une entreprise d'insertion sociale dans un quartier défavorisé de Montréal. Les questions des médias portent sur la souveraineté. Impossible de nous en sortir. Il y a de la frustration de part et d'autre. Madame s'impatiente devant les questions des journalistes et eux ont le sentiment qu'elle refuse de répondre à ce qu'ils demandent. Lunch avec les candidates de Saint-Henri–Sainte-Anne et de Verdun dans un restaurant de la rue Wellington. On se sent bien dans la chaleur du petit resto tenu par des gens des îles de la Madeleine. On aurait le goût de ne plus en sortir. Visite d'une station de traitement des eaux usées à Repentigny en après-midi. Madame présente un engagement du Parti en environnement dans l'indifférence totale. Le journaliste du *Soleil,* Michel Corbeil, note dans son article publié en début d'après-midi que la première ministre a continué de faire face « à la même mitraille de questions » autour de la question nationale. C'est comme si notre programme électoral ne se distinguait pas suffisamment de celui du Parti libéral dans l'œil des journalistes. Ils se rabattent donc sur le référendum afin de créer la polarisation propre à toute campagne. En début de soirée, je dis-

cute avec Bernard Drainville. Il est inquiet de la campagne comme nous tous. *Faudrait superposer la Charte comme question névralgique au-dessus de la souveraineté.* Madame pourrait dire quelque chose comme : *J'ai besoin d'un mandat pour adopter la Charte.* Drainville estime que c'est très difficile d'aller chercher une majorité si on reste sur la question référendaire. *Il faut se décider dans cette élection, si on veut se donner oui ou non une Charte.* Drainville teste des messages avec moi. *Accordez-moi le mandat de nous donner une Charte des valeurs pour maintenant et les générations futures.* Les déclinaisons semblent infinies dans la bouche de Drainville. Pour lui, on n'a pas le choix de mettre la Charte au centre. La question nationale se réglera en temps et lieu, mais ce ne doit pas être le sujet de cette campagne. *Enlevons aux libéraux le pouvoir de nous bloquer sur la Charte.* Drainville joue avec les formules.

Samedi 15 mars – Montréal, Boucherville et Saint-Bruno-de-Montarville

Sondage Léger dans *Le Devoir.* PQ, 37 % ; PLQ, 37 % ; CAQ, 14 %. Chez les francophones, le PQ domine avec 44 %, contre 27 % et 15 %. Le chef qui mène la meilleure campagne : Marois, 31 % ; Couillard, 19 %. La meilleure équipe : PQ, 40 % ; PLQ, 26 %. Le Parti québécois atteint 49 % chez les francophones pour la qualité de son équipe. Ces résultats nous paraissent élevés par rapport à nos sondages internes. Mais ils font du bien. Journée de campagne sans histoire. Visite à *L'Itinéraire* en matinée, puis rencontres dans des centres commerciaux… On a une petite frousse lorsqu'une jeune femme interpelle assez rudement Madame sur la Charte en présence de journalistes. Plus de peur que de mal. Valery m'envoie des photos des filles en compétition de ski à Vallée du Parc, en Mauricie. Michel Pepin de Radio-Canada note sur son blogue que la campagne ne porte désormais que sur la question nationale, ce qui, écrit-il, *risque de mobiliser davantage les électeurs qui ne veulent pas du Parti québécois au pouvoir.* Mon bilan du jour : Couillard sur la défensive à propos de la Constitution ; Marois à l'attaque ; Legault en déroute.

Dimanche 16 mars – Montréal

La première ministre se rend à la mairie de Montréal rencontrer Denis Coderre. Dès notre arrivée à l'hôtel de ville, nous nous engouffrons dans le bureau du maire. Nicole et moi accompagnons la première ministre. Coderre annonce que les municipalités se feront entendre dans la campagne. *Je ne suis pas intéressé par une élection référendaire,* affirme-t-il. Nous sommes bien d'accord avec lui. Le maire se lance ensuite dans une litanie sans fin de demandes. À un moment, j'arrête de les noter tant elles sont nombreuses : nomination d'un inspecteur général ; régimes de retraite ; itinérance ; récupération des infrastructures scolaires ; place de Montréal dans le monde ; fonds de développement économique ; électrification des transports ; vols directs vers la Chine ; siège au conseil d'administration d'Hydro-Québec ; transfert du Vieux-Port de Montréal du fédéral à la Ville ; zone franche ; etc. *Ce n'est pas une liste d'épicerie,* prend-il la peine de dire. *Il faut donner un statut à Montréal,* répète-t-il. Madame reprend l'idée de Jean-François Lisée et propose la tenue d'un sommet sur Montréal à l'automne. Après la rencontre, le maire et la première ministre se présentent devant les médias. *J'ai dit à la première ministre que la priorité était l'économie. Arrivez-moi pas avec une élection référendaire, parce qu'on n'en veut pas.* Madame prend la salle au bond et souligne que l'arrivée de Pierre Karl Péladeau prouve que notre priorité est bel et bien l'économie. Je me rends à la permanence du Parti pour un comité stratégique. Ma liste d'appels à faire s'allonge. Péladeau fera une tournée en Estrie, dans le Centre-du-Québec et en Mauricie. On revoit les activités de la semaine qui vient. Échange sur l'introduction de la Charte dans la campagne. Nos partisans comme nos détracteurs ont cru longtemps que nous allions finir par lâcher du lest, par assouplir notre position afin de trouver un compromis. Il y a probablement une bonne partie des ministres et des députés qui pensaient cela aussi. Maintenant, en pleine campagne, nous n'avons pas de marge de manœuvre. Il faut défendre la Charte telle quelle. Comité technique en après-midi. Une vingtaine de personnes autour de la table. Sylvain Tanguay : *Il y a aura des victoires et des défaites serrées.* Rencontre en prévision des débats. Madame sera la cible de tous les adversaires. Couillard se révèle dans la campagne. Il devrait être bon, mais il n'est pas toujours cohérent. Risque pour lui : il pourrait paraître faible dans la défense des intérêts du Québec. Comment le pousser sur la Charte ? Françoise David n'aspire pas au pouvoir. C'est un avantage immense. Elle n'a pas de comptes à rendre. Peut-elle être meilleure que la dernière fois ? Peut-elle surprendre encore ? Legault est prêt à tout. On peut s'attendre à des déclarations à l'emporte-pièce. Il a besoin d'un coup de circuit. Le cahier de Madame pour le débat est prêt. Longue discussion avec un stratège externe en soirée. Ça ne bouge pas beaucoup, mais ce n'est pas à notre avantage. On dominait avant le début de la campagne. Les libéraux nous ont rejoints. Il faut donc inverser la tendance. Il faudrait un élément déclencheur. Nous n'avons plus besoin de stimuler nos partisans. De ce côté-là, ça semble solide. L'enjeu est d'arrêter le transfert des votes caquistes vers les libéraux. *Le matin où les sondages annon-*

ceront que les libéraux ont pris l'avance, un phénomène d'accélération risque de vider la CAQ vers les libéraux. Les prochains sondages risquent de faire mal, martèle le stratège. Il soutient que Couillard devrait surprendre au débat car les attentes sont basses. *Dominique, je t'annonce que Couillard sortira gagnant du débat,* renchérit-il. Je parle à Nicole en fin de soirée. Visiblement, nous avons tous les deux été briefés par le même interlocuteur… Mon bilan du jour : Couillard attaque ; Marois avec Coderre ; Legault fait un rassemblement.

Lundi 17 mars – Montréal, Laval et Longueuil

Point de presse sur la santé à Laval en matinée. Notre équipe est solide : Hébert, Lamarre, Desrosiers… mais notre message n'a pas la simplicité de celui des libéraux. Dès la fin de l'intervention, nous savons qu'il n'en restera rien. Nous nous rendons par la suite au siège de l'Union des producteurs agricoles à Longueuil. Rencontre avec le président, Marcel Groleau : souveraineté alimentaire ; soutien aux producteurs. François Gendron accompagne Madame. Gendron a été un ministre de l'Agriculture apprécié. Groleau se fait demander en point de presse s'il est en faveur de la légalisation de la marijuana. Aucune autre question ne porte sur l'agriculture. Sylvain Gaudreault m'appelle en début de soirée. Il s'interroge sur l'allure de la campagne. Il sent que ça glisse dans sa région. Mon bilan du jour : Couillard, référendum ; Marois sur la défensive ; Legault ne veut plus entendre parler de référendum.

Mardi 18 mars – Montréal

Sondage Crop dans *La Presse*. PLQ, 39 % ; PQ, 36 % ; CAQ, 13 % ; QS, 10 %. Le Parti québécois est toujours en avance chez les francophones, à 43 % contre 30 %. Meilleur premier ministre : Couillard, qui est maintenant à 27 % alors que Madame est à 26 %. Conférence de presse dans une école pour parler de l'importance de réinvestir dans les infrastructures scolaires. Madame semble fatiguée. Ses réponses sont longues et ses phrases devant la mener vers l'attaque sont laborieuses. Le sondage du matin l'atteint probablement. Elle profite d'une occasion pour s'en prendre à Philippe Couillard au sujet de ses liens avec Arthur Porter, l'ancien patron du Centre universitaire de santé McGill accusé de fraude. Je ne crois pas que ce soit réussi. Je comprends l'intention, la frustration, mais je ne vois pas comment cela peut renverser la vapeur. Nous retournons au siège du Parti en vue du débat. Briefing de Madame. Elle s'approprie la formule du débat, passe ses commandes. En soirée, elle assiste au discours de Hillary Clinton au Palais des congrès de Montréal. La salle l'accueille poliment alors que Philippe Couillard fait son entrée sous des applaudissements nourris. Le discours de Clinton porte sur le rôle des femmes dans le monde. Mon bilan du jour : Couillard ragaillardi ; Marois sur Porter ; Legault survit.

Mercredi 19 mars – Montréal

J'ai quarante-trois ans aujourd'hui… On invite les journalistes à prendre des images de la préparation du débat au siège du Parti. Nous sommes quelques-uns autour d'une table avec la première ministre. C'est une mise en scène. La réelle préparation du débat sera ailleurs. Un autre lieu où nous allons nous retirer pour travailler avec la première ministre. En marchant dans les couloirs de la permanence du Parti, on sent le malaise. La confiance est atteinte. Le vent n'est pas de notre côté depuis le début de la campagne et personne ne semble avoir d'élan. L'esprit qui sert à conquérir le pouvoir n'est pas le même que celui qui sert à le conserver. Démission d'Alison Redford en Alberta. À 10 h 30, nous entamons le travail de préparation avec Madame. Elle connaît bien ses dossiers. Pas besoin de faire des révisions de contenu à n'en plus finir, sauf dans le cas des chiffres qu'elle aime toujours se remettre en tête. On la prépare à l'offensive sur trois sujets : la Charte ; référendum et souveraineté ; intégrité. Nous craignons des attaques personnelles, nous préparons donc Madame en conséquence, notamment au sujet de son mari. À l'heure du lunch, je participe à une réunion du comité des communications. On nous propose une série de publicités négatives. Nous hésitons. Une campagne sur la Charte est aussi en préparation. Au lendemain du débat, les Québécois devraient sentir qu'ils sont devant un choix : veulent-ils ou non une Charte des valeurs ? Il y a aussi le pétrole qu'on voudrait ramener dans la campagne. Je retourne à la préparation du débat. Stéphane Dolbec et Stéphane Gobeil travaillent à des répliques. Gobeil soumet des textes pour l'ouverture et la fermeture du débat. Martin Caillé est plongé dans les dossiers. Madame s'exerce pour les quarante-cinq secondes qui lui sont allouées au début de chaque thème. On retravaille les textes avec elle. Nous faisons quelques simulations. Mon bilan du jour : Couillard hausse le ton ; le PQ ressort la Charte ; Legault ?

Jeudi 20 mars – Montréal

Comité de stratégie à la permanence. On baisse dans les sondages. La peur du référendum nous fait mal. Stéphane Bédard et Bertrand St-Arnaud devraient donner un point de presse aujourd'hui pour faire pression sur les libéraux à propos de l'intégrité. *Quel parti sera le mieux placé pour implanter les recommandations de la commission Charbonneau ?* Drainville analysera le débat ce soir à Radio-Canada. Lisée sera à l'émission de Bazzo. Nicole, Martin Carpentier, Julien Lampron, Yves Desgagnés et Marie Barrette auront accès à la loge de Madame durant le débat. Éric Gamache et moi serons dans la salle de presse avec les journalistes. Poursuite de la préparation de Madame. *Y aura-t-il un référendum ? Oui ou non ? Oui ou non, madame Marois ?* On retravaille les répliques avec elle toute la journée. *Non. Il n'y aura pas de référendum tant que les Québécois ne seront pas prêts. On ne bousculera pas les Québécois.* Bingo ! Nous arrivons à Radio-Canada en début de soirée. Madame répond à quelques questions de journalistes à son arrivée. Nous descendons dans la loge qui lui est réservée. Maquillage, coiffure. La tension est grande, mais nous faisons tout pour que l'atmosphère soit légère. Madame marche dans la loge, ses feuilles à la main. Il n'y a plus rien à lui dire. C'est à elle de jouer maintenant. Ce n'est pas son premier débat. Chaque fois, ç'a été difficile pour elle. Beaucoup de gens se plaisent à dire qu'elle n'est pas très bonne en débat, que Jean Charest était meilleur qu'elle. Elle a fini par le croire. La confrontation ne la sert jamais bien. C'était vrai au Parlement lorsqu'elle était chef de l'opposition, c'est vrai aussi dans les débats. Les minutes passent lentement. Elle est nerveuse. La peur de l'erreur. La peur de décevoir. Les chefs arrivent sur le plateau. Quelques minutes encore avant la mise en ondes. Ils se saluent nerveusement. Se font prendre en photo. Chacun s'installe à sa place. Le débat peut commencer.

Vendredi 21 mars – Montréal et Québec

Lendemain de débat. Les médias n'identifient pas de réel gagnant. C'est un moindre mal. La formule de la première ministre sur le référendum est reprise. *Il n'y aura pas de référendum sur la souveraineté tant que les Québécois ne seront pas prêts à la faire.* Comité stratégique. On fait un bilan du débat. La question de la souveraineté a pris beaucoup de place. Sur Péladeau, les possibles conflits d'intérêts demeurent un enjeu. Le débat n'a pas permis de vider la question. Sur la Charte, nous avons peut-être marqué des points. À voir. Il faut tenter de ramener la lumière sur les libéraux. *Voulez-vous le retour des libéraux ou une équipe qui réforme le Québec ?* Visite à l'antenne de l'Université de Sherbrooke à Longueuil avec Pierre Karl Péladeau et Bernard Drainville. La journaliste de *La Presse* Katia Gagnon passe la journée avec nous pour préparer un papier sur Madame. Entre Montréal et Québec, alors que nous sommes tous les deux assis seuls à l'arrière de l'autobus, j'entends Madame me dire : *Je les aime, mes enfants.* J'ai les larmes aux yeux. Je ne sais pas pourquoi, mais j'ai les larmes aux yeux. On passe la journée à travailler le discours que Madame livrera à l'hôtel Clarion de Québec en soirée. Elle le trouve trop dur. Elle n'est pas à l'aise avec les nombreuses attaques qu'il contient. Elle sait bien que l'on est à la traîne dans la campagne, mais elle hésite à attaquer si fortement. Sur son blogue, le journaliste Alec Castonguay s'interroge sur la capacité du Parti québécois à rebondir. *La chef du PQ a voulu recentrer la campagne autour du choix d'un prochain gouvernement. Est-ce que les Québécois vont la croire ? Dans le dernier sondage Crop-La Presse, on constatait que 64 % des citoyens ne veulent pas d'un nouveau référendum dans le prochain mandat, et que 67 % des Québécois pensent que Pauline Marois va en tenir un si elle obtient une majorité. Ces chiffres expliquent en grande partie le mouvement dans les intentions de vote. Le poing en l'air de PKP a porté. Est-il possible de renverser la tendance et de changer le thème référendaire de la campagne ?*

Samedi 22 mars – Québec, Notre-Dame-du-Portage, Rivière-du-Loup et Bécancour

L'autobus roule sur l'autoroute 20 en direction du Bas-Saint-Laurent. Premier arrêt : Notre-Dame-du-Portage afin d'y annoncer des engagements pour le développement régional et la forêt. Assemblée militante à Rivière-du-Loup pour appuyer Harold Lebel, fidèle lieutenant de Pauline Marois. Un des bons discours de la campagne. Madame demande à Philippe Couillard de se dissocier de Jean Charest. Elle attaque sur l'intégrité. Tout est blanc à Rivière-du-Loup ce samedi. La neige au sol et le ciel se mélangent. De retour dans l'autobus, Madame trouve formidable la capacité de Philippe Couillard à se distancier du passé. *J'écoute Philippe Couillard et j'entends Jean Charest,* dit-elle. On revient vers le Centre-du-Québec. Plusieurs heures de route devant nous alors qu'on dormira ce soir à Bécancour. Madame est fatiguée. Elle est comme ça. Elle s'épuise, puis le lendemain elle reprend comme si c'était la première journée. Mais cette fois est un peu différente. On la sent fragile. Elle fait des entrevues au téléphone, bien souvent avec des journalistes de médias régionaux. À un moment, en parlant de son équipe en Mauricie, elle lâche : *Ce n'est pas des deux de pique.* Et sur Alexis Deschênes : *Ce n'est pas un extra-*

terrestre. Madame n'a pas l'habitude de ce genre de remarque en entrevue. En dix-huit mois de gouvernement et trois semaines de campagne, je l'ai rarement entendue prononcer des phrases malheureuses. C'est l'une de ses forces. Très peu de dérapage. Beaucoup moins que ses adversaires. Mais elle a aussi les défauts de ses qualités. Elle fait peu de fautes, mais elle réussit peu de coups de circuit. Rarement elle surprendra par une tournure inattendue qui fera image et frappera les esprits. Alexis Deschênes n'est pas un extraterrestre, c'est quand même une bonne chose à savoir ! La journée a été longue. Le trajet semble interminable. Yves Desgagnés cherche à détendre l'atmosphère. On a tous le fou rire. *Le bonheur tue les problèmes,* me dit Pauline Marois. L'autobus nous enveloppe de son doux ronronnement. On s'y sent au chaud. C'est un refuge. Il agit comme une cloche de Faraday nous protégeant du monde extérieur. Nous pourrions y passer des semaines, des mois, des années. Nous savons que nous sommes dans un cocon. C'est ce qui est le plus difficile. Le monde est ailleurs. Nous savons que le monde est ailleurs. Et tout cela nous semble inaccessible.

Dimanche 23 mars – Bécancour, Saint-Paulin et Montréal

Jogging avec Yann Langlais-Plante dans les rues longeant le fleuve. On aperçoit le pont Laviolette entre les arbres. Il fait tellement froid. On discute de l'allure de la campagne. Immense sentiment d'impuissance. Un peu plus tard, en traversant le fleuve sur le pont Laviolette en direction de la rive Nord, on aperçoit les glaces qui forment des taches sur l'eau, comme dans les tableaux de Paul-Émile Borduas. Lunch dans une cabane à sucre du comté de Patrick Lahaie.

Madame improvise un discours d'une dizaine de minutes. Les journalistes s'interrogent sur une révélation du *Devoir* concernant un nombre anormalement élevé d'inscriptions d'étudiants de McGill sur la liste électorale dans au moins un comté de Montréal. Conférence téléphonique à 15 h. Les discussions portent beaucoup sur les questions d'intégrité au Parti libéral. Comment en faire un enjeu de campagne ? Est-ce une bonne stratégie ? Deux ministres m'appellent l'un après l'autre. Tous les deux me transmettent un message d'inquiétudes et de critiques à peine voilées à propos de l'arrivée de Péladeau dans la campagne. Ils semblent lui attribuer une partie de nos difficultés. *Il faut faire quelque chose.* Mon bilan du jour : Couillard sur la défensive ; Marois sur le vote des anglophones de McGill ; Legault dit que Marois est finie.

Lundi 24 mars – Montréal, Drummondville, Boucherville, Longueuil et Montréal

On se rend à Drummondville pour un point de presse sur l'intégrité. Nicole trouve que Madame baisse la garde trop rapidement après quelques questions au cours des points de presse. En revenant à Montréal, Madame appelle Alison Redford, première ministre démissionnaire de l'Alberta. Elle a dû quitter ses fonctions sous la pression de son caucus pour des questions de dépenses personnelles. Madame lui confie avoir eu elle aussi des difficultés avec son caucus par le passé. *Je suis à vos côtés là-dessus.* Madame appelle l'ancien premier ministre de France, Alain Juppé, pour le féliciter de sa victoire à Bordeaux, remportée avec 57 % au premier tour des élections municipales. Elle lui parle du choc de l'arrivée de Pierre Karl Péladeau dans la campagne. *La souveraineté prend plus de place que prévu dans la cam-*

pagne. Ça va être serré, mais on reprend du terrain. Mon défi est d'avoir un gouvernement majoritaire. Lunch dans un restaurant St-Hubert de Boucherville. Madame s'avance pour serrer des mains. Puis elle s'entretient avec Linda Goupil, l'ex-ministre qui a décidé de faire un retour sur la Rive-Sud dans la région de Québec. Goupil se plaint du traitement médiatique à Québec. Colette Roy-Laroche, mairesse de Lac-Mégantic, est au téléphone. Elle indique qu'il y a eu des manifestations dans sa ville durant le week-end. *Je ne vous oublie pas,* dit la première ministre. Madame multiplie les appels auprès des candidats pour les rassurer. En visite au local électoral de Martine Ouellet, Madame fait des appels aux indécis aux côtés des bénévoles, sous l'œil amusé des journalistes. Stéphane Bédard me joint au téléphone. *Il faut mettre l'équipe en avant.* Des rumeurs circulent à propos d'un sondage dévastateur qui serait publié demain. Mon bilan du jour : Couillard sur la défensive ; Marois attaque sur l'intégrité ; Legault attaque Couillard.

Mardi 25 mars – Montréal, Sainte-Anne-des-Plaines, Blainville, Laval et Montréal

Sondage Léger. « Les libéraux peuvent espérer une majorité », titre *La Presse.* Parti libéral, 40 % ; Parti québécois, 33 % ; CAQ, 15 %. Chez les francophones, le Parti québécois est toujours en avance avec 40 % contre 30 % et 15 %. Madame arrive dans l'autobus : *On peut encore espérer être un gouvernement minoritaire.* On se retrouve dans la situation absurde où les péquistes pensent qu'il n'y aura pas de référendum alors que les libéraux et les caquistes pensent qu'il y en aura un. Nicole Stafford commence à recevoir des appels invitant la première ministre à s'engager à ne pas tenir de référendum. Mon sentiment est que si on annonce cela, on va tout perdre. Plus personne ne nous suivra, fédéralistes comme souverainistes. En sortant de la visite d'une garderie à Sainte-Anne-des-Plaines, nous montons à bord d'une camionnette plutôt que de notre autobus. Je comprends rapidement de quoi il s'agit. C'est que l'autobus est en panne, et la dernière chose que nous souhaitons, c'est que les journalistes s'en rendent compte... On imagine déjà les titres! Martin Carpentier s'active pour que tout rentre dans l'ordre avant que les journalistes ne commencent à se questionner. En fin d'après-midi, Madame se rend aux studios de RDS pour une entrevue... sportive.

18 h : Madame, Nicole, Gobeil et moi à l'appartement de Madame dans le Vieux-Montréal pour parler du prochain débat. En début de soirée, les médias révèlent que des enquêteurs de l'Unité permanente anticorruption ont rencontré des dirigeants du Parti québécois. Voilà qui efface tous les autres événements de la journée. *Cette nouvelle tombe alors que Pauline Marois enfonce le clou de l'intégrité depuis quelques jours,* lit-on sur le site de *La Presse* sous la plume de Tommy Chouinard. Mon bilan du jour : Couillard dévoile son actif; l'UPAC a visité le PQ; Legault attaque Couillard.

Mercredi 26 mars – Montréal

Ce matin, je me sens comme Mickey, l'entraîneur de Rocky. Tout est mauvais dans les médias. On reproche à Madame de ne pas vouloir dévoiler son actif. L'Unité permanente anticorruption aurait visité le Parti québécois. Même la nomination de Boisclair revient dans l'actualité. Conseil des ministres téléphonique à midi pour expédier quelques dossiers courants. Yves-François Blanchet, Bernard Drainville, François Gendron, Nicole Léger, Agnès Maltais et Nicolas

Marceau y participent. Tout le monde a la tête ailleurs. À la fin du Conseil, les ministres se perdent en conjectures sur l'état de la campagne. Ils sont tout de même assez positifs. Discussion à brûle-pourpoint avec St-Gelais. Je dis : *On a une roue dans la gravelle.* Madame dit : *J'ai fait mes propres calculs et j'arrive à 61-60.* St-Gelais se demande comment cela peut bien se produire. *C'est nos bibittes,* rétorque Madame. Préparation en vue du débat qui se tiendra à TVA demain soir. Je sens Madame soucieuse à la suite du point de presse du matin qui a porté essentiellement sur la visite de l'Unité anticorruption au Parti québécois… même si le sujet du jour était la culture. Elle a fait une petite erreur durant le point de presse et elle s'en veut. Elle est fragilisée. On la prépare pour qu'elle soit rassembleuse, pour qu'elle se concentre sur les idées qu'elle veut défendre et évite les foires d'empoigne qui ne sont jamais à son avantage. Une réplique est travaillée sur l'intégrité. *Je n'accepterai jamais qu'on nous compare au Parti libéral sur les questions d'intégrité. Jamais.* À la fin de la préparation, Madame a un mot qui résume bien son état d'esprit : *On sauve notre peau.* L'équipe d'*Enquête* appelle Claude Blanchet en après-midi. Elle a recueilli un affidavit anonyme d'une personne du domaine de la construction qui affirme que Blanchet lui a demandé 25 000 dollars en 2007 dans le cadre d'une campagne de financement du PQ. Blanchet nie. Quelques minutes plus tard, un reportage de l'équipe d'*Enquête* concernant Philippe Couillard est diffusé sur les ondes de Radio-Canada. *Pendant qu'il travaillait en Arabie saoudite, Philippe Couillard a possédé durant huit ans un compte à l'étranger dans l'île de Jersey, considérée comme un paradis fiscal. Si cette manœuvre n'avait rien d'illégal, sa mise au jour contribue néanmoins à dresser le portrait financier du chef libéral qui, depuis quelques jours, joue la carte de la transparence,* signale-t-on dans le reportage. C'est une bombe dans la campagne. Madame est sur le plateau de *Tout le monde en parle* en soirée. Encore une fois, Guy A. Lepage n'oublie aucun sujet. Tous les thèmes traités depuis le début de la campagne s'y retrouvent. *Pourquoi avoir adopté une loi sur les élections à date fixe si c'était pour la renier quelques mois après ?* Les questions s'enchaînent. *Allez-vous tenir un référendum ?* Madame répète ce qu'elle dit déjà depuis plusieurs jours. Jean-Luc Mongrain, qui est aussi sur le plateau, demande à Madame pourquoi elle ne prend pas le risque de dire « pas de référendum ». Puis on passe à la Charte des valeurs. Mongrain : *On craint l'intégrisme, mais je ne vois pas de lien avec la Charte.* Lepage : *Pourquoi ne pas avoir fait un compromis pour faire adopter la Charte ? Le Québec a déjà de la difficulté à intégrer ses immigrants, comment la Charte peut-elle aider ?* Madame se défend, présente la Charte comme un projet qui va rassembler les Québécois autour de valeurs communes. Plusieurs questions sur Péladeau. Son contrôle sur la presse, ses relations avec les syndicats. Lepage soulève ensuite les problèmes du système de soins de santé, de listes d'attente, de soins à domicile. Il aborde les questions budgétaires, la taxe santé, les redevances minières, le pétrole… Puis il interroge Madame au sujet de Claude Blanchet et de ses relations avec la FTQ. Finalement, il demande à la première ministre si elle pense démissionner dans le cas où son gouvernement ne serait pas majoritaire. Grosse, grosse soirée. Madame s'en tire bien. Le format de *Tout le monde en parle* l'a bien servie par le passé et je crois que c'est encore vrai ce soir. Mon bilan du jour : Couillard sur la défensive ; Marois et l'Unité anticorruption ; Legault dit que le PLQ et le PQ, c'est pareil.

Jeudi 27 mars – Montréal

Tous les médias font état du compte bancaire de Philippe Couillard à Jersey. Comité stratégique. Rien ne bouge dans les sondages. *Avons-nous une bonne stratégie ? On vit dans un monde parallèle. Les gens ne nous suivent pas,* martèle Nicole. On prépare les messages pour Madame lors du *photo op* de préparation du débat. *Les Québécois veulent savoir ce qu'on leur propose comme gouvernement. On a mis des projets en avant. On a un plan précis. On a réussi à redonner un élan après neuf ans. On a un cadre financier qui tient la route.* Alors que débute la préparation, j'ai une discussion avec quelques conseillers concernant Claude Blanchet. Si les révélations d'*Enquête* sont véridiques, pourquoi ces faits remontant à 2007 sont demeurés cachés jusqu'à aujourd'hui ? Ces jours-ci, notre service de presse reçoit toutes sortes de questions concernant le passé de Claude Blanchet. Synchronicité de fin de campagne. Les rumeurs les plus folles circulent aussi concernant l'Unité anticorruption et le Parti québécois, alors que jusqu'ici ce type de révélations concernait surtout le Parti libéral. La préparation de Madame dure jusqu'à environ 17 h. Elle va par la suite se reposer chez elle avant de se rendre à TVA pour 19 h. Elle est très nerveuse. Beaucoup plus que d'habitude. Nous entrons à TVA par le sous-sol. Madame répond à quelques questions d'Alain Laforest avant de monter à la salle de réunion qui lui est réservée au dixième étage. Il y a Nicole, Marie Barrette, Julien Lampron et moi. Nous sommes dans le silence. Madame revoit ses notes et demande parfois une précision. Elle se rend sur le plateau. Nous suivons le débat sur un écran installé dans la salle. C'est interminable. Nous réagissons peu. À certains moments, nous avons l'impression de n'entendre que Legault. Il prend toute la place. Nous estimons que Madame a fait une bonne prestation. Après le débat, elle surgit dans la salle, le visage comme tuméfié. Elle est complètement démolie. Elle croit avoir tout raté. *J'ai été mauvaise. Je n'ai pas été assez agressive.* Nous la rassurons du mieux que nous pouvons. Mon bilan du jour : Couillard perd le débat ; Marois neutre ; Legault gagne le débat.

Vendredi 28 mars – Montréal

La lecture de Madame était la bonne. C'est un lendemain de débat difficile. « Legault mène la charge », titre *La Presse.* Denis Lessard résume la performance de François Legault. *On sentait l'énergie du désespoir chez ce politicien dont le parti risque de disparaître. Champion de l'image-choc, il a clairement marqué des points, s'en prenant à la chef péquiste et au chef libéral.* 7 h 10 : entrevue de Madame à *Salut, Bonjour !*, au réseau TVA. Une entrevue qui fait du bien. Comité stratégique. Peut-on rebondir après la déclaration de Philippe Couillard à propos de la langue ? Il a laissé entendre lors du débat que les travailleurs d'usine devraient savoir parler anglais. Du moins, c'est ce qu'on pouvait comprendre de ses propos. On teste des phrases : *La position de monsieur Couillard sur la langue française a surpris et déçu beaucoup de Québécois hier.* Je reçois des appels en soirée. Toutes sortes de rumeurs. L'intégrité des uns et des autres est questionnée. Triste fin de campagne. Mon bilan du jour : Couillard s'explique ; Marois, langue + référendum ; Legault savoure sa victoire au débat.

Samedi 29 mars – Montréal

Alors qu'on se prépare à une conférence de presse sur les droits des travailleurs, une controverse éclate au sujet de Québecor. L'entreprise posséderait des sociétés enregistrées dans des pays soupçonnés d'être des paradis fiscaux. Un débat s'engage notamment au sujet du Delaware. L'État américain doit-il être considéré comme un paradis fiscal ? Débat perdu d'avance. Cela ne fait que contribuer à l'impression de désordre. Le point de presse se passe à l'extérieur. Le sol est humide, le ciel menaçant. Une averse pourrait survenir d'une minute à l'autre. On se rend dans un restaurant de l'est de Montréal pour une entrevue avec la journaliste Emmanuelle Latraverse. La configuration du restaurant et l'emplacement des caméras font en sorte qu'il est difficile pour Marie Barrette et moi de suivre l'entrevue. Je n'aime pas ce que j'entends. C'est peut-être mon degré de tolérance qui fait défaut. Aucune question sur ce que propose le Parti. Moi-même, je ne suis plus tout à fait certain de ce que l'on propose. Ça n'a plus d'importance. Il reste encore près de dix jours de campagne et nous avons le dos au mur. Nous avons répété si souvent nos lignes de défense qu'elles sont devenues transparentes. Référendum caché ; Charte qui divise ; Péladeau. Il n'y a plus rien d'autre. Je me dis : *Ce n'est pas une entrevue, c'est un interrogatoire.* C'est ce que je ressens. D'une rare violence. La journaliste essaie de démontrer que le Parti québécois n'a de leçon à donner à personne. Vous êtes comme les autres. Tous les mêmes. En voiture avec Madame, je lui dis mon sentiment. Elle ne répond pas. S'enferme dans le silence. Fin d'après-midi au théâtre Telus où se prépare un grand rassemblement. Anniversaire de la première ministre. Un revirement est toujours possible. Il faut y croire. Nous sommes peut-être une cinquantaine de personnes, candidats et membres de l'entourage, à attendre le début de l'événement dans une salle à l'étage. On doit y faire une grande place à la Charte. Même si le sujet est sur toutes les lèvres depuis le début, c'est la première fois que la Charte est au centre du jeu. Le théâtre est rempli. Des gens sont refoulés à l'extérieur. Plusieurs candidats vedettes du Parti sont sur la scène. Après le spectacle, de retour à l'étage, Madame est émue, vidée, à fleur de peau. Alors qu'elle met son manteau pour rentrer chez elle, elle semble se dire : *S'ils savaient.*

Dimanche 30 mars – Montréal, Laval et Montréal

Un matin à Laval. Janette Bertrand est dans l'autobus de campagne. Elle a fait une intervention remarquée hier soir sur la Charte. Je lui dis : *Vous n'avez pas à en dire davantage. Ce n'est pas le même public, n'hésitez pas à dire la même chose qu'hier.* Elle a l'air de se demander qui je suis. Bernard Drainville nous rejoint dans un restaurant minuscule en compagnie de Djemila Benhabib, candidate du Parti et militante engagée contre le fondamentalisme musulman. Drainville présente les choses directement. Il n'y aura pas de Charte si le Parti québécois n'est pas élu. Madame présente Janette Bertrand avec chaleur. Janette Bertrand fait un bon discours, mais s'égare en parlant de riches étudiants immigrants de McGill qui habitent dans le même immeuble qu'elle. Elle semble insinuer des choses. Le propos n'est pas clair. C'est raté. Elle ne l'a pas voulu, mais c'est raté. Nous ne sommes pas encore sortis du restaurant que nous pouvons déjà mesurer les dommages. Était-ce prudent de lui faire faire une intervention ce matin ? Était-elle suffisamment préparée ? Nous n'en sommes plus à nous poser ces questions. En après-midi, point de presse de Madame. Elle a un ton un peu cassant, mais son message est sans équi-

voque. *Couillard est un risque pour la langue et la culture.*
Puis elle se retrouve à nouveau sur la défensive à cause des
propos de Janette Bertrand. Conférence téléphonique du
comité de campagne.

Lundi 31 mars – Montréal, Trois-Rivières, Bécancour et Drummondville

Pierre Karl Péladeau est avec la première ministre dans l'autobus en direction de Trois-Rivières. On échange sur la diffusion de *Tout le monde en parle* la veille. Péladeau est prêt
à faire des entrevues dans les stations de radio de Québec.
On tente de lui expliquer qu'à ce moment-ci de la campagne, il peut davantage aider dans des régions où le vote
s'annonce serré. J'apprends que l'équipe d'*Enquête* a
demandé des réactions officielles du Parti sur les révélations
concernant le mari de la première ministre. Radio-Canada
est donc prêt pour la diffusion. J'explique la situation à
Madame. Philippe Couillard laisse entendre que le Parti
québécois provoque de la xénophobie. C'est un mot lourd.
Personne ne relève. Le sens de la mesure semble absent de
cette campagne. 17 h 15 : le journaliste Alain Gravel présente son reportage alors que nous nous apprêtons à faire
une visite chez Rose Drummond. L'autobus est à l'arrêt
dans le stationnement. Avec Madame, nous jugeons qu'il
vaut mieux faire face. Nous préparons donc une courte
déclaration, puis elle répondra aux questions. *Mon mari n'a
jamais fait de sollicitation illégale.* J'aperçois dans le stationnement mes enfants qui guettent notre sortie de l'autobus.
Pour le trajet entre Rose Drummond et l'hôtel Le Dauphin,
Simone et Marguerite sont avec nous à bord alors que
Valery retourne à la maison avec Françoise. Madame reçoit
les petites dans l'autobus comme si elle était chez elle. On

s'installe pour une heure à l'hôtel et on se donne rendez-vous pour souper dans un restaurant de Drummondville. Lorsque j'arrive avec mes enfants dans le hall d'entrée, des personnes affectées à la sécurité de Madame demandent à mes filles de les suivre. Je découvre que Madame a tout organisé pour que les enfants soient dans la voiture avec elle. Je les suivrai dans une autre voiture avec Marie, Martin et Éric. En revenant à l'hôtel le soir, Madame offre aux enfants en blaguant d'aller les reconduire à l'école le lendemain matin avec l'autobus de campagne. *Non*, répondent-elles, *on aimerait mieux pas...* Mon bilan du jour : Couillard, Charte + xénophobie ; Marois, Claude Blanchet ; Legault dit qu'il va gagner.

Mardi 1er avril – Drummondville, Acton Vale, Granby et Montréal

Les sondages internes indiquent une remontée de Legault. On essaie de réorganiser les messages de Madame. *Quelle équipe est la mieux placée pour défendre la langue ? Quelle équipe est la mieux placée pour défendre les intérêts du Québec ? Quelle équipe est la mieux placée pour appliquer les recommandations de la commission Charbonneau ? Quelle équipe est la mieux placée pour adopter la Charte des valeurs ? Quelle équipe est la mieux placée pour protéger les sièges sociaux québécois ?* Visite d'une usine de fabrication de tartes à Acton Vale. Rencontre dans un supermarché à Granby pour soutenir la candidate locale. Retour à Montréal au milieu de l'après-midi. Une journée monopolisée par les allégations de financement illégal contre Claude Blanchet. 15 h 40 : studio de Radio-Canada pour l'enregistrement d'une entrevue avec Céline Galipeau. À micro fermé, juste avant de commencer l'entrevue : *On m'a dit que j'avais été assez dure hier avec Philippe Couillard. Alors, il faut que je sois équitable.* Curieuse entrée en matière. *Est-ce que votre mari a sollicité une somme de 25 000 dollars ?* Les premières questions concernent le financement des partis politiques. Beaucoup de questions. Ça me paraît durer une éternité. *Avec le recul, pourquoi avoir mis l'intégrité au centre de votre campagne ?* Puis la journaliste enchaîne sur la souveraineté. *Est-ce que l'arrivée dans la campagne de Pierre Karl Péladeau a été une erreur de parcours ? Vous avez 65 ans, vous allez être déçue s'il n'y a pas de référendum ?* Galipeau termine son entrevue sur la Charte. *Cautionnez-vous les propos de madame Bertrand sur la Charte ? Avez-vous des données sur la montée de l'intégrisme ? Ne faites-vous pas le jeu de la peur avec l'intégrisme ?* Souveraineté, Charte, intégrité, Péladeau : les incontournables de cette fin de campagne. Mon bilan du jour : Couillard frappe Claude Blanchet ; Marois défend Claude Blanchet ; Legault joue le gagnant.

Mercredi 2 avril – Montréal

Ce matin, beaucoup de sujets problématiques dans les médias. On reçoit des sondages montrant que rien n'est joué. Mais dans l'autobus, on sent bien que Madame est abattue, résignée. Elle croit que c'est perdu. Elle ne le dira pas, bien entendu. On ne dit pas ces choses-là. Il y a tant de choses que l'on garde pour soi en politique. Des sentiments que l'on ne peut pas exprimer. Des phrases impossibles à prononcer. On se rend chez Paul Arcand. Les entrevues finissent par toutes se ressembler. On n'entend plus vraiment les questions. Madame est piégée. Elle n'arrive pas à se sortir de la toile qui s'est tissée autour d'elle depuis le début de la campagne. Conférence de presse sur le toit d'un édifice tout près du pont Jacques-Cartier en compagnie de Sylvain Gaudreault. Annonce en transport. Il vente si fort qu'on doit s'assurer à tout moment de garder les pieds bien au sol... Enregistrement d'une entrevue avec Patrice Roy au parc La Fontaine. C'est pour le bulletin de 18 h. À peu de choses près, mêmes questions, mêmes réponses. Madame participe à l'émission d'Éric Salvail en soirée. Elle est très bonne. Simple, chaleureuse, drôle. C'est comme si elle retrouvait un peu de liberté.

Jeudi 3 avril – Montréal, Lachute, Blainville, Rosemère et Laval

Ipsos Reid donne les libéraux gagnants. Madame est à la Chambre de commerce ce matin. Elle nous lit à haute voix son discours dans une petite salle sans fenêtre du Hilton Bonaventure. Jean-François Lisée est avec nous. Il a le moral. *Nous allons perdre les élections, mais gagner dans les comtés,* ironise-t-il à propos du fait que sur le terrain les choses semblent aller correctement. Éric Gamache est frappé par l'état d'esprit défaitiste à la permanence. Dans son discours, Madame indique pour la première fois que le gouvernement pourrait proposer des baisses d'impôt une fois l'équilibre budgétaire atteint. 10 h : entrevue avec Anne-Marie Dussault. Elle confie que Philippe Couillard a détesté le débat à Radio-Canada et qu'il a exercé des représailles. *Je n'ai jamais vu une campagne aussi sale. Les médias sociaux ont changé la donne,* dit-elle. En attendant le début de l'entrevue, Madame et elle se désolent toutes les deux de l'allure de la campagne. À 10 h 30, on rejoint Jean-Sébastien Bernatchez, Michel C. Auger et Michel Pepin pour une autre entrevue de fin de campagne. *Des convictions, t'en as ou t'en as pas,* lance Madame en parlant de Philippe Couillard.

Tournée dans les Basses-Laurentides en après-midi. On termine par une visite à Place Rosemère. Nous sommes impressionnés par le pouvoir d'attraction de Pierre Karl Péladeau. Tout le monde le reconnaît et va vers lui. Madame et lui se font photographier des dizaines de fois et ils serrent des centaines de mains. Réconfort de fin de campagne. Souper en soirée au Sheraton à Laval. Un beau moment d'intimité avec Péladeau. On sent une réelle connivence entre lui et Madame. Leur sort est maintenant lié. *L'avenir appartient aux végétariens*, blague Péladeau devant un immense buffet d'antipasti.

Vendredi 4 avril – Laval, Lac-Mégantic et Sherbrooke

Dans les journaux ce matin, on raconte que la promesse de baisser les impôts semble improvisée. À trois jours du scrutin, l'engagement est assimilé à un geste désespéré. Madame serre des mains sur les quais d'une gare de banlieue avant que nous partions pour Lac-Mégantic. Madame tenait absolument à y retourner durant la campagne. Véritable journée de printemps. L'eau de la fonte des neiges coule abondamment. Nous visitons une toute nouvelle rue commerciale qui a été aménagée depuis les événements. La vie reprend. Bain de foule au centre de la ville. On revient vers Sherbrooke où on visite le local de campagne de Réjean Hébert de participer à une assemblée militante à Rock Forest, dans le comté de Richmond. La campagne est difficile pour Hébert. En 2012, il n'avait remporté la victoire que par quelques dizaines de votes. Il s'est fait élire en ayant une vision pour le système de santé. Son projet de caisse autonomie était une bonne idée, un projet porteur et en phase avec les besoins de la société québécoise. Malheureusement, le statut de gouvernement minoritaire ne lui a pas laissé le temps ni la marge de manœuvre pour bien préparer sa réforme. Advenant une défaite électorale, son projet ne lui survivra probablement pas. Souper au Bouchon, restaurant de la rue Frontenac au centre-ville de Sherbrooke. Madame est au milieu des convives. Je suis face à elle avec ma femme. Marie Barrette et Martin Carpentier s'installent chacun à un bout de la table. Éric Gamache est à la droite de Madame alors que mes filles se serrent aux côtés de la première ministre. Nous rions beaucoup. Intimité de fin de campagne. À 22 h, Nicole m'appelle pour me communiquer de nouveaux résultats de sondage. Parti libéral, 38 % ; Parti québécois, 29 % ; CAQ, 23 % ; Québec solidaire, 9 %. Chez les francophones, le Parti québécois est à 35 %, le Parti libéral à 27 % et la CAQ à 25 %. De retour à l'hôtel, je rejoins Madame dans sa chambre et lui montre les chiffres. Nos lignes n'ont pas besoin d'être écrites… *Ne tirez pas de conclusion trop vite. Faisons confiance aux Québécois. Rien n'est joué.* Mon bilan du jour : Couillard est à l'offensive pour une majorité ; Marois résiste ; Legault parle de son Conseil des ministres.

Samedi 5 avril – Sherbrooke, Drummondville, Yamachiche et Québec

À deux jours du vote, le sondage Léger agit comme une douche froide. « Le PLQ confortablement en avance », titre le *Journal de Montréal*. Dans *Le Devoir*, on met l'accent sur la remontée de la CAQ. Comité stratégique du matin. Les libéraux semblent en difficulté dans la région du 450. Le Parti québécois n'est pas présent à Québec. Il y aurait encore beaucoup d'indécis. Les sondages internes du Parti nous donnent 31 % chez les francophones. C'est en dessous de tout. Les questions ne sont plus importantes. Madame doit répéter sans cesse les mêmes phrases. *Le Parti québécois est le seul parti qui peut empêcher les libéraux de revenir au pouvoir.* Madame me dit : *Il faut avoir une bonne capacité morale, physique et psychologique pour prendre le sondage de ce matin.* Avant d'ajouter : *Ça ne me tente pas de regarder les médias.* Au téléphone avec Diane De Courcy, elle l'assure que son moral n'est pas atteint. Bernard Drainville monte avec nous à Drummondville pour le reste de la journée. Visiblement nerveux, il fume cigarette sur cigarette aux abords de l'autobus. Je lis *L'Express.* Dominique Schnapper, la fille de Raymond Aron : *Le citoyen laisse la place à l'individu.* Dans l'après-midi, on visite une usine de réinsertion sociale à Yamachiche. Madame marche dans l'usine, parle à des attroupements d'employés à deux reprises. *C'est pour des gens comme vous que je fais de la politique.* Les larmes me montent aux yeux à plusieurs reprises. Mon bilan du jour : Couillard veut une majorité et courtise la CAQ ; Marois dit que rien n'est joué ; Legault, rassemblement de 450 personnes.

Dimanche 6 avril – Québec, La Malbaie et Baie-Saint-Paul

Pierre Karl Péladeau et Véronique Hivon sont à Québec ce matin. Une image de rassemblement, mais que personne ne voit. Froid et venteux. On roule ensuite vers le comté de Madame. Premier arrêt : Baie-Saint-Paul. Madame fait ses calculs sur une feuille quadrillée. Elle s'exclame : *Les libéraux ne peuvent pas être majoritaires. Je leur donne un maximum de 61 ou 62 comtés.* Elle parle à son mari au téléphone. Je suis perdu dans mes pensées. Le Parti québécois n'a jamais pris la mesure des conséquences de la défaite référendaire de 1995. Ni de la nature du gouvernement fédéral de Stephen Harper. Ni de la demi-victoire de 2012. Ni de l'évolution de la jeunesse québécoise. Le gouvernement n'a pas véritablement pris acte de son statut minoritaire. Il a défié constamment les partis d'opposition. N'a pas cherché à faire de compromis. Sur la langue, sur la laïcité, sur les finances publiques : chaque fois, le gouvernement a préféré avancer à découvert. À La Malbaie, après un bain de foule de la première ministre, on fait une photo de famille devant l'autobus de campagne avec les journalistes et les équipes techniques. De retour à Baie-Saint-Paul, en fin d'après-midi, je fais un long jogging à travers la ville. Je termine chez ma sœur qui a une maison à quelques minutes de l'hôtel. Elle est étonnée de me voir arriver en cette veille d'élections. Souper avec les journalistes à l'hôtel La Ferme. C'est la tradition. La veille des élections, alors que les jeux sont faits, journalistes et politiques prennent un repas ensemble. Personne ne sait ce qui se passera demain. Chacun a le sentiment de vivre la fin de quelque chose. Robert Dutrisac du *Devoir* me demande pourquoi ne pas avoir clairement dit qu'il n'y aurait pas de référendum durant le prochain mandat. Je ne sais pas quoi lui répondre. Parce qu'on ne le pouvait pas. Parce que c'est le Parti québécois. Parce que ce parti n'a plus de raison d'être s'il s'enlève lui-même la capacité, même théorique, de commander un référendum.

Lundi 7 avril – Baie-Saint-Paul, Saint-Joachim, Drummondville, Saint-Bruno-de-Montarville et Montréal

Le jour se lève sur le fleuve devant Baie-Saint-Paul. Il y a encore beaucoup de neige dans Charlevoix. Madame vote à Beaupré vers 9 h 30. Elle porte un manteau noir mi-long. Elle semble libre ce matin lorsqu'elle revient vers l'autobus après avoir déposé son bulletin de vote. Assise en face de moi à l'arrière de l'autobus, elle fait ses calculs. Les gains et les pertes. Elle se fait un scénario pessimiste à 47 comtés alors qu'elle croit terminer avec 55 ou 60 députés. *Moi, j'ai déjà accepté les résultats. Peu importe ce qu'ils sont*, dit-elle à l'arrivée de Nicole Stafford autour de 10 h 30. Nicole a choisi de passer la dernière journée avec nous. Madame prédit que les libéraux seront minoritaires. Nicole répond : *Libéral majoritaire.* Pour Madame, ce n'est pas vraiment possible. Nicole : *Il faut regarder la tendance de la campagne. Ça ne s'inversera pas aujourd'hui.* Madame continue de potasser ses chiffres. Finit par dire : *55 ou 56 pour les libéraux ; 15 pour la CAQ.* Une vingtaine de minutes plus tard, elle revient à la charge : *56 ou 57 pour les libéraux.* Mais elle ne sait plus s'il s'agit d'un scénario réaliste ou optimiste. Peu avant midi, elle et Nicole se retirent dans le petit salon à l'arrière de l'autobus. Une vingtaine de minutes plus tard, Nicole me demande de venir les rejoindre. Nous nous retrouvons tous les trois, comme nous nous sommes retrouvés tant de fois. Elles ont échafaudé des scénarios pour un gouvernement minoritaire libéral. Madame reste et annoncera son départ en juin. Elle veut quitter correctement. Donner les meilleures chances au Parti. Elles veulent que je sois le directeur de cabinet pour les derniers mois en remplacement de Nicole. Je ne réagis pas. Ce n'est pas le moment de dire quoi que ce soit. L'autobus s'arrête à la fromagerie Lemaire de Drummondville pour le lunch. Il me semble que les regards des gens sur Madame ne sont plus les mêmes que dans les dernières semaines. C'est probablement mon regard sur eux qui change. Visite du local électoral de Simon Prévost dans Montarville. Il se sait perdu. Le Parti a réservé l'hôtel Westin de la rue Saint-Antoine à Montréal pour la soirée électorale. Nous avons un secrétariat sur place. L'attente est longue. Stéphane

Gobeil a travaillé quelques versions de discours pour ce soir. Comme toujours avec Gobeil, les versions ne diffèrent pas beaucoup. Le cœur est toujours le même. Les bureaux de vote fermeront dans les prochaines minutes. Dès les premiers résultats, c'est la catastrophe. Ça déboule très rapidement. Je monte dans la suite de Madame. Elle est avec ses enfants. Elle est bouleversée. *Ça ne se peut pas.* Assez rapidement, il est clair que le gouvernement sera libéral. Madame y était préparée. Majoritaire ? Fortement majoritaire ? Madame est effondrée. J'ai Gobeil au bout du fil. On réaménage le discours. *Démissionne-t-elle ?* demande Gobeil. *Non, elle reste.* Elle ne veut pas laisser le Parti dans un état pareil. Elle ne démissionnera pas ce soir. Elle va rester jusqu'en juin, puis organiser la suite correctement avec le Parti. Nicole tente de la calmer. *Je ne regrette pas d'avoir voulu devenir première ministre du Québec,* répète Madame. Les mauvaises nouvelles s'accumulent. Madame est en difficulté dans son comté. Elle marche dans la suite de l'hôtel. Ne peut rester en place. Ça dure de longues minutes. Elle est en avance, puis prend de nouveau du retard. Les défaites improbables tombent les uns après les autres. Duchesne battu dans Borduas. Blanchet battu dans Johnson. St-Arnaud battu dans Chambly. Martine Desjardins battue dans Groulx. Bureau-Blouin battu dans Laval-des-Rapides. *C'est le pire résultat de toute notre histoire,* souffle Madame. Hébert battu dans Saint-François. Prévost dans Montarville. Desrosiers dans Blainville. Deschênes dans Trois-Rivières. Larouche dans Abitibi-Est. De Courcy dans Crémazie. Pintal dans Verdun. Pour Madame, l'écart se creuse dans son propre comté. Elle ne peut pas le croire. Elle perd dans son comté. Gobeil au téléphone. Je dis : *Elle démissionne, Stéphane. Tu peux écrire qu'elle quittera ses fonctions.* Gobeil : *Dès ce soir ?* Je réponds : *Oui, ce soir.*

Madame : *Je suis triste pour mon Parti.*

Madame : *Moi, je vais rentrer chez moi et vivre heureuse.*

Madame : *Me faire battre dans mon comté, c'est l'humi-liation totale.*

Nicole : *Non, ne prends pas tout ça sur tes épaules, Pauline.*

Cabinet du Conseil des ministres

Septembre 2012

François Gendron : vice-premier ministre, ministre de l'Agriculture, des Pêcheries et de l'Alimentation.

Stéphane Bédard : ministre responsable de l'Administration gouvernementale, président du Conseil du trésor.

Nicolas Marceau : ministre des Finances et de l'Économie, président du Comité ministériel de la prospérité et du développement régional.

Agnès Maltais : ministre du Travail, de l'Emploi et de la Solidarité sociale, ministre responsable de la Condition féminine, présidente du Comité ministériel de la solidarité.

Bernard Drainville : ministre responsable des Institutions démocratiques et de la Participation citoyenne, président du Comité ministériel de l'identité.

Bertrand St-Arnaud : ministre de la Justice et président du Comité de législation.

Nicole Léger : ministre de la Famille.

Marie Malavoy : ministre de l'Éducation, du Loisir et du Sport.

Jean-François Lisée : ministre des Relations internationales, de la Francophonie et du Commerce extérieur, président du Comité ministériel de la région métropolitaine.

Sylvain Gaudreault : ministre des Transports, ministre des Affaires municipales, des Régions et de l'Occupation du territoire.

Martine Ouellet : ministre des Ressources naturelles.

Alexandre Cloutier : ministre délégué aux Affaires intergouvernementales canadiennes et à la Gouvernance souverainiste.

Réjean Hébert : ministre de la Santé et des Services sociaux, ministre responsable des Aînés.

Véronique Hivon : ministre déléguée à la Santé publique et à la Protection de la jeunesse. Elle démissionne pour des raisons de santé le 18 octobre 2012.

Pierre Duchesne : ministre de l'Enseignement supérieur, de la Recherche, de la Science et de la Technologie.

Diane De Courcy : ministre de l'Immigration et des Communautés culturelles, ministre responsable de la Charte de la langue française.

Daniel Breton : ministre du Développement durable, de l'Environnement, de la Faune et des Parcs. Il quitte son poste le 29 novembre 2012.

Pascal Bérubé : ministre délégué au Tourisme et ministre responsable de la région du Bas-Saint-Laurent.

Élaine Zakaïb : ministre déléguée à la Politique industrielle et à la Banque de développement économique du Québec.

Gaétan Lelièvre : ministre délégué aux Régions.

Élizabeth Larouche : ministre déléguée aux Affaires autochtones.

Yves-François Blanchet : whip du gouvernement.

Marjolain Dufour : président du caucus des députés.

Remaniement du 4 décembre 2012

Yves-François Blanchet devient ministre de l'Environnement.

Véronique Hivon reprend son rôle de ministre déléguée aux Services sociaux et à la Protection de la jeunesse, et devient ministre responsable du dossier *Mourir dans la dignité.*

Marjolain Dufour devient whip du gouvernement.

Sylvain Pagé devient président du caucus des députés.

Table des matières

2014

CRÉDITS ET REMERCIEMENTS

Les Éditions du Boréal remercient le Conseil des arts du Canada
pour son soutien financier ainsi que le Fonds du livre
du Canada (FLC).
Canadä

Les Éditions du Boréal sont inscrites au Programme d'aide
aux entreprises du livre et de l'édition spécialisée de la SODEC
et bénéficient du Programme de crédit d'impôt pour l'édition
de livres du gouvernement du Québec.
Québec ⬛⬛

Photographies des couvertures : Marie-Reine Mattera

EXTRAIT DU CATALOGUE

Ce livre a été imprimé sur du papier 100 %
postconsommation, traité sans chlore, certifié ÉcoLogo
et fabriqué dans une usine fonctionnant au biogaz.

MISE EN PAGES ET TYPOGRAPHIE :
LES ÉDITIONS DU BORÉAL

ACHEVÉ D'IMPRIMER EN AVRIL 2016
SUR LES PRESSES DE L'IMPRIMERIE GAUVIN
À GATINEAU (QUÉBEC).